日本語と韓国語の「ほめ」に関する対照研究

ひつじ研究叢書〈言語編〉

【第 82 巻】意志表現を中心とした日本語モダリティの通時的研究
　　　　　　　　　　　　　　　　　　　　　　　　　　土岐留美江 著
【第 83 巻】英語研究の次世代に向けて －秋元実治教授定年退職記念論文集
　吉波弘・中澤和夫・武内信一・外池滋生・川端朋広・野村忠央・山本史歩子 編
【第 84 巻】接尾辞「げ」と助動詞「そうだ」の通時的研究　　漆谷広樹 著
【第 85 巻】複合辞からみた日本語文法の研究　　　　　　　　田中寛 著
【第 86 巻】現代日本語における外来語の量的推移に関する研究　橋本和佳 著
【第 87 巻】中古語過去・完了表現の研究　　　　　　　　　　井島正博 著
【第 88 巻】法コンテキストの言語理論　　　　　　　　　　　堀田秀吾 著
【第 89 巻】日本語形態の諸問題
　　　　　　－鈴木泰教授東京大学退職記念論文集　　須田淳一・新居田純野 編
【第 90 巻】語形成から見た日本語文法史　　　　　　　　　　青木博史 著
【第 91 巻】コーパス分析に基づく認知言語学的構文研究　　　李在鎬 著
【第 92 巻】バントゥ諸語分岐史の研究　　　　　　　　　　　湯川恭敏 著
【第 93 巻】現代日本語における進行中の変化の研究
　　　　　　－「誤用」「気づかない変化」を中心に　　　　　新野直哉 著
【第 95 巻】形態論と統語論の相互作用
　　　　　　－日本語と朝鮮語の対照言語学的研究　　　　　　塚本秀樹 著
【第 97 巻】日本語音韻史の研究　　　　　　　　　　　　　　高山倫明 著
【第 98 巻】文化の観点から見た文法の日英対照
　　　　　　－時制・相・構文・格助詞を中心に　　　　　　　宗宮喜代子 著
【第 99 巻】日本語と韓国語の「ほめ」に関する対照研究　　　金庚芬 著
【第 100 巻】日本語の「主題」　　　　　　　　　　　　　　　堀川智也 著

ひつじ研究叢書〈言語編〉第99巻

日本語と韓国語の「ほめ」に関する対照研究

金 庚芬 著

ひつじ書房

目　次

第1章　序論　1
1.1　はじめに　1
1.2　ほめる言語行動を談話レベルで分析する　3
1.3　本書の構成　4

第2章　研究の枠組みおよびほめに関する先行研究の概観　7
2.1　対照研究とは何か　7
　2.1.1　対照研究には2つの流派がある　7
　2.1.2　日本語における対照研究　9
　2.1.3　日本語と韓国語の対照研究　11
2.2　談話研究とは何か　16
　2.2.1　談話研究の主要なアプローチ　16
　2.2.2　ディスコース分析(DA: Discourse Analysis)　17
　2.2.3　会話分析(CA: Conversational Analysis)　18
　2.2.4　コミュニケーションの民族誌
　　　　 (Ethnography of Communication)　19
　2.2.5　相互行為の社会言語学(Interactional Sociolinguistics)　20
2.3　ポライトネス理論　22
　2.3.1　ポライトネスの概念　22
　2.3.2　主要なポライトネス理論　24
2.4　「ほめる」言語行動　33
　2.4.1　言語行動としての「ほめる」　34

		2.4.2 「ほめる」と他の言語行動との比較	35
		2.4.3 「ほめる」とポライトネス	37
	2.5	ほめの定義	39
	2.6	ほめる言語行動に関する先行研究	43
		2.6.1 英語における先行研究	44
		2.6.2 日本語における先行研究	46
		2.6.3 韓国語における先行研究	50
		2.6.4 ほめに関する日韓対照の先行研究	52
	2.7	ほめの様々な側面を分析する	55

第3章　日本語と韓国語のほめの会話データ 59

	3.1	会話データの収集について	59
	3.2	会話データの整備	61
		3.2.1 会話の文字化	62
		3.2.2 データ分析	77
	3.3	何が「ほめの談話」か	80
		3.3.1 全ほめの談話、発話文、ほめ・返答の数	81
		3.3.2 話者1組、1つの「ほめの談話」における平均	83
	3.4	フォローアップ・アンケート	85
		3.4.1 親疎関係	85
		3.4.2 録音機意識	86
		3.4.3 自然な会話	87
		3.4.4 各項目の平均	88
	3.5	まとめ	89

第4章　日本語と韓国語のほめの表現と対象 91

	4.1	ほめの表現	91
		4.1.1 会話におけるほめの表現	91
		4.1.2 ほめの表現の分析結果	95

	4.1.3　肯定的評価語のみ使用	97
	4.1.4　肯定的評価語の使用＋他の情報	105
	4.1.5　肯定的評価語の不使用	111
	4.1.6　強意表現・緩和表現	119
4.2	ほめの対象	126
	4.2.1　ほめの対象の分類	127
	4.2.2　ほめの対象の分析結果	130
	4.2.3　ほめの対象ごとに見る表現	135
4.3	まとめ	144

第5章　日本語と韓国語のほめに対する返答　149

5.1	ほめに対する返答の分類	149
	5.1.1　肯定	151
	5.1.2　回避	156
	5.1.3　否定	163
	5.1.4　複合	165
5.2	ほめに対する返答の分析結果	172
	5.2.1　日本語のほめに対する返答	172
	5.2.2　韓国語のほめに対する返答	176
	5.2.3　ほめに対する返答の日韓対照	180
5.3	ほめの対象ごとに見る返答	189
	5.3.1　日本語のほめの対象ごとに見る返答	190
	5.3.2　韓国語のほめの対象ごとに見る返答	191
	5.3.3　ほめの対象ごとに見る返答の日韓対照	193
5.4	まとめ	194

第6章　日本語と韓国語の「ほめの談話」　199

6.1	「ほめの談話」の展開	199
6.2	ほめの先行連鎖	201

	6.2.1　先行連鎖の有無	204
	6.2.2　先行連鎖のあるほめの談話	205
6.3	ほめの本連鎖	217
	6.3.1　「ほめ―返答」のパターン	217
	6.3.2　ほめの後に挿入発話のあるパターン	220
	6.3.3　「ほめ―返答（ほめ返し）＝新たなほめ―返答」のパターン	221
6.4	ほめの後続連鎖	222
	6.4.1　後続連鎖の主体	222
6.5	まとめ	237

第7章　まとめ　241

7.1	結論	241
7.2	ポライトネス理論からの考察	248
	7.2.1　優先されるフェイス	248
	7.2.2　日韓のほめのフェイス侵害度	250
	7.2.3　日韓のほめ場面におけるポライトネス・ストラテジー	252
7.3	4つの示唆	255
	7.3.1　日本語と韓国語のコミュニケーション理解への示唆	255
	7.3.2　日韓異文化間コミュニケーションの相互理解への一助	256
	7.3.3　日本語と韓国語の第2言語教育への応用	258
	7.3.4　他の言語行動の分析への応用	259
7.4	今後の課題	259

あとがき	261
参考文献	265
索引	275

第1章　序論

1.1　はじめに

前日買ったスカートを穿いて学校に行った。

「おはよう。」
「あ、おはよう。」

友人は私の新調したスカートに気付いていないのか、何も言ってくれない。

「あの、これ昨日買ったけど、どう？」
「わぁ〜かわいい、とてもかわいいと思った。」

やはり、気付いていたんだ……、うれしいなぁ。

「そうでしょ！　私、何でも似合うから。ははは。」
「はぁ？」

私、何かまずいこと言ったっけ。呆れた顔されたけど……。

　このやり取りは、本研究のきっかけになった、私が実際経験したエピソードである。上記の例の友人とのやり取りには特別何か問題があったわけでもなく、普通に交わされうる会話であったと考えられる。しかし、筆者はこの短いやり取りで何かぎこちなさを感じてしまったのである。

新調したスカートを友達に気付いてほしかったが、何も言ってくれないので、筆者からスカートの話を切り出した。友人はスカートに気付いていたが、筆者が話題にするまでは何も言わなかった。その後、「かわいい」とほめてくれたが、色やデザインが、それとも生地がかわいいのか、もっと詳しく言ってくれれば、嬉しかっただろう。でも素直に嬉しかったため、冗談を交えて自慢げに答えた。でも友達に呆れた顔をされてしまった。2人で笑い飛ばせばよかったのに……。
　自分が今まで当たり前に交わしていたやり取り、そして期待していた一言が相手から現れなかったときに初めてその不自然さ、気まずさに気付くようになる。おそらく、友人も私とのやり取りに何か困惑させられたり、または少々不快感を抱かされたかもしれない。

　ことばのプレゼントをするとも言える「ほめる」という言語行動について考えてみると、それは、その相手に関心がなければできない行動で、また互いに有効で円満な関係を構築、維持、発展させていくために必要な言語行動と言える。しかし、それをどのように表現し、伝えるかには個人によって、もしくは言語、社会、文化によって異なることが予想される。
　何を、どのようにほめるか、また自分のほめる行動を成功させるためにはどのように会話を進行させればいいのか。また、過剰にほめることでむしろ相手に不快な思いをさせたり、困惑させたりするのではないか。相手を喜ばせるつもりでほめた事柄や物が、実は相手があまり話したがらない話題だった場合、いくら評価されても相手は全然嬉しくないはずである。さらに、ほめたい何かを会話の話題として、いつ、どのように導入すれば、ほめる側もほめられる側も心地よくなり、その場の雰囲気をよりよくできるのか。
　一方、ほめられたときはどう反応すればいいのだろうか。ただ、素直に喜んでいいのか。そうすると自慢になってしまうのではないか。ではほめを打ち消すべきか。それもまたせっかくほめてくれた相手に失礼になるかもしれない。さらに、ほめられた場面を他の話題に移したいときはどう話を進めればいいのか。

このように、人をほめることでは実に様々なことを考慮しなければならないようであるが、現にわれわれは日常生活の中で意識的に、もしくは無意識的にほめたり、ほめられたりしているのである。

そこで、本書では、ほめる行動、とりわけ、実際の会話の中で現れるほめる行動に注目し、談話レベルで分析することとする。

本書の目的は以下の通りである。

1.2　ほめる言語行動を談話レベルで分析する

本書は、日本語と韓国語の会話に見られるほめる言語行動を談話レベルから分析しようとするものである。すなわち、条件統制した大学生同士の会話を収集、文字化したデータを用いて、ほめる表現、ほめられる具体的な対象、ほめられたときの反応、さらにほめの談話の流れを分析し、日本語と韓国語の類似点と相違点を明らかにする。また、その結果をポライトネス理論に結び付け、考察することを目的とする。

上記の目的のために、本書は、日本語と韓国語の実際行われることばのやり取りである会話を収集し、そこに見られるほめる言語行動を分析する。日本語と韓国語という2つの異なるグループから、それぞれ独立して得られる会話データを分析するという意味で比較文化的な（Cross-Cultural）データになる[1]。

本書でのデータは、会話者の条件や会話者間の関係、会話の場所などを研究者が統制し、会話者2人に会話をしてもらったものを録音し、文字化したものである。これは、日本語と韓国語の言語使用を実証的に研究するための有効な研究方法と言える。特に、韓国語における会話分析は、まだ非常に少ないため、韓国語母語話者の実際の言語使用の特徴を探るために有意義な試みであると考える。会話録音に協力してくれた人数は、日本語母語話者60名(30組)と韓国語母語話者60名(30組)の計120名(60組)である（第3章参照）。

また、本書は日本語と韓国語の言語行動に関する対照研究を行ったもので

ある。日本語と韓国語は、言語形式の面での類似性が知られているだけに、実際の言語使用の場面でもそれほど差はないだろうと思われがちである。しかし、似ていると思われるだけに、実際現れる違いによる誤解や摩擦はより大きく感じられてしまう恐れがある。そこで、本書では日本語と韓国語の会話の中で見られる様々な言語行動のうち、「ほめ」に注目し、その言語形式のみならず、言語使用の面も談話レベルで分析し、両言語の類似点と相違点を明らかにする。

相手とのやり取りの中で、好ましい対人関係を築くためには、相手への配慮がもっとも大切であることは、いかなる言語・文化においても通じる普遍的な原則である。しかし、その配慮の示し方はそれぞれ異なるようで、それは言語使用に如実に反映されているのである。ポライトネス理論は、そのような、相互作用のコミュニケーションを問題にしている言語理論の重要な1つである。その観点から分析結果を考察することを試みる。

なお、本書の具体的な研究課題は、第2章で先行研究を概観し、その成果と課題を踏まえた上で詳しく提示することにする。

次に、各章の内容を簡略に記す。

1.3　本書の構成

本書における各章の内容を簡略に記す。

第1章では、研究の動機、目的に言及する。

第2章では、研究の枠組みである、対照研究、談話研究、ポライトネス理論などの理論的な背景を概観する。また、ほめる言語行動の特徴を概観し、本書における「ほめ」の定義を記す。さらに、ほめる言語行動に関する先行研究をまとめ、その成果と課題を踏まえた上で研究課題を示す。

第3章では、本書で用いる研究方法について、データの概要、文字化の原則と表記や記号をまとめる。また、分析に用いる基礎データの結果を述べる。具体的には、文字化した日本語と韓国語の全発話文数、ほめの談話数、ほめと返答の数を示す。そして、フォローアップ・アンケートにおける結果

も示す。

　第4章では、ほめの表現と対象における分析結果を述べる。まず、実際の会話の中ではどのような表現を用いてほめが行われるかを分析する。日本語と韓国語のほめに用いられる肯定的な評価語を明らかにすると同時に、評価語のないほめの特徴も分析する。日本語と韓国語の異同を明らかにし、またその異同が何を意味するのかを考察する。

　次に、ほめの対象の分類について検討してから、日本語と韓国語における結果を述べる。その結果についての考察をフェイスの概念と、ポライトネス理論を用いて行う。

　第5章では、日本語と韓国語のほめに対する返答を分析し、その類似点と相違点を明らかにする。また、ほめの対象と返答との関連も分析し、その結果をポライトネス理論から考察する。

　第6章では、「ほめの談話」を分析し、日本語と韓国語の異同を明らかにする。そのため、「ほめの談話」を「先行連鎖―本連鎖―後続連鎖」に分け、誰が主導するか、どのように行うか、連鎖にはどのようなストラテジーが用いられるか、を中心に分析しその結果を述べる。

　第7章では、本研究で得られた結果をまとめた上で、それらをポライトネス理論の観点から考察する。また、示唆と今後の課題を述べる。

注
1　なお、2つの異なる文化が接触し、相互に作用し合う際に得られるデータは異文化間の(Intercultural)データである。

第 2 章　研究の枠組みおよびほめに関する先行研究の概観

　第 2 章では、最初に、研究の枠組みである対照研究、談話研究、ポライトネス理論の概観を行う。次に、ほめるという言語行動の特徴を概観し、本書における「ほめ」の定義を記す。また、ほめる言語行動に関する先行研究をまとめ、その成果と課題を踏まえた上で、本書の具体的な研究課題を述べる。

2.1　対照研究とは何か

　本節では、対照研究の 2 つの流れを概観した上で、日本語における対照研究の流れと成果をまとめる。また、日本語と韓国語を研究対象とした対照研究を概観し、その成果を簡潔に紹介する。

2.1.1　対照研究には 2 つの流派がある

　本書は日本語と韓国語のほめるという言語行動に注目し、談話レベルで分析し、その共通点と相違点を明らかにすることを目的としている。すなわち、2 つ以上の言語体系や言語使用を比較し、その異同から、対象とする諸言語の特徴を明らかにするという「対照研究」に該当する。そこで、「対照研究」について概観し、また日本語と韓国語を対象とした具体的な対照研究をまとめる。

　今日の「対照研究(Contrastive Studies)」分野は、「対照言語学(Contrastive Linguistics)」と「対照分析(Contrastive Analysis)」という 2 つの流れを背景として形成されてきたとされている(メイナード 1993: 14)。

　まず、ヨーロッパを中心に行われており、理論的傾向が強いという「対照言語学」は、応用言語学から切り離された立場から出発し、英語中心主義の

議論に偏らず、外国語習得に直接有益であるとする目的にとどまることなく、複数間の言語対照から類似点、相違点を導くことに主眼が置かれている（田中 2004: 1–2）。

対照言語学と隣接する分野である比較言語学と類型論について、石綿・高田（1990: 9–10）は次のように説明している。

比較言語学（Comparative Linguistics）は、それぞれの言語の間の音韻対応の法則を求め、それらの言語の歴史的な類縁関係を明らかにしようとする研究である。比較言語学が歴史言語学であり、その対象とする言語は歴史的に同系関係にある、あるいは同系関係が予想されるものに限られるのに対して、対照言語学は、歴史的な関係を考えないで言語体系同士を突き合わせるため、どのような言語の間ででも対照的な研究は成り立つことになる。また、類型論（Typology あるいは Linguistic Typology）について、さまざまな言語の間の類似や相違を類型的な見方で見ようとするものであると説明している。歴史的な類縁関係を考慮に入れないという点では対照言語学と似通った点があると言えるが、類型論が類型の普遍性を求めようとするのに対して、対照研究[1]は、言語の個別性を求め個々の異同の具体的な事実を重視するという点で、やや方向を異にするということになると記している。

しかし、生越（2002: 1–2）は、近年の対照言語学的研究と類型論との関係について次のように述べている。近年の対照研究（対照言語学的研究）は、単に言語間の個別的な異同について論じるのではなく、言語の普遍性と多様性の追求を背景とした研究になりつつある。そういう点で、対照研究と言語類型論の研究は、以前に比べてその境界がはっきりしなくなってきていると説明している。

理論的傾向が強い「対照言語学」に比べて、アメリカ言語教育での「対照分析」は実践的傾向が強いと言われている。メイナード（1993: 11–12）によれば、「対照分析」は、Fries（1945）と Lado（1957）の考えを出発点として、主に外国語教育への応用を目指していた。しかし、1960 年代の「対照分析」の絶頂期の後、外国語教育への応用の有効性を疑問視する批判が相次いで現れるようになり、1970 年代には低迷期を迎えた。ちょうどその時期は、言

語学においては構造主義から生成文法へとパラダイムの変換が起こり、外国語教育の分野ではコミュニカティブ・アプローチへとシフトする時期であった (太田 2002: 50)。このパラダイムの変換の流れの中での「対照分析」について、太田 (2002: 50) は、「『対照分析』は学習者の誤用を取り除くことを過剰に期待されるあまり、結果的に失敗してしまった。また、その後の対照分析は、誤用分析、中間言語、第2言語習得の理論などへと新たな展開を見せることになった」と説明している。

佐々木 (1998: 129) によれば、現在の日本における対照研究の流れを考えるとき、1940年代のアメリカ構造言語学の成果を背景にして生まれた「対照分析」から始めるのが一般的である。この認識は、対照研究と日本語教育との関係について言及した熊谷 (2002: 21)、太田 (2002: 49)、生越 (2005b: 697) にも共通している。

以上の概観から、日本での「対照研究」分野は、アメリカの「対照分析」に大きな影響を受けて発展してきたことが読み取れる。

日本語の文献における「対照言語学」、「対照分析」、「対照研究」という用語は、言語学の流れと研究者の観点によって、同義で用いられたり、異義で使用されたりすることが分かる。太田 (2002) の場合、「Contrastive Analysis」を日本語では「対照研究」、もしくは「古典的 CA」と記しており、石綿・高田 (1990: 9) では、同書の説明の中でも「対照言語学」と「対照研究」は同義で使われている。

本書では、複数の言語の言語体系や言語使用、さらにコミュニケーションに関連するさまざまな要素などを比較対照し、その対象とする諸言語の異同を明らかにし、言語の普遍性と多様性を追及する言語研究の一分野を「対照研究」とする。

2.1.2　日本語における対照研究

日本における対照研究の始まりは、石綿・高田 (1990: 194) によれば、1970年代半ばころからの国立国語研究所の報告書である。それは「外国語としての日本語教育」という観点の必要性が認められるようになった頃と一

致し、さらに日本語を研究する学問分野に対して、それまでの「国語学」という呼び方に平行して、「日本語学」としての視点が大方の認めるところとなった頃と一致するという。

国立国語研究所は、1974年日本語教育部[2]を新たに設け、その任務に諸外国語との対照的研究を掲げていた。特に、1984年刊行された『言語行動における日独比較』は、大量のデータを用いて、日本語とドイツ語の話者の言語行動を分析した結果をまとめたもので、本格的な対照研究としての意義は非常に高い[3]。

調査は、1977年から5か年にわたって、西ドイツおよび日本国内で、ドイツ人、日本人および在日外国人を対象として行われた。大学生と市役所職員を対象に、広い意味での言語行動に関するアンケート調査を行った。具体的には、言語生活・言語意識、あいさつ行動、買い物・道聞き、身体の空間的な位置・距離に関して、定量的な分析が行われ、日独の違いをまとめている。

『言語行動における日独比較』は、「対照言語学的また社会言語学的な観点から、日本人とドイツ人(在日外国人)との言語行動様式の相違点を明らかにしようとしたもの」(p.349)である。被調査者の選定やアンケート調査などの問題点が指摘されているものの、日本人と外国人の言語行動の比較対照を目的とし、大量のデータを用いた、初めての対照研究であると評価できる。

そして、1990年代からは、国立国語研究所から『日本語と外国語との対照研究』シリーズが作られるようになった。外国人に対する日本語教育や異文化理解の上で何らかの役に立つことを目的としている。シリーズは、『日本語とスペイン語1、2、3』(1994、1997、2000)、『日本語とポルトガル語1、2』(1996、2000)、『日本語と朝鮮語 上、下』(1997)、『マイペンライ―タイ人の言語行動を特徴づけることばとその文化的背景についての考察―その1、その2』(2000)、『日本語とフランス語―音声と非言語行動』(2001)が出版された。また、それらの蓄積を踏まえながら、「言語の対照研究」とは何か、また「対照研究」と「日本語教育」を結び付けるにはどのようなことが必要かという、より基本的な問題について考えた『対照研究と日本語教育』(2002)も出版された。ここには、言語の対照研究の役割と意義、対照研究

と言語教育との連携、対照研究の意義、問題点などが述べられている。また言語研究の諸領域と日本語教育とを関連付けた論文が掲載されており、対照研究に関する有益な観点を提供してくれる。

次に、日本語教育の立場から見た対照研究の目的と課題について概説したものとしては、寺村(1982)、島岡(1986)、奥津(1990)などがあり、また講座のシリーズとして刊行された『講座日本語学　外国語との対照10、11、12』(1982)、『応用言語学講座　第2巻　外国語と日本語』(1986)などもある。さらに、『言語生活』(1974年12月号、1978年7月号)、『言語』(1981年12月号)、『日本語学』(1983年4月号、1996年7月号)、『日本語教育』(1990年11月号)などの雑誌にも対照研究が特集として組まれている。

日本語と他の言語との対照研究は、生越(2005b: 697)によれば、最初はそのほとんどが英語との対照研究であったが、その後、日本語教育が盛んになるにつれて、対照研究の数は増えてきている。様々な言語が研究対象として取り上げられるようになり、最近は、とりわけ中国語や韓国語・朝鮮語など、日本語学習者の多い国のことばとの対照研究が数多く行われるようになったという。研究の内容としては、言語行動や談話分析など社会言語学的な観点からの研究が多く見られるようになってきている。これらの研究の多くは、日本語と他の言語とのコミュニケーション・ストラテジーの違いを明らかにし、その成果は異なる母語話者の間に生じうるミス・コミュニケーションの原因の解明に重要な役割を果たすと評している。

田中(2004: 2)にも述べられているように、複数の言語間の比較、対照研究という分野は、言語の相互接触の過程で、また第2言語習得という、教育と研究を連繋する重要な課題となっている。多民族、多文化を背景に異文化理解を促進する道具としての対照研究の需要が高まりつつある。近年の対照研究は、社会言語学、会話分析、談話研究などの領域との相互刺激の上に新たな建設が始まっていると言えよう。

2.1.3　日本語と韓国語の対照研究

それでは、本書で分析対象とする言語である日本語と韓国語の対照研究は

いかに行われてきているのか。その流れと傾向、成果をまとめることが必要であろう。

　日本語と韓国語は、言語体系の面において語順、格表示、主語尊敬など、文法上の類似点の多い言語であるといわれている。しかし、文法の細部を観察し分析した結果、相違点が見られることも指摘されている（菅野1990、塚本1997、生越1997）。また、音声に関しては相違点が目立つとの指摘もある（前川1997）。さらに、最近の研究では、言語行動、談話構造などにおける日韓の違いなどが報告されるようになってきている（柳慧政[4]2001、李吉鎔2001、任炫樹2004a、任炫樹2004b、元智恩2005、金珍娥2006）。また、韓国だけでなく、日本や中国で生活している韓国語母語話者の言語使用、言語行動に関する研究も行われるようになってきている。

　日本語と韓国語を対象とする対照研究をまとめたのは、まず、国立国語研究所の日本語と外国語の対照研究シリーズの１つである『日本語と朝鮮語』（1997）が挙げられる。上巻：回顧と展望編、下巻：研究論文編の２巻の構成である。上巻では、日本における朝鮮語研究について概観している。現代朝鮮語研究の流れ、研究分野、日韓対照研究、社会言語学的研究、史的研究などについて述べられている。また下巻では、現代語の研究と史的研究が多数掲載されている。

　次に、『対照言語学の新展開』（2004）にまとめられた、堀江（1998、2005）を中心とした日韓対照研究が挙げられる。比較類型論[5]（Comparative Typology）という理論的枠組みに基づいて日本語と韓国語の文法の対照を行っている。特に、対照研究が持つべき視点について次のように述べている。

　　言語現象の十分な記述、説明を行うためには、言語とコミュニケーション、認知、文化、社会といった言語外の要因との相関関係を取り入れたダイナミックな視点を持つことが不可欠である。日本語と韓国語の場合のように、類型論的に多くの類似点を持っており、同じ東アジア文化圏に属する２つの言語間で、文法、語形成、表記などにかなり対照的な傾向が存在するとすれば、その背後に両言語のコミュニケーション・スタ

イルや文化におけるどのような相違が存在しているかという点に関して、きめ細かい観察と分析が必要であり、その点で決定的に重要と思われるのは、日本語と韓国語の談話(会話)の対照研究である。

このような視点は、今後の対照研究の発展のために重要な示唆を与えてくれる。

また、『日本語学』[6]でも2005年7月、「ことばの日韓比較」というタイトルで特集号が組まれた。最近の韓国における漢字事情(李漢燮2005)や韓国と日本の韓国語研究(野間2005)、欧米における日本語研究と韓国語研究(堀江2005)が紹介されており、またことばに関する日韓対照が報告されている(尾崎2005b、生越2005a、安平鎬2005)。さらに、任栄哲(2005: 58)は最近の日韓における「言語行動」をめぐる研究動向を量的にまとめた。それによると、韓国は、日本に比べて発表物の総数では少ないものの、1950年代以後80年代までは発表点数が徐々に増えているが、85年以後から急激な増加を見せ、逆に日本を凌いでいる。一方、日本の場合には、50年代から次第に増加してきた発表物の点数が85年をピークとして、段々下火となってきている。また、対照言語学的立場から談話分析や言語行動などの国際比較研究への関心が高まりつつあることと、この分野での研究の発展がよりいっそう必要であることを強調している。

その他に、『日本語学』、『日本語教育』、『社会言語科学』、『日本語科学』、『世界の日本語教育』、『朝鮮学報』などの学術雑誌と、大学紀要を中心に日本語と韓国語の対照研究を行った論文が次々と発表されてきている。とりわけ1990年代以後、韓国語母語話者の研究者によって発表された主要論文は、任栄哲(1991)、羅聖淑(1992)、洪珉杓(1992)、白同善(1993)、金秀芝(1994)、李殷娥(1995)、厳廷美(1997)、姜錫祐(1998)、金志宣(2000)、李善雅(2001)などが挙げられる。そして、最近の研究の中で注目に値する論文がある。まず、許明子(2004)は、テレビドラマと新聞のコラムという話しことばと書きことばの2つのデータを用いて、日本語と韓国語の受身文について実証的な研究を行った。両言語の受身文は概念や構文的な特徴などの

大きな枠組みにおいては類似しているが、意味的特徴や形態的特徴、語用的特徴などの詳細な部分では相違点が多いことを明らかにし、また、韓国語母語話者を対象とする日本語教育の現場に応用方法を提案している。次に、金珍娥(2002、2006)の研究は、談話における「文」とは何かをはじめ、ターン、あいづち、スピーチレベルなどの分析を言語形式と機能の両面から行っている。一方、上記のような言語形式に基づいて機能までを分析しているアプローチとは違って、言語行動を中心に分析しているものとして任炫樹(2004a、2004b)がある。データ収集にはロールプレーを用いており自然な会話とは言いがたいものの、日本語母語話者と韓国語母語話者の「依頼」談話をポライトネス理論とウチ・ソト・ヨソの観点から分析している。

杉戸(1996)でも述べられているように、コミュニケーション上の誤解や行き違いなどの問題は、言語形式そのものだけが原因と考えられる事例は少なく、言語形式以外の要素がからみあった事例が多い。そのため、こういった言語行動の対照が対照研究の不可欠な作業となるのである。すなわち、対照研究において言語行動という視点を持つことは重要かつ有効であることは間違いない。

近年、社会言語学、語用論、異文化間コミュニケーションの観点から日本語母語話者と韓国語母語話者との言語行動、または談話行動に関する対照研究が行われはじめている。とりわけ、社会言語学的な観点からは、日韓の共同研究者によるプロジェクトや学術雑誌での日韓対照研究特集が行われるようになっている。

まず、2005年3月にまとめられた『日韓新時代における若者の国際コミュニケーションのあり方と意識に関する研究』がある。第1部:論文編、第2部:資料編の2冊の構成になっている。これは、平成13年度～16年度科学研究費補助金「日韓新時代における若者の国際コミュニケーションのあり方と意識に関する研究」(基礎研究(B)(2)、課題番号:13480070、研究代表者:尾崎喜光)の研究成果報告書である。研究の目的は、両国の交流の中心となるであろう若年世代の言語行動様式およびその背後にあると考えられる対人意識について、両国の共通点・相違点を明らかにすることである(p.1)。

アンケートや面接を用い、自分と他者の領域の境界線をどこまでと考えるかという「自他の距離感の違い」、「テリトリー意識の違い」に関する意識の異同を探ることに焦点を当て調査を行ったものである。具体的には、相手の所有物を使う際のことばの有無、座席選択に関する個人テリトリー意識、込み合う電車内で座席に座るかどうかという意識、空間と用具の共有などの内容となっている。このプロジェクトの成果は日韓の若者のコミュニケーションに関する新たな知見を提供するとともに、日本語と韓国語の教育において有益なデータを提供してくれるものと考えられる。なお、この研究報告書を書き改めたものとして『対人行動の日韓対照研究―言語行動の基底にあるもの』が2008年出版されている。

　この研究報告書の成果と一部つながっていると考えられる特集として、2005年9月に社会言語科学会から発行された『社会言語科学特集号―日本語と韓国語・朝鮮語をめぐって』がある。この特集は、日韓の社会言語科学的な研究の現状の把握とともに研究の進展を促すために企画された。自らの研究意義を、社会言語科学での対照研究、バイリンガリズム研究のあり方やその研究方法に関して有益な示唆を与えるとともに、日本語教育や韓国語・朝鮮語教育にも貢献するものと位置付けている(p.1)。韓国における社会言語学研究の現況のまとめをはじめとし、中国朝鮮族、在日韓国人の言語行動、会話における話題の選択や導入、依頼や感謝行動、韓国人日本語学習者の日本語と日本人の母語を「正しいと思う言い方と普段の言い方」を中心に分析したものなどが報告され、その成果は大変有意義であると考えられる。

　以上のように、日本語と韓国語における実際の言語行動、また言語行動のひとまとまりである談話に目を向け、分析を試みるといった、近年の日韓対照研究の動向は、本書の目指すものとも大きく関連すると考えられる。したがって、本書では、日本語母語話者と韓国語母語話者が行う言語行動の1つである、ほめるという言語行動を談話レベルで分析し、その共通点と相違点を明らかにすることを目指す。

2.2 談話研究とは何か

　本書における「談話」の概念と、これまでの談話研究の主なアプローチを概観する。

　「談話」という用語は、さまざまな分野で使われているだけに、その意味するところにはかなりの幅があり、その統一的、包括的な定義を示すことは難しいと言われている。メイナード (1997: 9–13) でも「談話」の定義にあたって、構造論的見地からの Stubbs (1983) と機能主義の立場からの Brown and Yules (1983)、またクリティカル・ディスコース分析の立場における「談話」の定義を踏まえた上で、以下のような定義を行っている。

> 「談話」とは実際に使われる言語表現で、原則としてその単位を問わない。単語一語でも談話と言えるが実際には複数の文からなっていることが多く、何らかのまとまりのある意味を伝える言語行動の断片である。

　本書でも上記のような広義の「談話」の定義を用いることとする。広義の「談話」には、例えば、話された会話、またそれを文字化したもの、書かれたテクスト、テレビドラマの台本、インタビュー、インターネット上のチャットなども含まれることになる。しかし、近年の社会言語学、語用論に近い領域で「談話研究」というと、主に話されたことばのひとまとまり、とりわけ、「会話」における相互作用に焦点を当てた研究を指すことが多くなってきている。したがって、本書で分析対象とする「談話」、すなわち、狭義の「談話」は、実際のコミュニケーションに参加する話者間の関係による(相互)行為としての言語行動、つまり「会話」を指すこととする。

2.2.1 談話研究の主要なアプローチ

　「談話」を対象とした言語研究である「談話研究」は、1970 年代になって独自的な分野として位置付けられたとみなされている (Van Dijk 1985: 4–5)。言語学のみならず、社会学、文化人類学、心理学などコミュニケー

ションを取り巻く領域で盛んに行われている。談話の研究が注目されるようになった背景には、人と人との相互行為における人間のダイナミックな言語使用の実態を捉える必要性が認識されるようになったことが挙げられる。特に、言語を社会の関わりの中で捉えようとする社会言語学、言語使用の法則を解明しようとする語用論の発展とともに「談話研究」への関心も高まり、研究の増加となっていると言える。

次に、これまで行われてきた談話研究の流れを、ディスコース分析、会話分析、コミュニケーションの民族誌、相互行為の社会言語学の4つのアプローチを中心に概観する。

2.2.2　ディスコース分析（DA: Discourse Analysis）

最初に本格的な談話研究を可能にしたのは、いわゆる「談話文法（Grammar of Discourse）」と言われるディスコース分析というアプローチである。ガンパーズ（2004: 202–203）によれば、「ディスコース分析は、発話の内容や機能に注目して、その連続や展開を記述することにより談話の構造を分析するアプローチで、言語行為理論、言語学的語用論、フレーム意味論、および人工知能から派生して出てきたもの」である。「スクリプト、スキーマ、あるいはフレームというふうにさまざまな名で呼ばれる抽象的な意味論的構成概念が仮定され、それらを通して、参与者は自らの世界についての知識を出会いの中での出来事への解釈に当てはめる」と考えられている。研究の多くは、「基礎的な文法理論および意味理論への関心によって動機付けられており、ある意味でこれらの研究は、語または文とモノまたは概念との関係を意味だとする論理学者の考え方の不適切さを指摘し、意味は究極的には人間の行為の中にあると主張したウィトゲンシュタインとオースティンの哲学的著作に言語学的な実質を与えようとする試みだと見ることができる」と説明している。ディスコース分析は、原則的には日常会話を記述するという目標を掲げた点において談話研究に一定の貢献を果たしたと言えるが、主に人為的な文を分析したことや、言語における階層構造の記述に興味をおく（Owen 1990）。このように、ディスコース分析は人為的で限られた資料を用

いて研究者の直感によって判断し、それに基づいて一般化を求めるといった演繹的方法論を取っている(Levinson 1983)。

2.2.3　会話分析(CA: Conversational Analysis)

次に、言語が社会的相互作用のための道具であるという観点から談話(会話)を体系的に分析することを試みたのは、社会学者たちである。彼らは人々が言語を用いて社会的相互作用を行っている方法を明らかにすることを重要な研究課題とするが、そのための方法論がエスノメソドロジーである。エスノメソドロジーについて、クロン(1996: 36)から引用し、記す。

> エスノメソドロジーは、実践的活動や実践的環境、そして実践的社会学的推論と経験的研究のトピックとして扱うことを目指す。そして、通常は非日常的な出来事に向けられる注意を、日常生活のもっともありふれた活動に向けることによって、それらをそれ自身の価値をもった現象として研究しようとする。

上記のような考え方に基づいて、より具体的で、かつ言語的な側面から談話(会話)の分析を試みた社会学者は Sacks、Schegloff、Jefferson などで、彼らは会話分析というアプローチを作り上げた。日常のことばのやり取りをデータとし、そのデータを繰り返し聞くことを中心とする帰納的なアプローチを取る分野である(Levinson 1983)。会話分析の研究者は、ことばのやり取りの内在的な秩序に関心があり、会話はいつでも会話の参加者にとっての秩序があると考えることを前提としている。どの会話にもよく見られる話者交代、話題の選択、オーバーラップ、割り込み、沈黙、会話の始め方、終わり方などの会話の局所的な組織が研究の関心となっていた。その後、研究対象範囲が広がり、会話の優先応答体系(Preference Organization)に関する分析、話題の構成(Topic Organization)に関する分析、非語彙的項目(Nonlexical Items)、とりわけ「oh/ ah」、「mm/ hm」または笑いのような反応表示(Response Token)の機能に関する分析、会話の体系に関連して、目線、ジェ

スチャーのような非言語的な側面に関する分析、さらに日常会話と制度化した場面におけるやり取り（Institutional Interaction）の間における共通点と相違点に関する分析などが行われてきた。研究方法としては自然な発話のデータを使うことを重視しているため、観察、フィールドノートだけでなく、テープレコーダーやビデオなどのテクノロジーを導入し、録音したデータを文字化し、会話の構造を明らかにしようとした。ことばのやり取りに一定の規則があることを明らかにし、社会的相互作用としての会話を明確なシステムとして説明した点は言語研究において大きな貢献となったと評価されている。

　上記のSacks、Schegloff、Jeffersonらとは異なる側面から談話研究に貢献した社会学者として、ゴッフマン（1985、1986）が挙げられる。Sacks、Schegloff、Jeffersonが話者交代などの言語使用における話し手と聞き手との相互作用に関連する側面を扱ったとすれば、ゴッフマンは、言語使用の面において話し手の持つフェイスや自我領域（Territories of Self）の意識など、人間の内的な側面を扱い、話し手の内的な面を扱っている社会的自我（Social Self）という概念から、フレーム分析（Frame Analysis）とフッティング（Footing）という概念を提案した。ゴッフマンは、このようなフレームやフッティングを話し手がどのように設定し、解釈するかによって、使用言語の形式や会話の質が決められると説明している。

2.2.4　コミュニケーションの民族誌（Ethnography of Communication）

　人類学からの談話研究として、1960年代ハイムズが中心になって提唱した「コミュニケーションの民族誌」がある。ハイムズは、Jakobsonの言語の多機能性への視点、および、社会人類学者のMalinowskiの言語使用におけるコンテクストへの視点を統合することによって、言語と文化の関係性についてのテーマを談話と文化の面から捉え直す基礎を築いたと評されている（松木2003: 247）。

　ハイムズ（1979: 15）では、「コミュニケーションの民族誌」という用語には、言語に対する妥当な研究方法が持つべき特徴が含まれていると説明して

いる。言語学、心理学、社会学、民族学などで得られた結果を予め与えられたものとみなし、単にそれらの相関関係を見ようとするのでなく、新しい種類の資料の必要性に関心を持ち、またそのような資料を状況のコンテクストの中で直接的に調査することによって、言語活動に固有なパターン、そして文法やパーソナリティー、宗教、血縁関係に関する個々の研究では見つけられないパターンを見つけ出すことである。つまり、「コミュニケーションの民族誌」は、言語の抽象的な規則に関する知識よりコミュニケーション能力の研究に重点をおくことによって、その当時の主流を成していた言語の独自的であり、かつ形式的な分析や文法の限界を指摘し、また社会および文化生活の構造とパターンを研究する民族誌が談話研究に与える有効性を紹介しながら、それらの異なる分野の融合を試みたと考えられる。

ハイムズ (1979: 67-95) では「コミュニケーションの民族誌」の基本的概念として、「話し方、流暢な話し手、発話状況、発話事象、発話行為、発話事象および発話行為の要素、ことばの規則（関係）、発話の機能」を説明している。さらに、ハイムズは上記のアプローチを「SPEAKING」というモデルで具体化している。この用語は言語の分析に関与するものとみなされる言語事象 (Speech Event) の8つの主要構成因子を表す単語の頭字語で、①状況 (Situation)、②参加者 (Participants)、③目的 (Ends)、④行為連鎖 (Act Sequence)、⑤基調 (Key)、⑥媒体 (Instrumentalities)、⑦規範 (Norm)、⑧ジャンル (Genre) という構成になっている。これらの構成因子は、言語使用と直結しており、またこれらの構成因子は、各々の文化や下位文化ごとに異なる様相を見せることによって、結果的に談話の生成と理解に決定的な役割を果たせることになる。

2.2.5 相互行為の社会言語学 (Interactional Sociolinguistics)

言語人類学者であるガンパーズは、「相互行為の社会言語学」を提唱した。言語使用の方法と人間関係の要素を言語分析に持ち込み、それを通して社会や人間関係のあり方を解明しようとするものである。このアプローチは、談話を分析することで、社会構造と言語構造との相互関係を発見し、それがこ

とばのやり取りにどのような影響をもたらすかを観察するものである。コミュニケーションというものは、2人以上の人間の共同の努力が要求される社会活動であり、相互作用があってはじめて成り立つ。したがって、自然の発話はコンテクストを考慮することで話し手の意識や意図を読み取ることが可能になり、その分析の結果、話し手と聞き手の関係や属する集団のアイデンティティなど、背景となる社会構造が類推できる。

　ガンパーズはこのような考えのもとに「コンテクスト化の合図」(Contextualization Cues)と「ディスコース・ストラテジー(Discourse Strategy)」という概念で自然談話のさまざまな実例を分析した[7]。「コンテクスト化の合図」とは、「コンテクストの前提をシグナルするのに貢献する言語的形式のあらゆる特徴を指す」とし、「コードや方言やスタイルのスイッチのプロセス、語彙や頭語の選択」と「韻律現象、慣用表現、会話の出だしや終わり方や継続するためのストラテジーはすべてコンテクスト化の機能を持ちうる」と説明している(pp.172–173)。

　また、ガンパーズ(2004: 216–218)は、Levinson(1983)の用いていた「言語活動(Speech Activity)」という概念を使い、強調している。「言語活動とは、何らかの伝達上の目標との関連で、1組のスキーマに沿って演じられる一連の社会関係の組み合わせのこと」とし、例えば「政治について議論する」「天気についておしゃべりする」「言語学について講義をする」といった記述的な語句を通して描写することができる。これらの言語活動には、あるコンテクスト化の合図が存在すると予期され、談話を解釈するための1つの手段として機能する。これらの手段は各個人の相互作用の経験を通して開発されるものであるとみなすことができる。

　例えば、「言語学について講義する」という言語活動は、話し手と聴衆の間のはっきりした役割分担と、誰が話すことができてどのような質問が可能かという、この活動に伴う独特の特徴がある。また、そのような期待を会話参与者は持っており、それによって人々は伝えられる概念をより分かりやすく、かつ正確に予期、理解することになるのである。問題になるのは、このような言語活動の種類のみならず、同じ種類の言語活動を行う場合でも、コ

ンテクスト化の合図が文化ごとに異なることもあるということである。

したがって、特定の言語活動のために、ある文化で用いられるコンテクスト化の合図が、他の文化においても必ずしも通用するとは限らないことになる。これが、異文化間のコミュニケーションの場合、もし相手の言語の文法的な側面を完璧に理解できるとしてもコミュニケーションにおける誤解や断絶を招く原因になるのである。

ガンパーズの研究は、社会言語学に会話の分析という手法を提供し、また Tannen (1993) はさらに「フレーム」と「会話のスタイル」という概念を利用して分析の成果を上げた。

そのほかにも、批判的談話分析、話しことばの談話のコーパス作成を意識した言語学的アプローチ、発達心理学者、社会心理学者らによる、第1言語習得研究や、養育者と幼児の社会的相互作用研究の一環として行われている会話の分析、認知心理学者らによる認知の社会性の記述・解明を目的とするアプローチなどもある。

以上のように概観した談話研究は、いくつかの隣接学問分野が多様な関心と目的を持って、言語に対する共通の関心と学際的な研究を通して、不完全でありながらそれなりに確固たる目標を追求していると言える。

2.3 ポライトネス理論

本書の枠組みは、社会言語学と語用論の観点を用いた談話研究と言える。また、分析結果を解釈するための基礎概念としては、ポライトネス理論を用いることとする。本節では、ポライトネスの概念、ポライトネスに関連する理論の概観、Brown and Levinson (1987) 以後のポライトネス理論の展開についてまとめる。

2.3.1 ポライトネスの概念

ポライトネス理論に関連する多くの論文が書かれ、様々な理論や枠組みが生まれた。その結果、同じ用語がまったく違ったふうに用いられたり、「ポ

ライトネス」という語の定義が様々であったり、言っていることが食い違ったりという事態が生じるようになってきている。トマス (1998: 162–172) はこの問題に言及し、ポライトネスに関連はするものの、次の5つの本質的に違った現象が論じられてきたと述べている。

①現実世界の目的としてのポライトネス

他の人に快く思われたいという純粋な欲求、すなわち、個人の言語行動の基盤になっている動機と解釈されるポライトネスのことである。話し手の心の中にある真の動機を知ろうとする、またはある人が他の人々より「もっと礼儀正しい」などを議論することである。それに対して、語用論の見方は、話し手が何と言い、聞き手はそれにどう応じたかということを知り得ることであるため、①のような類のポライトネスは、語用論の見方とは異なると言える。

②敬意表現としてのポライトネス

例えば、日本語と韓国語のように敬語体系のある言語において、しばしば同一視される敬意表現とポライトネスのことである。敬意表現はポライトネスと関連はあるものの、区別されるべき現象である。敬意表現は親密さとは逆のものであり、地位が高い人や年齢が上の人などに敬意を表現するものである。それに対して、ポライトネスは他の人に対して示す配慮をより広範に取り扱う。つまり、敬意を表していなくても敬意表現を使うことも可能であり、また敬意表現がなくてもポライトネスは表されることもありうるのである。

③言語使用域 (Register) としてのポライトネス

言語使用域とは、社会的状況に応じて選ばれる体系的な表現上の選択肢のことである。例えばフォーマル、またはインフォーマルな場面によって、またはどんな用途で言語を使用するかなど、ことば選びの必要性が出てくる状況下で一般的に起こる言語形態を記述したものである。しかし、フォーマル

な状況でフォーマルな言語を用いるかどうかに関して実際は選択できないことから、言語使用域は言語のストラテジー的使用とはほとんど関係がなく、したがって、ポライトネスとはほとんど関係がないと言える。

④発話レベルの現象としてのポライトネス

例えば、何の文脈も与えず、被験者に様々な依頼表現(Would you X？、Could you X？、Can you X？、Do X！など、X：何らかの依頼、または負担をかける事柄)に等級付けしてもらうなど、ポライトネス分野の初期の研究の多くがここに該当する。これらの研究は、ある言語社会に属する人たちがポライトであると思う言語形態を明らかにし、そして一般に、文法的に複雑になるほど、またストラテジーとして手が込んでくるほど、ポライトネスの度合いも高いと評価されることも明らかにした。しかし、文脈を考慮せずに作られた、ある言語形態の一覧表が、実際行われる発話行為から生じるポライトネスと必然的に関連するとは言いがたい。つまり、発話行為におけるポライトネスは、言語形式のみではなく、それが発話される状況や、そして話し手と聞き手の関係が加わったものなのである。

⑤語用論的現象としてのポライトネス

近年のポライトネス理論が焦点を当てているもので、この理論では、ポライトネスは調和の取れた関係を作り出したり、維持したりするといった、様々な目的を達成するために話し手が用いるストラテジーであると解釈されている。ポライトネスに対する語用論的アプローチとして、Leech(1983)、Brown and Levinson(1987)、Fraser(1990)が挙げられている。本書で用いるポライトネス理論は、このような⑤語用論的現象としてのポライトネスの観点からのものである。

2.3.2　主要なポライトネス理論

それでは、これまで発表されてきた主要なポライトネス理論を概観する。まず、Lakoff(1975)、Leech(1983)、Brown and Levinson(1987)のポライト

ネス理論をまとめた上で、Brown and Levinson（1987）以後のポライトネス理論の展開について述べる。

2.3.2.1　Lakoff, R. のポライトネスのルール

Lakoff（1975: 64–71）では、ポライトネスを言語使用における制約であると考え、普遍的なポライトネスのルールとして、次の3つがあるとする。

①改まり：距離を保て（Formality: keep aloof）
②敬意：選択の自由を与えよ（Deference: give options）
③親愛：共感を示せ（Camaraderie: show sympathy）

1つ目の「改まり：距離を保て」によるポライトネス行動は、相手との距離を保つことが目的であるが、話し手の社会的地位が聞き手のそれよりも高い場合に多い。例えば、医者が患者に対し専門用語を用いたり、また学術論文などでIではなく、we を用いたり、受動態を用いたりする場合に見られるものである。

2つ目の「敬意：選択の自由を与えよ」は、聞き手の地位のほうが高いということを伝える機能がある。一般的にことばや行為を控えめにすることで実現される。例えば、英語で確信が持てないわけでもないことを言うときに疑問形のイントネーションや、付加疑問、ヘッジ表現を使うことなどが該当する。

3つ目の「親愛：共感を示せ」は話者が相手に好感を持っていること、親しみを込めて接したいこと、興味を持っていることなどを相手に感じさせることが目的である。例えば、アメリカ社会では、冗談を言ったり、ニックネームを呼んだり、砕けたことば遣いをしたりすることが同様の働きをする。

「改まり：距離を保て」と「親愛：共感を示せ」によるポライトネスは互いに別個に実現されるものであるが、「敬意：選択の自由を与えよ」によるポライトネスは単独で実現されることもあれば、他の2つのどちらかとともに実現されることもある。Lakoffによれば、これら3つのポライトネスの

ルールは各言語・文化に普遍的なものであるが、各言語・文化によってその比重は異なる。

2.3.2.2　Leech, G.N. のポライトネス

次に、Leech (1983) は、ポライトネスを「人はなぜ、言いたいことを伝えるのにしばしばそんなにも間接的であるのか」を説明するのに欠かせないものとしている。またポライトネスという概念を使うと、協調の原則における例外や明らかな逸脱をうまく説明できるという意味で、「協調の原則を救うもの」(1983: 80) であるとみなしている。Leech は、次のような 6 つの公理 (maxim) を規定し、ポライトネスに応じた言語使用は、これらに則ったものであると唱えた。

①気配り (Tact)
　(a)他者への負担を最小に、(b)他者への利益を最大にせよ
②寛大さ (Generosity)
　(a)自己の利益を最小に、(b)自己の負担を最大にせよ
③賞賛 (Approbation)
　(a)他者への非難を最小に、(b)他者への賞賛を最大にせよ
④謙遜 (Modesty)
　(a)自己への賞賛を最小に、(b)自己への非難を最大にせよ
⑤合意 (Agreement)
　(a)自己と他者の意見の相違を最小に、(b)自己と他者の合意を最大にせよ
⑥共感 (Sympathy)
　(a)自己と他者の間の反感を最小に、(b)自己と他者の間の共感を最大にせよ

これらはすべて同等に重要なわけではないとされている。①と②、③と④はそれぞれ対になっているが、会話において①は②よりも、③は④よりも強力な規制となる。それは、自己よりも他者を重視するというポライトネスの

一般的法則を示すものである。また、個々の原則内においては、(a)のほうが(b)よりも重要であるとされているが、それも、ポジティブ・ポライトネスよりもネガティブ・ポライトネスのほうに重きを置かれるというポライトネスの一般的法則を示すものである。また、相手に対するポライトネスのほうが、第三者に対するポライトネスよりも重要であると考えられている。

　ポライトネスに対するLeechのアプローチについて、トマス(1998: 183)は、異文化比較に有効であることを評価する一方、Leechの公理は便宜的なもので、文化によっては様々な公理が必要になる可能性があるので、理論的普遍性を確立しているとは言えないと指摘している。

2.3.2.3　Brown, P. and Levinson, S.C. のポライトネス理論

　ポライトネスに関して最も影響力を持っているのは、Brown and Levinson (以下、B＆L 1987) のポライトネス理論である。B＆Lのポライトネス理論の根幹を成すものは、ゴッフマン(1986)によって提唱された「フェイス[8] (face)」という概念である。ゴッフマン自身はフェイスを次のように定義している(1986: 1–2)。

> フェイスという言葉は、ある接触のあいだに彼がとっていたと他の人々が考える立場によって、事実上みずから主張する積極的な社会的価値、と定義することができる。フェイスとは、承認された社会的属性という形で描かれた自己イメージ—それは、人が自己をよく見せることによって自分の職業や宗教について体裁を作る場合のように、他の人々も共有するかもしれないイメージであるけれども—のことである。

　一方、B＆Lのポライトネス理論においては、「フェイス」は次のように操作的に定義されている。すなわち、人間には、人と人との関わり合いに関して、「ポジティブ・フェイス(positive face)」と「ネガティブ・フェイス(negative face)」という2種類の基本的欲求がある。ポジティブ・フェイスとは、他者に好かれたい、認められたい、評価されたいといった欲求に現れ

る。一方、ネガティブ・フェイスは、他者に邪魔されたくない、押しつけられたくない、行動を自由に選択したいといった欲求に現れている。B＆Lは、この2つのフェイスを脅かさないように配慮することがポライトネスであると操作的に定義した。そして、相手のポジティブ・フェイスに訴えかけるストラテジーを「ポジティブ・ポライトネス」、ネガティブ・フェイスを配慮するストラテジーを「ネガティブ・ポライトネス」と呼んだ。

　B＆Lによれば、発語内行為には、相手のフェイスを傷つけたり、脅かしやすいものがある。そのような行為は、フェイスを脅かす可能性のある行為(FTA: Face Threatening Acts)として知られている。ある発語内行為は、聞き手のポジティブ・フェイス、またはネガティブ・フェイスを傷つける可能性を持っている。もしくはその発語内行為は、話し手自身のポジティブ・フェイス、またはネガティブ・フェイスを傷つける可能性を潜在的に秘めていることもある。相手または自分自身のフェイスを傷つける可能性を少なくするために、話し手は何らかのストラテジーを用いることができる。どのようなストラテジーを選ぶかは、話し手がそのフェイスを脅かす行為の大きさをどう判断するかによる。ポライトネス・ストラテジーは、次の3つの要因の重み付けを見積もった総和である、相手への「フェイス侵害度(W_x)」に基づいて選択される。

$$W_x = D(S, H) + P(H, S) + R_x$$

　　W_x：「ある行為(x)のフェイス侵害度」
　　D：　話し手(Speaker)と聞き手(Hearer)の「社会的距離(Social Distance)」
　　P：　聞き手(hearer)の話し手(Speaker)に対する「力(Power)」
　　R_x：特定の文化におけるある行為(x)の「負荷度」の絶対的順位に基づく重み(Absolute Ranking of Impositions)」

　B＆Lによれば、まず最初になされる決定はFTAをするかどうかということである。話し手がFTAをすると決めたら、そこには4つの可能性があ

る。次の図を見てみよう。

```
                          ┌─緩和せずに ································ (1)
FTA をする ─┬─ FTA を表に出して ─┤                ┌─ ポジティブ・ポライトネス… (2)
          │                  └─緩和して ─┤
          │                              └─ ネガティブ・ポライトネス… (3)
          └─ FTA を表に出さずに(ほのめかして) ······················ (4)
FTA をしない ································································ (5)
```

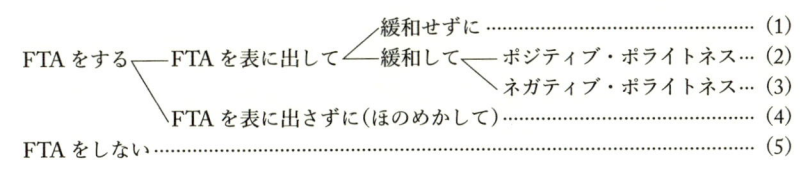

図 2-1　FTA に対するストラテジー（B & L 1987: 69）

　4つの可能性のうち、FTA を表に出してする上位ストラテジーとして以下の3つがある。

（1）　何も緩和をいっさいせず FTA をする。
（2）　ポジティブ・ポライトネスを用いて、表に出して FTA をする。
（3）　ネガティブ・ポライトネスを用いて、表に出して FTA をする。

これに加えて、FTA を表に出さずにするという、

（4）　その行為をしていることをはっきりとは表に出さないでおく。

の一群のストラテジーも含めて、4つである。もし話し手がフェイスへの脅威の度合いがあまりにも大きいと判断すれば、何も言わないこと、つまり、その FTA をしないこと(5)を選ぶ場合もある。
　また、B & L では、下位ストラテジーとして、(2)ポジティブ・ポライトネスのストラテジー15個、(3)ネガティブ・ポライトネスのストラテジー10個、(4)のオフレコードのストラテジーの15個を挙げている。
　以上のような主要概念を持つ B & L のポライトネス理論について、宇佐美（2001）は、言語的ポライトネスと銘うちながらも、言語形式だけにとらわれず、人間関係、社会的・心理的距離、相手にかける負担の度合いなど、複雑に絡み合う諸要因を考慮に入れ、それらの相互作用の結果としての、言語行動におけるポライトネスをより包括的に取り扱っていると評価している。

また、堀他（2006: xviii）によれば、B＆Lのポライトネス理論は次のような普遍性を持っている。

①人間の対人関係の構築・維持の背後にあるメカニズムであって、人間は誰もがみなネガティブ・フェイスとポジティブ・フェイスとを持つこと
②言語行動は多かれ少なかれ相手のフェイスを脅かすので話し手は相手のフェイスを侵害しないようにさまざまな言語的ストラテジーをとること
③ある言語行動がどれくらい相手のフェイスを脅かすかはP・D・RというFTAの基本となる変数の和で決定されること

しかし、大きな影響を与えただけに、様々な批判がなされてきた。トマス（1998: 192）では、B＆Lでの説明の中で問題となっている、いくつかを指摘している。彼らのFTAの説明では、ある行為が話し手または聞き手のどちらかのフェイスにとって脅威になる。しかし、実際には、多くの行為は話し手にとっても聞き手にとっても、同時にフェイスを脅かすものであり得る。例えば、謝罪という行為は、明らかに話し手のフェイスを脅かすが、聞き手にとってもかなりの困惑を感じさせることもある。また、ポジティブ・ポライトネスとネガティブ・ポライトネスは、相いれないものだと主張しているが、現実には1つの発話が同時に両方のフェイスに向けられているということもある。さらに、ある発話行為は本質的にフェイスを脅かすと主張しているが、ものを言うことそれ自体が潜在的にフェイスを脅かす恐れがあることも十分考えられる。3つ目の指摘は宇佐美（2001）にも言及されている。

また、Fraser（1990）と宇佐美（2001）では、B＆Lのポライトネス理論が「個人の方略的な言語使用」に重きを置きすぎていると指摘している。宇佐美（2001）は、そのため、日本語のように複雑な敬語体系を有する言語における言語使用をうまく説明できないという。このように、いくつかの問題を抱えてはいるものの、B＆L（1987）のポライトネス理論が言語使用や異文化間コミュニケーション関連の研究において多大な影響を与えていることは間違いない。

上記に言及したB＆Lのポライトネス理論の持つ問題点を指摘し、より発展させた形で理論を展開している研究がある。まず、B＆Lが「個人の方略的な言語使用」に重きを置きすぎた点に言及しながら、社会的に規定されている面を考慮に入れたアプローチとして、Fraser (1990) と宇佐美 (2001) が挙げられる。また、スペンサー＝オーティー (2004: 4) は、B＆Lの理論が文化的に偏った見方であることを指摘し、また「ポライトネス」という語の持つ混乱を避けるために、「ラポールマネジメント」(Rapport Management) を提案している。以下、それぞれの内容を概観する。

2.3.2.4 宇佐美まゆみのディスコース・ポライトネス理論

宇佐美 (2001、2003b) では、B＆Lがあまりにも話し手の方略的な言語使用に重きを置きすぎた点に問題があることを指摘し、敬語を有する言語とそうでない言語双方に適用可能なポライトネスの普遍理論を確立するためには、「個人の方略的な言語使用」と「社会的規範や慣習に即した言語使用」の各々と、その「相互作用」を主要な研究対象にする必要があるということを主張し、ディスコース・ポライトネス理論 (以下、DP理論) を提唱した。

宇佐美のDP理論では、Fraser (1990) の「会話の契約 (Conversational Contract)」という概念について言及している。「会話の契約」とは、「その対話の中での規範や、その中での自分たちの権利と義務の相互作用についての理解」である。つまり、人は会話の契約によって対話の中で制約を受けている。彼は、その場の出来事や状況によって要求されている度合いのポライトネスを用いることである。また、同時にポライトネスの規範を「その場にいる人が、地位、力関係、話し手各々の役割、その状況の性質をどのように感じ、認識しているかによって、変える余地がある」とも述べ、個人の方略的な言語使用とともに、権利と義務といった社会的規定を考慮に入れている。

DP理論は、B＆Lの理論よりも、さらに対人コミュニケーションの観点に重きをおき、研究対象を拡大し、発展させたものであるとしている。また、「これまで本格的には取り入れてこなかった談話行動の諸要素それぞれの働きと、それらの要素の機能の『総体』も主要な研究対象に含める。また、

その対象も『文／発話行為レベル』から『談話レベル』へと単に単位を拡大しただけではなく、談話それ自体も一変数として扱うことによって、ポライトネス研究を、従来の『絶対的ポライトネス』の研究から、『相対的ポライトネス』の研究へと拡大するものである」と説明している。

宇佐美は、DP 理論の新しい視点の 1 つとして、ポライトネスを、言語行動のいくつかの要素がもたらす機能のダイナミックな総体として捉えることを挙げている。そして、そのように捉えたポライトネスを「ディスコース・ポライトネス (Discourse Politeness)」と呼んで、既存の文／発話レベルのみから見たポライトネスと区別している。

DP 理論が新たに組み込んだ、これまでのポライトネス研究では扱われてこなかったもう 1 つの観点は、「ディスコース・ポライトネス」を構成する諸要素が当該談話に占める「構成割合」や諸要素の「頻度の平均」、「談話展開の典型」などを、当該談話の「基本状態 (Default)」という「変数」として捉えるということである。つまり、DP 理論では、「ディスコース・ポライトネス」には、「基本状態」があることを想定し、実際の発話効果としての「ポライトネス効果」は、その「基本状態」を基にして、相対的に生まれてくるものであると捉えるのである。

その他に、DP 理論において、新しく提出された概念の中の主なものには、①基本状態、②相対的ポライトネス・絶対的ポライトネス、③有標ポライトネス・無標ポライトネス、④マイナスポライトネス効果、⑤ポライトネス値、⑥有標行動・無標行動、などがある (宇佐美 2003b: 125–128)。

2.3.2.5　Spencer-Oatey, H. のラポールマネジメント

スペンサー = オーティー (2004) は、言語使用の持つ社会的関係の維持・管理という機能を「ラポールマネジメント (Rapport Management)」と呼んで、B ＆ L のポライトネス理論より広い観点から理論を展開している。ラポールマネジメントという概念を新たに用いることについて、「分析材料は主としてポライトネス理論を扱うものであり、フェイスという概念が重要な位置を占めているが、フェイスという用語が自己への関心を強調するのに対

して、ラポールマネジメントという用語は、自己と他者間のバランスのほうにより強い関心があることを示唆するからである」(p.11)と説明している。つまり、B＆Lのポライトネス理論における「フェイス」といった個人的側面のみならず、社会的権利の維持・管理の問題も含めるのである。

ラポールマネジメントには、「フェイスマネジメント」と「社会的権利のマネジメント」という2つの主要な側面があるとし、さらに「フェイス」と「社会的権利」それぞれについても個人的・社会的視点を取り入れ、より細かく分類し説明している。

また、B＆LでのFTAの概念を「人々のラポール（調和的関係）を脅かす主要な行動として、フェイスを脅かす行動と権利を脅かす行動の2種類がある」(p.17)としている。さらに、すべての言語使用、すなわち、一定の発話行為のみならず、それ以外の言語使用的側面も含めて、フェイスおよび社会的権利がどの程度適切に維持・管理されているかについて見るとしている。また、スペンサー＝オーティーはラポールマネジメントストラテジーの使用に影響を与える一因として、文化的相違を指摘し、文化的相違が生じる可能性について述べている。

以上のように、ポライトネス理論、そしてその発展的な理論を概観した。本書は、会話者同士の円滑なコミュニケーションを創造、維持するために用いられる言語的ストラテジーに関する議論であるポライトネス理論を研究の基礎概念とし、とりわけB＆Lのポライトネス理論を用いて分析結果を考察する(7.2参照)。

2.4　「ほめる」言語行動

本節では、言語行動と発話行為の観点から「ほめること」の特徴を概観し、また「ほめること」と他の言語行動との比較を行う。さらに、「ほめること」とポライトネス理論との関わりをまとめた上で、本書における「ほめ」の定義を定める。

2.4.1　言語行動としての「ほめる」

　本書は「ほめる」言語行動についての分析を行うものである。したがって、最初に「言語行動」とは何かに触れておく必要がある。杉戸 (1992: 29) は「言語行動」の定義を次のように定めている。

> 単音・音節・形態素・語・文などの各レベルで多くの要素が構造をもち体系を作り上げているという意味での言語そのものでなく、そうした言語によって人と人とが何らかのコミュニケーションをする行動を「言語行動」(Linguistic Behavior) という。

　また、杉戸 (1992: 30–44) では、言語行動への視点に関して3つに大別し、説明している。すなわち、①言語行動の種類や機能への視点、②言語行動の構成要素への視点、③具体的な言語行動の動的な構造への視点である。
　まず、言語行動の種類は、挨拶・討論・雑談などまとまりのある言語行動や、その中に現れるあいづち、呼びかけ、応答、質問、説明、承諾、拒否など個別的な言語行動が、それぞれの姿や機能の違いを基に分類される。次に、言語行動を成り立たせる構成要素については、言語形式の現れ方を、言語行動の主体や相手、場面・目的・媒体・伝達内容など他の構成要素との相互関係の中で分析する研究、あるいは、声の大小などのパラ言語や身振りなどの非言語的な要素をも視野に入れた研究が行われている。さらに、具体的な言語行動としての会話や談話の内的な構造、もしくは動的な構造への視点については、具体的に、ほめ・感謝・勧誘・謝罪・依頼などの言語行動を含む会話や談話の動的な展開や内部構造を詳細に記述分析する研究が、対人的な言語行動の研究として行われる。研究の関心は、発話と発話の連続の姿、会話の流れ、参加者同士の言語的なインタラクション、会話の規範などに向けられると説明している。
　とりわけ、③具体的な言語行動の動的な構造への視点からの研究は、語用論、発話行為論、談話分析などの領域との学際的な研究とも言える。本書では、上記の③具体的な言語行動の動的な構造への視点に基づき、実際行われる会

話における言語行動、さらにそれのひとまとまりである談話を分析していく。

2.4.2 「ほめる」と他の言語行動との比較

　同じく感情表現型の言語行動である、「感謝する」、「謝る」、「ほめる」は実際どのような場面で用いられているのか。「感謝する」と「謝る」は、話し相手との関係で、何らかの形で前提とされる出来事がある。すなわち、「感謝する」は、相手の恩に着たり、相手のおかげで良い結果や成果が得られたとき、それに触れて、相手に対する、ありがたい感情を述べる行動である。また、「謝る」は、何らかの失敗や違反を起こしたため、相手のことを傷つけたり侵害したりしたとき、謝る行動である。このような「感謝する」や「謝る」は何らかの出来事の後になされる行動という意味で典型的に事後的な行動であり、「感謝する」や「謝る」は行われるべき場面に行われないと、会話者同士の関係には何らかの支障が起こりうる。それに対して、「ほめる」は、「感謝する」と「謝る」と同様に自分の感情を表現する行動であるが、相手との関係において「ほめる」は不可欠な行動とは言いがたい。つまり、「感謝する」や「謝る」とは違って、「ほめる」が行われなくても、会話者同士の関係には決定的な支障などが起こったりはしない。しかし、「ほめる」は、大抵の場合、相手との対人関係に肯定的な効果を及ぼすことを意図しており、相手を心地よくさせることで、より良い関係作りを図っている行動と言える。

　また、ほめる行動の特徴について Manes and Wolfson (1981) では次のように説明されている。

　「ほめる」は、感謝や挨拶行動とは違って、母国語の習得時に明示的に教育されないことである。我々は、生まれて学校に入る前から親や周囲から言語と行動様式を習得するようになる。ことばを学びはじめて挨拶ことばを学び、その挨拶ことばには自然に感謝や謝罪表現なども含まれている。したがって、子供であっても話せるようになると、何かプレゼントされたら感謝の挨拶をどのように言うのか、また出会ったときや別れるときの挨拶はどのようにすればいいのか自然に分かるようになるのである。それに比べて、人

に対する「ほめる」は、挨拶、感謝、または謝罪表現とは違って、親や周囲から自然に習得されるものではなく、また学校で教育されることもない。したがって、「ほめる」には、個人の性格や趣向によってほめる頻度や対象、表現方法などが異なり、さらに、各々の社会文化によっても差が現れることが考えられる。

次に、「ほめる」は他の言語行動に比べて、複数の機能を担うため、会話の中で他の言語行動と一緒に現れることがある。すなわち、自分の感情を表すことでほめる場面のほかに、例えば依頼や謝罪、断りなどの言語行動を行う前後にほめることで、相手に親しみを表したり、その場の雰囲気を和ませたりすることが可能である。しかしながら、異言語文化間のコミュニケーションにおいて、「ほめる」を会話の潤滑油として用いたつもりが、相手の言語文化では適切でない行動になり、誤解を招く恐れも否めない。

さらに、「ほめる」は、会話の開始発話としての役割もあれば、同時に相手の発話に対する応答発話の中でも現れ、さらに2人の会話の中に第三者が割り込んで行われるなど、その順序が決まっていない行動と言える。この特徴も異文化間の違いが浮き彫りになると考えられる。なぜならば、ほめる側の文化では、相手との会話を友好的に始めるため、相手の洋服や髪型に注目し、ほめることが望ましいとしても、相手の文化では、会っていきなり外見に触れられることは失礼になることもあり得るためである。また、ほめたい意図があれば自ら話題を出して話を進める人もいれば、相手からの話題をさりげなく相手へのほめにつなげていく人もいることから、会話の流れにおいても異文化間の違いがあることが予想される。

「ほめる」は、周辺的言及(Framing Remark)と一緒に用いられる。この周辺的言及は、ほめ表現の前後に見られ、定式(Formula)化された表現とは違って、その語彙や構文が非常に自由に表現されている。「ほめる」の場面や対象によって、また個人や言語文化によって、表現には違いが現れることが考えられる。

以上のような「ほめる」の特徴から、異なる言語文化におけるほめ行動には違いが見られることが予測される。例えば、ある言語文化では非常に評

価されるべきものとみなされ、頻繁にほめられても、それが他の文化でも同様にほめられる対象になるとは限らない。また、ほめる表現においても同様で、どのような表現が適切で好まれるかは各々の言語文化によって異なると考えられる。

そこで、本書では、近年その言語使用における違いが報告されつつある日本語と韓国語を分析対象にし、両言語におけるほめる言語行動に関する対照研究を行うことにする。

2.4.3 「ほめる」とポライトネス

次は、ポライトネス理論の概念から、ほめることと、ほめられたときの反応について考えてみる。まず、ほめることは、「相手に対して何かよいことを言う、好意的な判断や意見であり、これを通して相手との趣向や興味における共通性を表し、会話参加者間における連帯感を創造したり強化すること」を意味する（Manes and Wolfson 1981）。それは B & L（1987）のポライトネス理論からはポジティブ・ポライトネス・ストラテジーの1つと捉えることができる。ほめることによって会話参加者間の社会的距離感を縮めたり既存の連帯感を強化したりすることができるためである。例えば、新しく髪型を変えてイメージチェンジして友人に会った場合、その友人に髪型について何か一言触れてほしいと思うであろう。かわいいと言われたら嬉しいが、もし、気付いてくれなければ少しがっかりするかもしれない。それとは違って、誠意のないほめる行動、言い換えれば、皮肉やからかいの意図でほめる表現を用いたとき、それが相手にも認識された場合、その発話は、相手にかなりひどい FTA になり得る。しかし、もっと重要なのは、上記の例のような場合でなくても、ほめる行動は、それ自体が FTA になりうるということである。例えば、自分はそれほど納得していない能力をほめられたときや、女性が初対面の男性にいきなり外見についてほめられる場面、また目下の人に行動をほめられたときなど、ほめられた人は不愉快さや当惑を感じてしまうであろう。このようなほめることの機能に関連して、Holmes（1988: 487）は次のように述べている。

A compliment may function as a redressive strategy in the context of a more threatening act, but in order contexts compliments and responses may themselves threaten the addressee's negative face.
(ほめることは、ある脅かす行為の文脈においては、補償のストラテジーとして機能するであろうが、他の文脈では、ほめることと、その返答自体は、相手のネガティブ・フェイスを脅かすこともありうる：筆者訳)

Holmes (1988: 487) によれば、所持物へのほめの場合、そのほめは、ほめ手が受け手の所持物をほしがっているかのような印象を与えることもある。ほめの受け手は、ほめられたことによって、自分のものを譲るか、あるいは守るかという選択を迫られ、自分の自由を奪われることになる。それは、受け手のネガティブ・フェイスを脅かすFTAになるのである。また、受け手は自分が受け取ったほめを否定しなければならないと感じるがゆえに、自分自身のポジティブ・フェイスを傷つけざるを得なかったり、またお返しとして相手もほめなければならないというプレッシャーを感じたりすることがあると述べている。

そして、ほめられたときの反応は、ほめることよりさらに複雑にポライトネスと関連する。一見、相手のほめを素直にありがたく受け入れることが丁寧であり、もっとも望ましいと判断されるかもしれないが、常にそうとは限らない。相手との関係、場面、ほめられたものなどを考慮せず、思わず受け入れたり同意してしまうと、時には、生意気な、自惚れ、謙虚さがないと思われる恐れもあるのである。B & L (1987) でも、ほめを受け入れることが話者のポジティブ・フェイスを脅かす恐れがあると分類されている。

ほめられたときの反応について Pomerantz (1978) は、ほめに対する返答には「相手の意見に同意、あるいはほめを受け入れる」や「自分に対するほめを避ける」という2つの相反する原則が作用するという。この矛盾する原則を各々の状況によってうまく選択し、適用することによって、相手にポライトであると受け取られることができるとしている。ほめの受け手の様々な解決策として、受け入れ、同意、打ち消し、不同意、自画自賛の回避という5

つを提示している。

　また、Holmes は、ほめに対する返答のうち、回避と打ち消しについて次のような2つの説明をしている。1つは、Grice (1975) の会話の公理とLeech (1983) の対人関係上の公理(ポライトネスの原則)の概念を導入したもので、ほめは本質的にしばしば誇張される面があるため、これは Grice の「真であることを言うこと」という公理を破ることになり、ほめられた人はこれに反対する意見を出す必要性を感じるようになる。つまり、事実と誇張の差が大きくなればなるほど「合意の公理」の方より「謙遜の公理」の方が効果的になり、ほめられた人は回避や打ち消しの返答を駆使する。また、ほめ手が受け手との実際の親疎関係より親しい関係を前提にほめる時、ほめは受け手のネガティブ・フェイスを脅かす FTA となり、受け手はほめを回避するようになると説明している。

　以上のように、ほめることは他の言語行動とは異なる側面を持っており、また、ほめることとそれに対する反応は、その頻度、および表現、対象、場面、性、会話者間の関係など様々な側面によって影響されることが分かる。さらに、個人や言語文化によって異なる傾向が報告されており、とりわけ異文化間のコミュニケーションにおける、ほめることには語用論的失敗も十分起こりうることが考えられる。したがって、本書ではほめる言語行動に注目し、日本語と韓国語におけるほめることに関する様々な側面を取り上げ、相互作用を含め、談話レベルで分析していくこととする。

　次に、本書におけるほめの定義を検討する。

2.5　ほめの定義

　「ほめること」とは、しばしば「お世辞」と混同されやすいが、川口他 (1996) は、「ほめること」と「お世辞」をその表現形式と意図によって、「実質ほめ」と「形式ほめ」として区別する枠組みを提案している。言語による表現行為を、その「表現意図」から①自己表出表現、②理解要請表現、③行動展開表現に分け[9]、「ほめること」を理解要請表現に属すると分類してい

る。さらに、「ほめること」を「実質ほめ」と「形式ほめ」とに分け、説明している。「実質ほめ」とは、本当にほめたくて、その気持ちを相手に伝えようとするほめであり、「形式ほめ」とは、ほめること自体に表現の意図はなく、別の表現意図のために行うほめである。「形式ほめ」には、実際に評価してほめるというよりは、「相手との関係を良好に保つ」というような意図の基で行われることが多い。通常「お世辞」と取られるが、ほめの対象となるもの、ほめ方の表現などについて「実質ほめ」と共通するところが多く、「ほめの1つの種類」として論じる方が適当であるという。

　本書では、実際の機能での区別が難しい「実質ほめ」と「形式ほめ」を合わせ、「ほめ」と呼ぶことにする。しかし、本書で行われた実験の際、会話協力者を日本語母語話者と韓国語母語話者ともに、大学生の同性の親しい友人同士にすること、会話協力者の1人にほめられるくらいの親しい友達を連れてきてもらうことなど、条件を統制したため、あからさまに裏のあるようなお世事は現れにくい状況である（第3章参照）。

　本書では、日本語と韓国語を母語とする話者が実際の会話場面で行っている「ほめること」を分析することが目的の1つである。したがって、辞書的な意味も含めて、実際の会話の中で行われる、ほめる言語行動を、言語形式のみならず機能の面も考慮に入れ、捉えたい。

　先行研究の中でほめの定義を行ったものは、Holmes (1988)、小玉 (1996)、古川 (2002) などがある。まず、Holmes (1988: 446) は次のように定義している。

> A compliment is a speech act which explicitly or implicitly attributes credit to someone other than the speaker, usually the person addressed, for some "good" (possession, characteristic, skill etc) which is positively valued by the speaker and the hearer.
> （ほめることとは、話し手以外の誰かに対して、ほとんどの場合聞き手であるが、話し手も聞き手も"よい"と価値を置く何か（所持物、性格、技量など）に関して、明示的あるいは暗示的にクレジットを与える発話行為である：筆者訳）

この定義は、会話においてほめることとは何か、という問いに関するいくつかの示唆を与えてくれる。すなわち、ほめられる相手、ほめられる具体的な対象、ほめることには話者同士がよいと認めるという前提があると述べられており、さらに、ほめる表現においては、明示的・暗示的ともに視野に入れている。ただ、小玉 (1996: 60) でも指摘されているように、「someone other than the speaker, usually the person addressed (話し手以外の誰か、ほとんどの場合聞き手である)」という説明にはほめられる対象の範囲が広すぎるという問題がある。小玉は「この表現によって、ほめ手の目前にいない人物に対するほめも含むことになる。しかしながら、この場合ほめの対象になった人物は単に会話の話題となったとも考えられる」ため、目前にいない人物に対するほめは区別して考えるべきだと主張している。しかし、「会話の参加者の家族やその同列に位置付けられているものに対するほめは目前にいない対象でありながら、その会話の参加者との関係で頻繁に用いられる」ため、この点を考慮に入れ、次のように定義している。

　　ほめるという言語行為は、話し手が聞き手あるいは聞き手の家族やそれに類する者に関して"良い"と認める様々なものに対して、聞き手を心地よくさせることを前提に、明示的あるいは暗示的に、肯定的な評価を与える行為である。　　　　　　　　　　　　　　　（小玉 1996: 61）

　小玉 (1996) の定義は、Holmes (1988) の定義から、ほめる相手をより明確にしており、「聞き手を心地よくさせることを前提」にすると明記している。その点は、言語形式だけでほめを判断するのでなく、機能からの分析を視野に入れていると考えられる。ただし、「肯定的に評価を与える」の部分については再考が必要と思われる。なぜならば、会話の中で現れるほめは、必ずしも肯定的に評価をすることで現れるわけではないためである。すなわち、評価の代わりに、単なる感嘆や人の話を引用することで相手のことを認め、快い気持ちにさせる場合もあるのである。
　また、書きことばを対象にほめを分析している古川 (2002: 42) は、その場に

いない第三者へのほめも含めて、ほめることの定義を次のように定めている。

　　ほめとは、ほめの対象にほめ手が価値付けをすることにより、ほめの対象
　　や、対象に関わりのある人／物／ことの価値を上げる言語行為である。

　古川（2002）の定義は、ほめをほめ手の価値観に基づくものとし、また、対象の価値を上げる言語行為と定めた点、評価できる。しかし、書きことばをデータとしているだけに、会話者同士の人間関係におけるほめの特徴、すなわち「聞き手を心地よくさせることを前提」にすることが考慮されていない。
　本書では、会話者2人の実際の会話の中で行われる、ほめる言語行動を、言語形式のみならず機能の面も考慮に入れ、捉える。上記の先行研究での定義を検討する中で、ある発話が「ほめ」であるための、いくつかの要素が見えてきたと考えられる。それをまとめると、次のようである。

①ほめの相手：聞き手
②ほめの対象：聞き手に関わりのある人、物、ことのうち、話し手が「良
　い」と認める様々なもの
③ほめの意図：聞き手を心地よくさせること
④ほめの表現：直接的あるいは間接的に、肯定的な価値があると伝える

　まず、①ほめの相手について、会話者2人のやり取りが行われる会話を本書のデータとしているため、ほめられる相手は、聞き手になる。
　②ほめられる対象において、具体的にほめられるのは、聞き手に関わりのある人、物、ことのうち、ほめ手が「良い」と認める様々なものである。聞き手の家族、または兄弟、恋人などがほめられる場合も聞き手へのほめと認めることとする。ただし、本書ではその場にいない、会話者と関係ない第三者へのほめは分析対象としない。また、Holmes（1988）では、「話し手と聞き手両方が価値を置くもの」としているが、ほめられる聞き手が価値を置いて

いるかどうかは確認できない。なお、話し手が価値を置いていることは肯定的な価値を伝える言語表現から読み取ることができる。

③聞き手を心地よくさせることをほめの意図としていることは、会話という相互作用においてとても重要なポイントである。例えば、肯定的な評価を表す言語表現であっても、聞き手を心地よくさせない、皮肉やからかいの場合は、ほめと判断しないのである。また、肯定的な評価語は用いないものの、聞き手の話に感嘆を表したり、人と比較したりすることで、聞き手を心地よくさせることもありうる。したがって、会話という相互作用の中で現れるほめには、「聞き手を心地よくさせる」という意図がとても重要である。

④ほめの表現は、直接的に肯定的な価値があると伝える表現のほかに、実際の会話に見られる、間接的で暗示的な表現をも含めてほめの判断の基準とする。

上記の「ほめの判断基準」をもとに、本書での「ほめ」の定義を以下のように定める。

> ほめ：話し手が聞き手を心地よくさせることを意図し、聞き手あるいは聞き手に関わりのある人、物、ことに関して「良い」と認める様々なものに対して、直接的あるいは間接的に、肯定的な価値があると伝える言語行動である。

なお、本書における「ほめ」は読みやすさを考慮し、ほめと表記する。

2.6　ほめる言語行動に関する先行研究

ほめる言語行動に関する研究は、1970年代後半から80年代後半にかけてアメリカの応用言語学者たちを中心に行われた「Compliment」に関する研究から始まった。英語における特徴を明らかにするとともに、他の言語との異同も分析されてきている。英語圏を中心として数多く行われてきたため、まず、英語における先行研究の概要をまとめた上で、日本語と韓国語につい

ての先行研究をまとめる。

2.6.1 英語における先行研究

　Wolfson (1983) によれば、アメリカ文化圏の中でほめは、大概親密な間柄や、同等な地位や年齢の関係において頻繁に行われる。また、地位や年齢が同等でない場合、地位の高い人から低い人に、年上の人から年下の人に行われるほめが多い。

　ほめの表現形式について、Wolfson and Manes (1981) は、日常生活におけるほめ表現を聞き書きによって収集し、その特徴を明らかにした。これによると、アメリカ英語において大多数のほめは限られた形容詞と動詞が使われている。ほめる際に使用される直接ほめの語彙は非常に限られており、Nice, Good, Beautiful, Pretty, Great の 5 つの形容詞がほめことばの 80%に使われ、形容詞を用いないもののうち、86%が like、love を使用している。ほめの文型は、NP is (looks)(really) ADJ が一番使用頻度の高い型で、その次は I (really) like (love) NP、PRO is (really)(a) ADJ NP の順である。

　ほめの機能について、Wolfson (1981a、1981b、1983) は、相手に肯定的な評価を与えることで、友好的な関係を築き、保つと述べたのに対し、Holmes (1986、1988) は、話し手と聞き手との連帯感を強化する反面、潜在的に相手に FTA の恐れもあると指摘している。

　ほめる行動の男女の差も研究した Holmes (1986、1988) は、ニュージーランドにおける男女のほめ行動を観察と参加という方法で収集・分析し、女性が男性よりよくほめを行い、ほめられる割合も高いことを明らかにした。さらに女性同士では、ほめは頻繁に行われているが、男性同士では、ほめはあまり見られないことも述べ、ほめる行動における男女差を指摘した。このような結果は、Wolfson (1981a、1981b、1983)、Herbert (1990)、Johnson and Roen (1992) によっても検証されている。

　Manes (1983)、Holmes (1986、1988)、Herbert (1990) は、ほめの対象についても分析し、人々は主に所持物、外見、能力、性格についてほめることを明らかにした。特に、多くの女性は外見をよくほめるが、男性はあまりほ

めないことや男性同士において所持物をほめることは FTA になる恐れがあると指摘した。能力に関しては、男性がよくほめており、男女ともに性格についてはあまりほめない。さらに Herbert (1991) は、アメリカ英語とポーランド語におけるほめを研究し、アメリカ英語においては外見や能力について頻繁にほめるのに対し、ポーランド語においては、所持物に関するほめが多いことから、ほめの対象は、ある社会がどのような対象物に肯定的価値をおいているのかを反映していると述べている。

ほめに対する返答の類型については、ニュージーランドにおけるほめと返答を研究した Holmes (1986、1988) が詳しい。ほめに対する返答を受け入れ、回避、打ち消しという 3 つに分けて分析した。その結果、全体的に受け入れの返答が高い頻度を表していることが分かった。男女差に焦点を当てたこの研究では、男性が女性より回避の返答を好むことも明らかになった。

一方、Herbert (1989) は、ほめに対する返答の類型を肯定と否定の 2 つに分けて説明している。聞き書きによるデータを用い、アメリカ英語における返答を南アフリカ英語と比較分析した。両言語ともに、ほめられたら肯定的に受け入れる傾向を社会・文化的価値観と結び付けて説明している。

英語と他の言語との対照研究を行うことによって、文化による異なる言語使用を明らかにした研究としては、Barnlund and Araki (1985)、Chen (1993)、Ylanne-McEwen (1993)[10]、Lorenzo-Dus (2001)[11] などが挙げられる。その中で、日本語と英語との対照研究を行った Barnlund and Araki (1985) は、日本語母語話者とアメリカ英語話者の大学生のほめに対する返答を分析し、日本語母語話者はアメリカ英語話者より間接的で謙遜する傾向があり、アメリカ英語話者はより率直で直接的な表現を用いることを明らかにした。Chen (1993) は、談話完成型テストを用い、アメリカ英語話者と中国語話者間のほめの返答をポライトネス理論[12]の観点から分析し、両文化における社会的価値観の相違を明らかにした。彼はアメリカ英語話者の返答を、受け入れ、ほめ返し、回避、打ち消しという 4 つに、中国語話者のほめは、打ち消し、感謝と軽減、受け入れの 3 つに分類した。アメリカ人においては、受け入れが多く、打ち消しが一番少ないが、中国人においては受け入れがほとんど見

られず、打ち消しが九割以上を占めている結果を社会規範に関連付けて説明している。

2.6.2 日本語における先行研究

日本語のほめる言語行動に関する研究は、ほめという言語行動の特徴をその表現形式と談話構造の観点から考察した熊取谷(1989)から始まる。まず、日本語におけるほめの主な表現形式の型として次の3つを挙げている。

（1）「対象物＋形容詞」　例：そのセーターいいね。
（2）「形容詞＋対象物」　例：わあ、かわいいイヤリング。
（3）「対象物＋好み」　　例：わたし、そのスカーフ好き。

以上の表現形式から日本語のほめの特徴は、ほめの対象となる意味範疇の種類が限定されており、使用される表現形式の種類も限定されていると述べている。また、評価語類には特定対象物と結び付きやすいものと一般的なものとがあり、一般的なもののうち、特に「いい」は幅広い対象について用いられると述べている。また、ほめの機能として次の5つを挙げている。

①社会関係の創造・保持のための支援行為である。
②後続する反論、批評などを和らげるために用いる。
③会話開始の表現として用いる。
④皮肉として用いる。
⑤後続する依頼を成功させるために用いる。

ほめの機能に関連して、山路(2004)は、日本語の小説の談話におけるほめの機能、とりわけ、相手の不安などの「マイナスを埋める」機能に注目し分析している。ほめの種類を次のように分類し、それぞれのほめにはすべて「マイナスを埋める」機能があることを明らかにしている。

①相手からのプレゼントや相手の服装などに対するほめ＝〈相手が何らかの評価コメントを期待しているものに対するほめ〉
②子供や職場の部下などに対するほめ＝〈未熟な存在に対するほめ〉
③相手から表明された不安などに対する否定の形で現れるほめ＝〈相手の不安や落ち込み、不快感を解消するためのほめ〉
④親密な会話を引き込むための地ならしとしてのほめ＝〈相手との距離を埋めるほめ〉

　また、過剰なほめを回避するための方策として、①マイナス評価を装う、②罵倒しながらほめる、③直接的な評価を述べるのを避けるの3つを提示し、そのように工夫することによって、ほめは受け入れられやすく、効果の高いものとなると提案している。
　一方、小玉(1996)は、対話インタビューにおけるほめの機能を3つに分類し、それらの機能が談話の中で一緒に作用していると述べている。3つの機能とは、①対人的機能、②談話への従事に関連した機能、③談話の構成に関わる機能である。その中で、②談話への従事に関連した機能と③談話の構成に関わる機能について、ほめがインタビューの開始と終結部分に現れていることや新しい話題の開始と終結[13]部分に使用される例を挙げ説明している。
　何をほめるかについて分析したものとしては、丸山(1996)、大野(2001)、古川(2003)などがある。丸山(1996)は、大学生を対象に「聞き書き」という方法を用い、ほめの対象をHolmes(1988)に倣って、所持物、外見、能力、性格、その他に分けて分類した。それによれば、所持物や外見に対してはほめやすいのに対し、能力や性格についてはほめづらい。また、シナリオを分析した大野(2001)によると、同等の親しい関係における性格、作品に対するほめがもっとも多い。また、書きことばにおけるほめを分析した古川(2003)は、目上から目下へのほめと親しい関係同士のほめが多いと報告し、またほめる対象としては、行動・態度が多く用いられると述べている。
　次に、ほめの表現方法について、熊取谷(1989)は、「評価語」が主に用いられると述べており、シナリオを分析した大野(2001)は、「評価、事実指摘、感

情表明、羨望表明、お礼述べ、お祝い・挨拶・決り文句述べ、非言語表現」などに分類し、その中で「評価」がもっとも多く現れたと報告している。また、ほめの言語表現をアンケート調査で分析した林・二宮(2004)と林・林(2005)によれば、10代～20代の男女学生は共通して「優しい」、「楽しい」、「明るい」、「話しやすい」をほめの表現として選んでいる。なお、「かわいい」は女子のほうに多く見られている。

　また、ほめことばの日英(田辺 1996)、日独(大滝 1996)、日伯(ポルトガル)(日向 1996)の比較といった言語行動の比較研究を行ったものもある。

　次に、ほめに対する返答に関する研究を概観する。まず、Mizutani and Mizutani(1984: 43)では、日本語でのほめられたときの返答の仕方を、①喜んで受ける、②ある程度認めるまたは謙遜する、③認めるが他者に置き換える、という3つに分類し、日本語ではほめられたら、まず否定し、一部それを認め、他に帰するのが良い方法だとしている[14]。しかしながら、これは母語話者による直感であり、実証するための調査結果が伴っていない。実証的な研究は、横田(1985)による英語を母語とする者のプラグマティック・トランスファー[15]を対照研究したものから始まったと言える。横田によれば、日本人よりアメリカ人が肯定を多用し、また、多くの人が肯定、否定、回避の発言のあとに説明調の付加文を続けていることに着目し(日本人87.3%、アメリカ人75.3%)、別途分類している。またアメリカ人の英語母語話者が第2言語の日本語でほめられた際の返答における英語からの転移について調査を行い、その結果、転移は顕著に見られなかった。むしろ、返答に否定形を多く用いるのは、日本語ではほめられたら否定するのが一番適当であると教えられた結果であり、母語である英語と目標言語である日本語の違いを強く意識したため「直し過ぎ」が起こったものだと考察している。

　次に、調査対象を大学生にした丸山(1996)は、男女の差、学年の差に焦点を当てて分析し、次のような結果を報告している。

①ほめ手と受け手が同性の場合は肯定的、異性の場合は否定的返答の傾向がある。

②返答には、ほめの対象による影響もあるため、同性間での所持物がほめられたら、受け入れは少なく、逆に異性間でより多く発生する。
③ほめ手と受け手の学年差があるとき、ほめはあまり発生しない。
④所持物・外見についてのほめは受け入れられやすいが、技量・性格については受け入れられにくい。

寺尾 (1996) は、テレビのトークショーや日常会話の聞き書きデータを用い、日本語におけるほめに対する返答の特徴を分析した。それによれば、日本語母語話者のもっとも使用頻度の高い返答は回避であり、同性同士によるほめや外見・所持物についてのほめは受け入れられやすい。また、返答の表現上の特徴を「日本語母語話者の謙遜の美徳」と結び付け、説明している。ただし、分析においてほめ手と受け手の年齢、関係、性別などの属性の影響を分析の対象としていない。

また、平田 (1999) の聞き書きを用いた、ほめに対する返答の分析でも、従来言われていたような否定の多用は見られず（肯定 34.2%、否定 13.1%、その他 52.7%）、否定がそれほど高くないことが分かる。

次に、会話をデータとして分析した研究を見る。まず、柏木 (1999) では、女子大学生を被験者とし、自然会話におけるほめに対する返答の類型を Holmes (1988) の項目に倣い、分類している。斎藤・ベーケン (2000) は、テレビ上での対話を主なデータとして、日本語母語話者の「ほめに対しての返答」を再考し、その結果、肯定の返答が多く見られると述べている。さらに、日本語における返答に変化が起きていることを日本語教育へ応用することを提案している。

自然会話の中では、ほめられたら一言ではなく、2つ以上の意味を持つ複合の返答が現れていることに言及したのは、寺尾 (1996)、柏木 (1999)、斎藤・ベーケン (2000) がある。ただし、いずれも詳しい分類や考察までは行っていない。

また、彭 (1989) は日中における若者のほめの返答を「謙遜の原則」の観点から「比較社会語用論的分析」[16] を行った。

さて、日本語におけるほめ研究には、談話を分析しているものがいくつかある。まず、ほめの談話構造について分析を試みたものとして、熊取谷(1989)、山根(1999)、大野(2002)などが挙げられる。熊取谷(1989)は、内省による方法で、ほめの談話構造を分析し、ほめの談話構造は、「ほめ―返答」というほめの本連鎖から成ると述べている。また、すべてのほめが本連鎖のみから成るのではなく、「先行連鎖」および「後続連鎖」が生じることも多く、ほめの先行連鎖として「ほめの送り手主導型」と「ほめの受け手主導型」の2種類を挙げており、一方、後続連鎖では、詳細情報の要求とほめの増幅という2つの行為が成されることが多いと指摘している。

　次に、山根(1999)は雑談におけるほめを主に対象事物が存在する位置によって分類している。それによると、ほめは、①対象事物を含むほめ、②先行する受け手の発話内に対象事物が含まれるほめ、③先行する「質問―応答」に対象事物が含まれるほめ、④離れたやり取りの中に対象物が含まれるほめの4つに分類され、それぞれ異なる機能を果たしている。

　大野(2002)は、映画やテレビドラマのシナリオを用いて、ほめをポライトネス・ストラテジーとして捉え、その後続要素を分析した。その結果、ほめ手主導と受け手主導ともに、後続要素には「興味・関心を持つ」などのプラス機能を持つ要素のほかに、「依頼・要求を行う」といったマイナス機能を持つ要素や、「話題転換」などが現れていることが分かった。

2.6.3　韓国語における先行研究

　韓国語における「ほめ」と「返答」に関する研究は、大半が英語や日本語との対照研究を行ったものである。

　まず、김현정(キム，ヒョンジョン 1996)は、英語母語話者と韓国語母語話者、そして韓国人英語学習者を対象に、親密度、性別、地位の3つの変数を設け、形式化されたほめの構文とそれに関連する周辺言及の表現を中心に分析した。それによると、英語母語話者は形式化された直接的なほめを行う傾向が強く、韓国語母語話者は周辺的な言及だけを用いる傾向が強い。また、韓国人英語学習者は、形式化された直接的なほめとともに周辺言及も使

用する傾向がある。この結果から、各集団の特性によってほめの表現に相違があると報告している。また、백경숙(ペク，キョンスク 1997)は、ほめの機能を2つに分けて提示し、英語と韓国語はほめの機能が異なるとしている。すなわち、ほめには、本質的に相手に対する肯定的評価や好感を表すための「評価機能」と、相手との関係を友好的にするための「連帯機能」があるという。英語では、連帯機能が極端に多く用いられているのに対し、韓国語では評価の機能が相対的に高いとしている。また、ほめの形式の面において、英語は形式化された、一般的な表現が多いのに対し、韓国語でははるかに多様で複雑な構造で実現され、具体的な評価内容を含んでいるとしている。

その他に、英語教育の観点からは、金漢柱(キム，ハンジュ 1997)の中学生の英語・韓国語におけるほめ行動の対照分析、이효웅(イ，ヒョウン 1998)の EFL、ESL の韓国語話者大学生とアメリカ人大学生のほめことばに関する比較分析などがある。

談話完成型テストを用いた이원표(イ，ウォンピョ 2001)によると、ほめを表すのに「対象に関する評価」が頻繁に用いられている。김형민(キム，ヒョンミン 2003)も談話完成型テストを用いて韓国の大学生を対象に分析した。それによれば、韓国の大学生がよくほめるトピックの優先順位(複数回答)は、①成就(能力，実力)、②性格、③人物、人格、④外見、⑤衣装、⑥所有の順である。ここには男女の差も明らかになり、女子が男子より衣装に関するほめが多く、成就(能力，実力)に関するほめにおいては、男子は仕事がちゃんとできることをほめるのに対し、女子は良い結果が現れたときよくほめると報告している。さらに、ほめる際用いる言語表現としては、女子が「예쁘다(きれいだ)」という形容詞を多用するのに対し、男子は「(일，공부 등을) 잘한다((仕事、勉強などが)できる)」という表現を好むと報告している。

また、ほめに対する返答において、엄기찬(オム，キチャン 1994)は、談話完成型テストによって英語母語話者と韓国語母語話者のほめの返答を比較対照研究しており、오일석(オ，イルソク 1996)もほめの返答を中心に韓国語話者とアメリカ人の言語行動を分析した。両言語話者の大学生を被験者と

したこの研究では、両言語ともにほめられたら肯定の返答を多く使用していることが分かった。肯定のうち、感謝がもっとも多く、自画自賛という返答は韓国語話者がアメリカ人より高い割合を占めている。しかし、韓国語話者はアメリカ人より多く謙遜するのに対し、アメリカ人は肯定的な返答を頻繁に用いることから、両言語話者の文化の差が言語に反映されていると述べている。また、이원표(2001)と김형민(2003)の研究でも、受け入れがもっとも多く、その次が回避である。

次に、백경숙(1997)は、聞き書き方法を用いて、英語と韓国語におけるほめの返答の類型を比較・分析し、その結果が持つ民族誌的意義を考察している。分類にあたって、返答を肯定と否定に分けて説明しているHerbert (1989、1990)のような区分はその中間的範疇の特徴が十分に反映できないと指摘し、肯定、回避、否定に分類している。その結果、両言語ともに一番頻繁に使用されている返答は回避であることが分かった。

以上の概観から、韓国語におけるほめに対する返答の結果は、研究方法および分析データによって異なることが分かる。談話完成型テストなどのアンケートを用いた研究はすべて肯定（受け入れ）が多いと報告しているが、自然な会話場面に起きるほめを書きとめた方法を用いた백경숙(1997)だけは回避がもっとも多いという。これは実際の言語使用と意識の違いから表れた結果ではないかと考えられる。

2.6.4　ほめに関する日韓対照の先行研究

日本語と韓国語のほめに関して対照研究を行ったものとしては、「ほめに対する返答」の特徴を談話レベルで分析した金庚芬(2001)がある。ほめに関する日韓対照研究は、最近韓国における日本語教育と韓国語教育の分野でいくつか行われている。まず、大学生とその親(母)を対象にアンケート調査を行い、日韓のほめに対する返答を分析した木内(2001)がある。そして、ほめの表現に関する分析として、テレビドラマや映画シナリオをデータとした金英柱(キム、ヨンジュ 2002)と談話完成型テストを用いた송영미(ソン、ヨンミ 2002)がある。以下、日韓対照研究から明らかになった結果を簡略に

まとめる。

　まず、金庚芬（2001、2002）では、条件統制した日本語母語話者と韓国語母語話者の会話をデータとし、「ほめに対する返答」を談話レベルで分析し、それらの共通点と相違点を社会・文化的価値観の反映とポライトネス理論に結び付け、考察を試みた。特に、これまで明らかになっていない「複合の返答」の分類と、長い談話での「ほめに対する返答の変化」を分析することができた。その結果、日本語と韓国語ともに、ほめられたら一言で反応するということのほかに、最初の返答を変えるなどより複雑な反応をしていることが分かった。また、日本語母語話者は、繰り返しほめられると、最初の返答が肯定であった場合、徐々に否定方向へ変化させていく傾向が現れた。それに対して、韓国語母語話者は、何度もほめられても最初の返答を変えない、あるいは肯定方向へ変化させていくやり取りを好むことが明らかになった。談話レベルから「返答」の特徴を分析することによって、一見類似して見える日本語母語話者と韓国語母語話者の言語行動における対人関係調整のためのストラテジーの相違点が明らかになったと言える。本書は、金庚芬（2001）によって明らかになった日韓の類似点と相違点を参考にして、日本語と韓国語のほめ全般に関する分析を行ったものである。その点で、金庚芬（2001）は本書の研究の出発点と言える。

　返答に関するもう１つの研究である木内（2001）は、韓国と日本の大学生のほめへの反応について、本人と親がほめられた場合に設定しアンケート調査を行ったものである。その結果、日本と韓国ともに本人についてほめられたときには謙遜よりも感謝という形で受け入れる割合が多いということが分かった。しかし、母親についてほめられたときには、日本語では謙遜型が多く、韓国語では受け入れ型が多いと報告している。

　次に、ほめの表現については、金英柱（2002）と송영미（2002）がある。金英柱（2002）はテレビドラマや映画シナリオを分析し、韓国語のほめは評価的な機能が強い反面、日本語は儀礼的な機能が多いと報告している。また、その表現形式において、日本語は形容詞が多く、定式化されやすいのに対し、韓国語は副詞の使用が多く、定式化されにくいと結論付けている。しか

し、言語表現上現れたこれらの特徴が実際の日常会話の中でどのように行われるのか、また会話者同士の関係による表現の違いなどは考慮されていない。송영미(2002)では、同一の場面における日韓の言語表現上の類型的な異同や、それによるコミュニケーション上の問題を分析するため、より具体的な状況を中心に設けたアンケートを用いて分析している。それによると、日本語は定型化された直接的な表現だけで談話完成型テストを終了させる割合が高いのに対し、韓国語はほめの対象に関連した周辺的言及を用いることが多い。また、韓国語のほうは「個人の意見」を圧倒的に多く使用しており、一方日本語では「気付き」が多い。송영미(2002)で興味深い内容の1つは、ある場面におけるほめの有無を調べたことだが、とりわけ、相手がタブーと思ったり、恥ずかしがっていた部分が改善された場面での結果である。韓国語では積極的にほめるのに対し、日本語ではほめない傾向が強いと報告し、それは、日韓のほめの異なる性質を表していると説明している。すなわち、韓国語におけるほめは話者の主観的な評価や意見中心の率直な表現であり、相手に対する親近感や好意を表すための言語行動であると述べている。一方、日本語でのほめは、話者の意見よりは挨拶の性格が強く、儀礼的な言語行動であるため、相手を傷つける恐れのあるものには触れないのだと説明している。

　以上のように、日本語と韓国語におけるほめに関する研究は、数は非常に少ないものの、最近になって、表現や返答を中心に分析され、日韓の異同が少しずつ解明されつつある。しかし、上記の研究が持つ方法論的限界は、実際の言語使用、つまり会話のやり取りの中で行われるほめを見ていないことである。とりわけ、研究結果を日本語と韓国語の円滑なコミュニケーションの理解に一助することを目的とするならば、実際の会話の中で見られるほめに注目し、より長い談話レベルで分析する必要がある。また、分析内容においては、表現、返答、対象などほめの一面だけを分析しているものが多いが、各々の特徴を明らかにした上で、それらが相互にどのように関連しているかまで分析するといったほめの全体像に迫る試みはまだ行われていない。

2.7 ほめの様々な側面を分析する

　日本語と韓国語におけるほめに関する研究では、様々な研究方法が用いられてきた。アンケート（横田 1985、이원표 2001、송영미 2002 など）、聞き書き（寺尾 1996、丸山 1996、백경숙 1997）、シナリオ（大野 2001、金英柱 2002）、内省（熊取谷 1989）、雑誌の対談インタビュー（小玉 1996）、新聞や雑誌の記事（古川 2003）、小説や漫画（秋月 2002、山路 2004）、会話の録音（山根 1999、金庚芬 2001）などがあげられる。しかし、実際の言語使用の特徴を明らかにするために有効な日常の会話をデータとした研究は数少ない。それゆえ、本書では条件統制した会話者の日常会話を録音、文字化したものをデータとし、継続的なやり取りを分析する。

　日本語と韓国語の対照研究の分野でほめを分析している研究は、最近始まったばかりであり、分析内容は、ほめの表現とほめられたときの返答がほとんどである。また、個々の研究がほめの表現、または返答といった一側面だけを取り扱って分析しているため、日韓のほめの全体像を描くまでには進んでいない。したがって、本書では会話の中で行われるほめに関連するやり取りに注目し、ほめの様々な側面を取り上げ、それぞれを分析し、さらにそれぞれの相互関連も視野にいれ、明らかにする。

　そのために、分析項目は、ほめの頻度をはじめとする基礎データの分析、ほめの表現、ほめの対象、ほめに対する返答、ほめの談話の流れの 5 つを設ける。

　まず、日本語と韓国語において、ほめが会話の中でどれくらい行われるのかについての分析はまだ行われていない。そこで、本書では会話に見られた「ほめ―返答」の頻度を明らかにし、文字化したデータにおける発話文数、ほめの談話数を、言語別、話者別に数え、本書における基礎データとする。

　次に、ほめの表現については、まず、ほめの標示とも言える肯定的な評価語をデータから抽出し、日本語と韓国語の「肯定的評価語」のリストを提示する。次に、「肯定的評価語」はないものの、ほめが実現される発話の特徴も明らかにする。そのために、ほめの表現の分析を考える際、金英柱（2002）

と송영미(2002)の結果に注目する。会話資料ではないものの、日本語と韓国語におけるほめの表現の特徴、すなわち日本語は儀礼的で定式化されている反面、韓国語はほめの対象に関連した周辺的言及を多用するなど、評価的で定式化されにくいという特徴が述べられている。このような観点を参考に、本書で用いるデータである日常会話の中ではどのような表現が用いられ、それが何を意味しているかを明らかにする意義があると考えられる。

次に、何をほめるかという具体的な対象については、研究方法によってそれぞれの結果に差が見られることも分かった。実際の会話の中で話し相手のことをほめるとしたら、何に注目し、あるいは何に反応しほめるのかを明らかにする必要がある。また、先行研究での分類を再検討し、より細分化することを試みる。

また、ほめに対する返答について分析した金庚芬(2001、2002)は、返答を最初から単独の返答と複合の返答に分け、それぞれを詳しく分析している。本書では、1つのほめに対する返答を見る際、単独の返答と複合の返答を問わず、「肯定、回避、否定、複合」の4つに分類し、返答の全体的な傾向を明らかにする。また、対象による返答の特徴も分析し、日韓の異同を明らかにする。

さらに、ほめの談話に関しては、1つのほめの対象について現れる最初のほめと返答のやり取りと、その前後に現れうるほめ手と受け手のやり取りをそれぞれ本連鎖、先行連鎖、後続連鎖とし、その流れを中心に詳しく分析する。本連鎖においては、ほめとその返答のパターンを中心に分類し、会話の中に見られる多彩なほめと返答のやり取りを明らかにする。また、先行連鎖と後続連鎖においては、会話者の誰が主導するか、またほめの話題がどのように導入され、またどのように維持、もしくは転換していくかを明らかにする。このように、談話レベルでダイナミックな動きを分析することによって、会話が持つ会話者同士の相互作用の有様を明らかにすることができると考えられる。

また、性差によるほめの特徴を明らかにするため、ほめと発話文数、ほめの対象と返答を中心に男女の差を分析する。

さらに、日韓のほめにおける分析結果をポライトネス理論と結び付け、考察する。

以上の内容に基づき、本書における具体的な研究課題を次のように記す。

①日本語と韓国語における「ほめ・返答」、「ほめの談話」の発生頻度には差が現れるのか。
　また、直接協力者とその会話相手との間にはいかなる特徴があるのか。
②ほめの表現において、日本語と韓国語ではいかなる表現でほめているのか。
③ほめの対象において、日本語と韓国語では何をよくほめ、何をほめないのか。
　また、ほめの対象ごとに見られる表現にはいかなる特徴があるのか。
④ほめに対する返答において、日本語と韓国語ではいかなる返答が多用され、いかなる返答が用いられないのか。
　また、ほめの対象ごとに見られる返答にはいかなる特徴があるのか。
⑤「ほめの談話」において、日本語と韓国語ではいかなる点が類似しており、いかなる点が相違しているのか。
⑥日本語と韓国語のほめは男女によっていかなる点が類似しており、いかなる点が相違しているのか。
⑦上記①〜⑥で明らかになった日韓のほめにおける類似点と相違点をポライトネス理論から考察する。

注
1　石綿・高田(1990: 9)には「対照研究」と書かれているが、「対照言語学」の意味で使用されているようである。
2　1976年、日本語教育センターに改編。
3　1977年4月、国立国語研究所長とドイツ連邦共和国研究所長との間で、「日独語の対照言語学的研究に関する共同研究についての合意書」が取り交わされた。共同研究の内容を見ると、ドイツ研究所は、主として「シンタックス」を研究テーマとして分担している。国立国語研究所は、①語彙を中心とした「基本的な語彙の意味・用法に関

する対照言語学的研究」、②言語行動を中心とした「日独語各話者の言語行動様式に関する対照的研究」の 2 つを具体的研究テーマとして分担することになっている。とりわけ、②のテーマによる研究の結果が『言語行動における日独比較』である。
4 原則的に日本語と英語文献の提示は研究者の苗字だけで明記することにし、韓国語文献は、苗字と名前を一緒に明記することにする。なお、日本語で書かれた文献の中で韓国語母語話者によるものは、文献の特定を容易にするため、苗字と名前で明記する。
5 英語とドイツ語の文法現象の対照研究を行った Hawkins (1986) によって提唱された理論である。これによると言語形式、文法構造とそれに対応する意味（機能）の間の対応関係は言語間で微妙に異なっており、言語によっては単一の形式、構造に複数の意味（機能）を対応させることにより寛大であるが、別の言語では単一の形式、構造に単一の意味（機能）をより厳密に対応させる、といった言語観の相違がある（堀江 1998: 121）。
6 『日本語学』24–7 参照。
7 ガンパーズ (2004) 第 6 章参照。
8 『儀礼としての相互行為』（ゴッフマン 1986）では、face を「面子」と訳しているが、本書では、「フェイス」に統一して用いることとする。
9 ①自己表出表現：表出すること自体が本来の表現意図であって、表現内容を伝達しようとは意識しないで行う。
②理解要請表現：表現内容が理解されることを表現意図とする。
③行動展開表現：表現内容が理解されるだけではなく、相手や表現主体自身が行動を起こし、その内容が実現されることを表現意図とする。
10 ポーランド語とイギリス英語におけるほめに対する返答の対照研究である。
11 イギリス英語とスペイン語におけるほめに対する返答の対照研究である。
12 Chen (1993) は、いくつかのポライトネス理論の中で B&L (1987)、Gu (1990)、Leech (1983) のポライトネス理論を用い、分析を行った。
13 原文では「締結」と書かれている。
14 平田 (1999: 39) からの再引用である。
15 Beebe の社会言語学的転移の 3 つの分類、①社会言語学的規則の転移、②プラグマティック・トランスファー、③社会的動機による転移の 1 つで、発話行為を行うための伝達能力および会話をするための知識の転移を指す（横田 1985: 216）。すなわち、学習者が母語の発話行為の知識を学習言語に転移することである。
16 語用論的原理や原則の適用と社会的属性の関係を研究し、また異なる言語社会での語用論的原理の適用を比較することを指す（彭 1989: 39）。

第3章　日本語と韓国語のほめの会話データ

　第3章では、本書で用いる日本語と韓国語のほめの会話データについて述べる。最初に、データの概要と本書で用いる文字化の原則と表記や記号をまとめる。またデータの分析に関わるコーディングに関して述べる。さらに、本書で用いる基礎データの結果を示す。基礎データとしては、まず文字化した日本語と韓国語の全発話文数、ほめの談話数、ほめと返答の数を示し、またフォローアップ・アンケートにおける結果も示す。

3.1　会話データの収集について

　データ収集の際、会話録音に協力してくれる人々の様々な社会的属性をどのように条件統制させるかは非常に重要な事項である。例えば、言語、社会的地位、地域、性、年齢(世代)、場面などによって集められるデータはそれぞれが分析結果に影響を与える要因として考えられる。それらの要因がすべて考慮されたデータを集め、分析解明することがもっとも望ましいことであろうが、本書はその一歩として会話協力者の言語(母語)、社会的地位(大学生)、地域(日本:東京、韓国:ソウル)、性(同性)、年齢(同年齢)、親疎(親しい友人)、場面(日常会話)という条件を統一することとする。

　ほめ関連の先行研究によると、ほめる場面は、主に同等な社会的関係において現れ(Holmes 1988)、特に、知り合いや友達の間で一番頻繁に行われており(Wolfson 1983)、また、性別によってほめとその返答が異なる(Holmes 1988、Herbert 1990)。この結果を踏まえて、また、日本語と韓国語の比較が同じ条件の下でできるように、会話協力者の関係は、日本語母語話者と韓国語母語話者ともに、親しい同性、同年齢の友人同士に統一することにした。

本書で収集したデータは、日本語会話30組、韓国語会話30組の計60組の会話を録音したものである。会話協力者は、日韓、男女ともに20代の大学生、大学院生である。
　各会話は20分を目安とし、会話の内容は会話協力者に任せて、日常生活における雑談をしてもらった。ただ、日本語母語話者を対象として予備調査を行ったところ、ほめがあまり現れなかったため、本データを収集する際は、日韓ともに研究者が直接集めた協力者(以下、直接協力者)に会話の中で友人をそれとなくほめてくれるよう頼むことにした。
　会話終了後は、会話のデータの妥当性と会話分析の結果の信頼性を裏付けるため、二次的データとして、会話者の背景的情報や、会話自体に関する感想などを書いてもらうフォローアップ・アンケートを行った。

①会話協力者
　韓国語母語話者30組(男性15組、女性15組)の60名、日本語母語話者30組(男性15組、女性15組)の60名の、延べ人数120名を会話協力者とした。異なり人数は、日本語58名、韓国語59名で計117名である。会話参加者は東京在住の日本語母語話者とソウル在住の韓国語母語話者の大学(院)生(18～23歳)とし、また親しい同性・同年齢の友人同士という関係に統一した。会話の録音を行ったのは、韓国語の場合1999年8月と12月であり、日本語は1999年9月から2000年1月までである。
　日本語母語話者は、東京外国語大学に在学している学生が54名、他の学校の学生が4名である。韓国語母語話者は、ソウル所在の東国大学校の学生30名、韓国外国語大学校の学生16名、梨花女子大学校の学生8名、その他の大学の学生5名である。

②データ収集の手順
　まず、研究者が直接協力者に、会話の相手として親しい関係の同性、同年齢の友人を探してもらい、相手にも録音への同意を得た上で収録の場所に来てもらった。会話時間の目安は20分ぐらいと指示したが、基本的には会話

の録音が会話者の負担にならない程度ということにした。よって短いものは15分、最長は40分程度であった。

会話の内容は会話者2人に任せて、日常生活における雑談をしてもらい、2人のうち直接協力者には相手のことに関してほめるところがあれば不自然にならない程度にほめてくれるよう頼んだ。一方、直接協力者の会話相手には研究のための会話を録音させてほしいという旨だけ伝えた。会話終了後はデータの妥当性を確認するため、フォローアップ・アンケートを行った。なお、実験は日韓それぞれ東京とソウルにある大学の講義室やサークルルームで行った。

③フォローアップ・アンケート

本書では、会話の文字化資料というデータのほかに、フォローアップ・アンケートを二次的データとして用いる。フォローアップ・アンケートは、会話データの妥当性と会話分析の結果の信頼性を裏付ける重要なデータである。日本語におけるフォローアップ・アンケートは、柏木(1999)で使われたものに被験者の背景に関する質問を加え、修正したものを使う。また、韓国語では、同じ内容を筆者が韓国語に訳したものを使用する。項目としては、年齢、性別、相手との関係などを聞くフェイスシートと、録音機を意識していたか、また自然な会話ができたかなどの感想が設けられている。

3.2 会話データの整備

録音した会話を「ほめの談話」ごとに文字化する。まず、日本語会話は、基本的に「改訂版:基本的な文字化の原則(Basic Transcription System for Japanese: BTSJ)」(宇佐美2003a)に従う。また韓国語会話の文字化の場合、もっとも注意を払うべき項目として、金庚芬(2003: 23)では「表記」と「分かち書き」を挙げている。そこで、本書では、表記は原則的に「한글 맞춤법(ハングル正書法)1988年改訂」[1]に従いつつ、韓国語の話しことば特有の現象を表記する際はそれらを表記する方法を提案していくことにする。な

お、文字化に用いる記号や改行の基準などは原則的に日本語と韓国語ともに宇佐美(2003a)に従う。

　日本語会話の文字化は、日本語を専攻している日本語母語話者の大学院生の協力を得たものであり、韓国語の日本語訳は、韓国語を専攻している日本語母語話者の大学院生の協力を得たものである。韓国語の日本語訳においては、できるだけ直訳を行ったが、日本語で直訳するとその意味が伝えられない場合だけは、意訳を行った。

　また、文字化した発話を数量化し定量的分析ができるように、分析項目別にコーディング(記号化)する。

　文字化における発話文の分割の信頼性は、第一認定者(筆者)と第二認定者(Second Coder)の間の判定の一致度にて判断する。また、コーディングだけでは見逃しやすい発話の特徴は、文字化したデータと二次的データであるフォローアップアンケートから確認・検討し、分析結果に用いる。

　文字化作業に使用した録音機は、文字化作業向けの再生重視型のSANYO TRC-8090[2]である。

3.2.1　会話の文字化

　以下、宇佐美(2003a)における発話文と改行の原則と、表記について述べた上で、本書で用いる文字化記号を示す。さらに、文字化の信頼性に関する結果を述べる。

3.2.1.1　発話文と改行の原則

　BTSJ(宇佐美2003a)では、「発話された文」という意味で「発話文」という用語を用い、基本的な分析の単位としている。「発話文」の定義は、会話という相互作用の中における「文」とし、次のように認定されるとしている。基本的に、「文」を成していると捉えられるものを「1発話文」とする。そのほかに、「1語文」や「中途終了型発話」などの場合は、話者交代や間などを考慮した上で「1発話文」であるか否かを判断するとしている。

　本書では、BTSJの「発話文」という概念を用いて文字化を行う。発話文

の区切りの基準としては、話者交代、ポーズとともに、発話内容のつながりを考慮に入れることにする。

　文字起こしの際、基本的には、話者が交代するたびに改行する。しかし、話者が交代しなくとも、同一話者が複数の「発話文」を続けて発するときは、「発話文」ごとに改行する。また、相手の発話に重なる短い小声のあいづちや笑いは、それが相互作用において、相手の話を聞いているということを示す以上の積極的な機能を持たない限り、（　）に入れて、相手の発話の中のもっとも近いと思われる場所に挿入する。

　1発話文が終了したところには、その最後に必ず句点「。」[3]をつける。その発話文が叙述なら句点「。」のみをつける。質問、確認等なら、「？」とそれに続けて句点「。」をつけ、「？。」という形にする。

　しかし、1発話文が発せられている途中に相手の発話が入った場合、話者交代の改行の原則により、改行されることになる。このように、1発話文が1ラインで終わらず、複数のラインにわたる場合は、各ラインの末尾に、「„」をつけ、その発話文が終わっていないことをマークし、改行して相手の発話を記入する。

　次に、文字化の一例を示す。

例3-1　文字化の例

ライン No.	発話文 No.	発話文 終了	会話組	話者	発話内容
1	1	＊	JM14	I	（気に入った先輩の女の子の話をしながら）ていうか、その子は同じ留年した人ですごい仲のいい友達がいるんで。
2	2	＊	JM14	D	ああー。
3	3	＊	JM14	I	だから、その子といつも一緒にいるから、（んー）声かけるタイミングとか難しいじゃん。
4	4	＊	JM14	D	あー。
5	5	＊	JM14	I	いつも一緒にいるんだよ。
6	6-1		JM14	I	だから、今日その子が休みでチャンスと思って„
7	7	＊	JM14	D	うん、チャンス。

8	6-2	*	JM14	I	言ったら、〈笑い〉やべー、なんか、変な目で見られたかも。
9	8	*	JM14	I	あとで考えちゃうんだよなー、あ、やばかったと思って。
10	9	*	JM14	D	うん。
11	10	*	JM14	I	今、ちょっと後悔してる。
12	11	*	JM14	D	いいじゃん。
13	12	*	JM14	D	結構チャレンジがあって、刺激的な毎日なんだよ。
14	13	*	JM14	I	うー悩む、悩むんだよなー、すぐ。
15	14	*	JM14	D	うーん。
16	15	*	JM14	I	やる気がなくなってってい〈うか〉{〈}。
17	16	*	JM14	D	〈まあ〉{〉}何かをしたから、あの、悩んでるんだよ。

3.2.1.2　表記

　日本語と韓国語の会話データを文字化するために考慮すべき事項である、表記について述べる。日本語の表記は基本的に宇佐美(2003a)に従うが、本書における修正表記法も示す。また、韓国語の表記については、韓国語特有の発音現象を踏まえた表記の仕方を本書で新たにまとめることにする。

3.2.1.2.1　日本語の表記

　宇佐美(2003a: 9-10)のBTSJにおける表記の原則の主要内容は以下のようにまとめられる。なお、1〜6の説明の中の例はすべてBTSJからの引用である。

1. 日本語表記として一般的な漢字仮名交じりの形を原則としている。
2. 会話の音声的情報をできる限り正確に記述するため、平仮名表記にする場合もある。
　　例：複数の読み方があるもの(なんか、なにか、わたし、わたくし等)
　　　　強調された発音(おっきな、ぜーんぜん等)
　　　　音が脱落したり、通常の発音からの逸脱が大きかったりするもの

(せんせ(先生)、ふいんき(雰囲気)等)
3. 通常とは異なる発音がなされた場合など、音の表記だけでは意味が分かりにくい発話は、「' '」の中に正式な表記を記入しておく(ども'どうも')。
4. 読み方が複数ある言葉や視覚的に漢字で表したほうが分かりやすい言葉、読みにくい地名などは、漢字で記した後、その読み方を平仮名で「' '」に入れて示す。

 例：読み方が複数ある言葉
  A 明日'あした'のご予定は？。
  A 明日'あす'のご予定は？。

5. 数字の含まれる言葉の表記は、実質的に数量・順序を表す言葉に関しては、算用数字を用い、漢字熟語の構成要素として用いる場合や概数を示す場合には、漢数字を用いる。
6. 読点は、基本的に慣例にしたがって打つ。しかし、慣例にそぐわなくとも、「間」がある場合には打つ。1発話文とみなされるものが倒置の形になっている場合は、発話文中に読点「、」を、発話文末に句点「。」を打つ。倒置疑問の場合は、発話文中に「？、」と記入する。

 例：間があると認められる場合の読点
  A あー、した'明日'です。

以上のように、BTSJは、読みやすさと会話の音声的情報をできる限り正確に記述するために工夫された表記法を示している。ただ、上記の説明の中で、同じ現象についての表記法が2つ提示されていること(複数の読み方があるもの)や、「' '」の使用の紛らわしさが感じられる。

つまり、複数の読み方がある単語の場合、上記の2のところでは、「平仮名表記」にすると書かれているが、4のところでは、漢字で記した後、その読み方を平仮名で「' '」に入れて示すように、となっているため、いささか原則とは言いがたい。したがって、本書では、複数の読み方がある単語の場合、すべて発音どおり平仮名表記にする。

また、「‘ ’」の使用についてであるが、上記の説明3では、発音どおりの表記の後に「正式な表記」を表すために用いるとしたのに対し、4では漢字表記の後に「実際の発音」を表すために用いることになっている。さらに、6の例のところでは「漢字」表記のために用いている。本書では、通常とは異なる発音がなされた場合など、音の表記だけでは意味が分かりにくい場合のみ、発音どおり平仮名表記した後「‘ ’」の中に正式な表記をすることとする。

次に、長音の表記について、BTSJでは品詞による表記が提案されているが、本書では、単語で定められている場合を除いて、音声上入っている場合は「ー」で表す。また、本来あるべき長音が発音されなかった場合は表記しない。

例：こう回ってくるのよ。
　　えー、絶対あれだなー。
　　うん、かわいいでしょ。

以上のように、本書における日本語データは基本的にBTSJに従い、記すが、上記に挙げた事項に関しては本書で新たに定めた表記法に従うことにする。

次は、韓国語データの文字化について述べる。

3.2.1.2.2　韓国語の表記

韓国語の会話の表記法について、文字、表記の原則、様々な発音現象の表記法、分かち書き、外来語・外国語の表記の順にまとめる。

文字

原則としてハングルを使用する。ただし、この字種に併記する形で、ローマ字やアラビア数字、記号、場合によっては外国語の文字も使用する。

表記の原則

自然会話を表記する際、まず話しことばの特徴を反映することと読みやすさを同時に考えなければならない。전영옥 (2002: 90–91) は、話しことばは発音どおり文字起こしするのが適切であろうが、そうするには現実的に難しい

点もあり、言語研究の資料としては、綴字法[4]に従う文字起こしを用いた談話資料の使用が容易であると言い、それゆえ、韓国語における話しことばの研究には、綴字法に沿って表記する資料を用いている場合が多いと述べている。

したがって、本書では韓国語の会話データを文字化し、研究の資料として整える作業には、原則的に한글 맞춤법(1988改訂)(以下、「ハングル正書法」とする)に従うことにする。

次に、まず韓国語という言語を表音文字であるハングルで表記するため規定されている、「ハングル正書法」を概観する。以下は「ハングル正書法」の総論である。

1. 한글 맞춤법은 표준어를 소리대로 적되, 어법에 맞도록 함을 원칙으로 한다.
 (ハングル正書法は標準語を発音どおり書き、かつ語法に合うようにすることを原則とする。)
2. 문의 각 단어는 띄어씀을 원칙으로 한다.
 (文の各単語は分かち書きを原則とする。)
3. 외래어는 '외래어 표기법'에 따라 적는다.
 (外来語は'外来語表記法'に従い、書く。)

(『韓国語文規定集』1995:10 筆者訳)

また、「ハングル正書法」は、総論の他に子音・母音、発音、形態、分かち書き、その他の構成になっている。

上記の1「ハングル正書法は標準語を発音どおり書き、かつ語法に合うようにすることを原則とする。」という説明は、韓国語の特徴からくる2つの原理が含まれていると考えられる。つまり、表音文字であるハングルで表記するときは「発音どおり書く」ことが原則となる。それと同時に、연규동(ヨン、キュドン)(1998:233)でも言及されているように、「韓国語は形態音素的交代が多い言語であるため、同一の形態が後ろにくる要素によって発音が変わる場合が多く、それゆえ「語法に合う」ように書くのも原則になる(筆

者訳)」わけである。

　例えば、例aはある人の発話を発音どおり文字化した文である。なお、韓国語のローマ字表記は Yale 式に従うことにする。

　　　例a：종압쩌그로 사태를 파아카는 이리 중요알 꺼야．
　　　　［cong-ap-cce-ku-lo sa-thay-lul pha-a-kha-nun i-li cwung-yo-al kke-ya.］
　　　（総合的に事態を把握することが重要であろう。）

しかし、例aは韓国語の語法には合っていない表記である。これを語法に合うように書くと例bのようになる。

　　　例b：종합적으로 사태를 파악하는 일이 중요할 거야．
　　　　［cong-hap-cek-u-lo sa-thay-lul pha-ak-ha-nun il-i cwung-yo-hal ke-ya.］
　　　（総合的に事態を把握することが重要であろう。）

ハングル正書法に従うと、例bのように表記することになり、これを発音どおり書くと例aのようになるのである。このように、上記の例を含め、表記と発音が異なる場合、発音変化の規則[5]によるものは、ハングル正書法に従うことで読みやすさを図ることができる。

韓国語の会話における発音現象

　しかし、ハングル正書法だけでは話しことばの特徴、例えば発音の揺れや非文法的な使用などを充分に表記することができない。ことばの表し方について Edwards (1993: 20) は、「標準的な正書法は多くの目的にかなうものであるが、特定の発音や方言が重要性を持っていたり、書かれた言語にはない話しことばから符号化されていたりする場合においては、補てんが必要である」と指摘している。本書でも、このような考え方に基づいて、ハングル正書法だけでは正確に表記できない、韓国語の話しことば特有の現象を詳しく取り上げ、それらを表記する方法を提案していくことにする。ここで取り上げるのは主に本書のデータの中で現れたものであり、具体的には、母音の交代、子音・母音の短縮、二重母音の単純化、子音の濃音化、そして正しい語

法ではないが、幅広く使用されている表現である。

①母音の交代
　ある母音が他の母音に交代され、発音される現象である。特に、母音「ㅗ [o]」がある条件では「ㅜ [wu]」に発音される現象が非常に多く見られる。例えば、用言語尾「－고 [ko]」が「－구 [kwu]」に発音される場合、助詞「도 [to]」が「두 [twu]」に、「로 [lo]」が「루 [lwu]」に発音される場合であり、韓国語においては幅広く見られる現象である。
　　　例：동생이 그런 것두 사 주구.（弟さんがそういうものも買ってくれて。）
　例のように、読みやすさに支障がなく、意味内容の把握にも問題が無いと判断される場合、発音どおり表記する。その他に、「ㅏ [a]」が「ㅓ [e]」や「ㅐ [ay]」に、「ㅡ [u]」が「ㅓ [e]」と発音される場合などが見られるが、すべて発音どおり表記する。

②子音・母音の短縮・添加
　くだけた表現として用いられる場合、会話のやり取りの中では本来の発音が短く発音されたり、省略されたりする場合がある。その場合は、発音どおり記す。なお、下記の例の（　）は本来の表記である。
　　　例：일케(이렇게)、긍까(그러니까)、가까？(갈까？)、하긴(하기는)、
　　　　　때려 치다(때려 치우다)、때메(때문에) など
　また、話しことばの特徴と言える発音の単純化とは逆に発音が添加される例もある。その場合も発音どおり記す。このような現象について、김형정(2002: 154)によれば、これらの現象は「発音をやわらかく、楽に発音できるようにしてくれる（筆者訳）」ためである。
　　　例：인제(이제)、가질려고(가지려고)、풀르는(푸는)

③二重母音の単純化
　韓国語の短母音2つ以上を組み合わせて発音する二重母音は、会話の中では正確に発音されない場合が多々ある。そのような発音を文字化するときはどうすればいいのか。自然会話の特徴を活かすために、聞こえるまま文字化をすると、すぐには意味が分からず、読みやすさを妨げる恐れもあ

る。一方、ハングル正書法にしたがって表記すると、実際の発音を忠実に反映できない場合もある。そのような二重母音の単純化は、김형정(2002:135)を参考に次のように表記する。

　　例：개랑 사구ㅕ？(あの子と付き合っているの？)

　上記の例のほかに、「바뀌다(変わる)、뛰다(走る)、쉬다(休む)」なども同様の方法で記す。

④子音の濃音化

　子音の濃音化現象は、語頭で濃音化が起きる固有語の場合と、語中・語末に起きる漢字語の場合がある。このような場合は、発音どおり表記する。

　　例：쪼끔 피곤해.(ちょっと疲れた。)

　　例：효꽈 보겠네.(効果あるでしょう。)

　下線の単語の本来の表記は、「조금［co-kum］」と「효과［hyo-kwa］」であるが、発音規則とは関係なく、語頭・語末で「쪼끔［cco-kkum］」、「효꽈［hyo-kkwa］」と強く濃音化されている。このような発音は、そのまま発音に忠実に表記したほうがより自然会話の生動感を活かせると思われる。

⑤正しい語法ではないが、幅広く使用されている表現

　日常会話の中で交わされる発話には、非文法的な表現もしばしば現れている。とりわけ、「教える」の意味の「가르치다」は「가리키다、가리치다、가르키다」などに発音される場合がしばしばあって、そのうち「가리키다」は「指す」の意味である。会話の中でよく見られる、このような発音現象について、「教える」という意味の把握に問題はなく、話しことばにおける微妙な発音の揺れを表している現象だと考え、それぞれ発音どおり文字起こしすることにする。

　以上のように、韓国語の会話における発音現象を、主にデータから見られたものを取り上げ、それらを文字化する方法をまとめた。無論、ここで触れていない様々な発音現象もたくさんあると思われるが、それらも話しことばの特徴を生かすように、文字化することが望ましいと考える。

次に、韓国語における分かち書きについて見る。

分かち書き

　ハングル正書法では、「文の各単語は分かち書きを原則とする」となっている。分かち書きは、表音文字であるハングルで表記したものの内容の理解に役立つもので、韓国語表記では重要視される。ここで、ハングル正書法における分かち書きの内容を연규동(1998: 205)から引用し、次のようにまとめる。なお、抜粋の部分の日本語訳は筆者が行ったものである。

①絶対分かち書きをしないもの：助詞
　　例：꽃이(花が)、멀리는(遠くは)
②分かち書きしないことが原則であるが、特定な場合には分かち書きを許容するもの：姓と名前
　　例：채영신(チェ，ヨンシン)、독고 준(トッコ，ジュン)
③必ず分かち書きするもの：依存名詞、単位名詞、列挙することば、呼称語、官職語
　　例：아는 것이 힘이다.(知こそ力なり)
④分かち書きが原則であるが、分かち書きしないことも許容されるもの：順序を表したり、数字と一緒に書く単位名詞、数を書くとき、単音節の単語がつながって現れるとき、補助用言、姓名以外の固有名詞、専門用語
　　例：불이 꺼져 간다. 불이 꺼져간다.(火が消えていく)

　ところが、ハングル正書法における分かち書きの原則には例外がいくつかある。それらを補うため、김선희・오승신(キム，ソンヒ・オ，スンシン 2002: 54-55)では、分かち書きについて、次のように述べている。

①分かち書きは、標準語法に従うが、標準語法で明確に決められない場合は分かち書きをする。
②本用言と補助用言は分かち書きをする。ただし、両用言が密接に結合し

て1つの用言として辞書に載っている場合はつなげて書く。
　　例：살아 보자(生きてみよう)、가보자(行ってみよう)
　　　　넘나들다(出入りする)、먹어 보다(食べてみる)
③複合語の場合は、各々の単語に分離して書くが、この際、単音節が生じる場合[6]は、分かち書きをしないでつなげて書く。
　　例：아침 조깅(朝のジョギング)、아침밥(朝ご飯)
④韓国人の人名である場合は姓と名前をつなげて書くが、外国の人名の場合は、姓と名前を分かち書きする。
　　例：이순신(イ・スンシン)、빌 클린턴(ビル・クリントン)

　分かち書きに関して、김형정(2002: 130)と전영옥(2002: 92)も指摘しているように、例外部分の分かち書きを一貫して行うことは大変難しいことであるため、細心の注意を払うべきである。また、이승구 외(2001)の『우리말 우리글 바로쓰기 사전 띄어쓰기 편람(韓国語正書法辞典分かち書き編覧)』では、韓国語の分かち書きの例が数多く載せられているので、それも参考にすると、分かち書きにおける一貫性を高めることができると考える。
　以上のように、分かち書きにおいては、ハングル正書法での原則に従いながら、例外部分での分かち書きを一貫させて行うことにする。

外来語・外国語の表記
　会話の中に現れる外来語・外国語の場合は、上記の「表記の原則」に従い、'外来語表記法'に従い、記すことを原則とする。
　　例：핸디캡(ハンディーキャップ)、메리트(メリット)、밀레니엄(ミレニアム)、베스트 드라이버(ベストドライバー)
　しかし、表記法と違う発音の場合や、表記法に定まっていないことばの表記は、話者の発音に近く表記する。
　　例：100 프로(100パーセント)、53 키로(53キロ)
　　　　캐러비안 베이(キャラビアン・ベイ)
　また、表記法に定まっていないことばの表記の際、その発音に準じた表記

だけでは意味が分からない場合は、周辺言語情報としてそれらの原語や意味を書いておくことにする。

例：씨뿔(C+)、에이 마이나스(A-)

なお、「TV、CD、IMF」など、通常ローマ字を用いるものは、ローマ字で記す。

数字の表記

数字は、原則的に漢数詞はアラビア数字で、固有数詞はハングルで記す。ただし、時刻はアラビア数字で記す[7]。

例：3주(3週)、4만 2천원(4万2千ウォン)
　　세 개(3つ)、열 살(10才)、6시 55분(6時55分)

また、通常の読み方とは異なる場合は、ハングルで表記し、周辺言語情報としてアラビア数字とその意味も記す。

例：사삼공팔(4308、학번、学籍番号)

さらに、「4.2」のように、数字と一緒に用いられる「.」などの記号の場合、記号で記す。

笑いの表記

笑いは、発話とともに現れた場合は、笑いが起きたところに〈웃으면서(笑いながら)〉、〈웃음(笑い)〉などのように記す。

例：먹고 싶은 거 많아〈웃음〉.(食べたいものたくさんある〈笑い〉。)

しかし、自分の発話の順番のところで、笑いだけで反応する場合は、笑いの音に近い表記で記し、音の後に〈웃음(笑い)〉も記す。

例：하하하〈웃음〉.(ははは〈笑い〉。)
　　<u>호호호〈수줍은 웃음〉</u>.(ふふふ〈照れ笑い〉。)

以上、発話内容に関する表記についてまとめてきた。次は、発話の文脈や状況をできるだけ正確に伝えるための韻律的情報やその他の周辺的情報をどのように記号化し、記すかについてまとめる。本書はBTSJ(宇佐美2003a)に従い、文字化を行ったため、その記号などを引用しまとめる。

3.2.1.3 文字化記号

　BTSJでは、発話の文脈や状況をできるだけ正確に伝えるための基本的情報として、イントネーション、ポーズや沈黙、ラッチング、言いよどみ、発話の重複、聞き取り不能な音の記述について説明されている。また、相手の発話に重なる短いあいづちなどの周辺言語情報、文脈情報、視覚効果、プライバシー保護などを考慮した表記や記号を設けている。以下、その詳細をBTSJから引用し、まとめる。

。	［全角］1発話文の終わりにつける。韓国語では「．」を用いる。
”	発話文の途中に相手の発話が入った場合、前の発話文が終わっていないことをマークするためにつけ、改行して相手の発話を入力する。
、	①［全角］1発話文および1ライン中で、日本語表記の慣例の通りに読点をつける。 ②発話と発話のあいだに短い間がある場合につける。韓国語では「，」を用いる。
‘　’	通常とは異なる発音がなされた場合など、音の表記だけでは意味が分かりにくい発話は、‘　’の中に正式な表記をする。
？	疑問文につける。疑問の終助詞がついた質問形式になっていなくても、語尾を上げるなどして、疑問の機能を持つ発話には、その部分が文末（発話文末）なら「？。」をつける。倒置疑問の機能を持つものには、発話中に「？、」をつける。
？？	確認などのために語尾を上げる、いわゆる「半疑問文」につける。
［↑］［→］［↓］	イントネーションは、特記する必要のあるものを、上昇、平板、下降の略号として、［↑］［→］［↓］を用いる。
/少し間/	話のテンポの流れの中で、少し「間」が感じられた際につける。
/沈黙秒数/	1秒以上の「間」は、沈黙として、その秒数を左記のように記す。沈黙自体が何かの返答になっているような場合は1発話

	文として扱い1ライン取るが、基本的には、沈黙後に誰が発話したのかを同定できるように、沈黙を破る発話のラインの冒頭に記す。
＝＝	改行される発話と発話の「間」が、当該の会話の平均的な「間」の長さより相対的に短いか、まったくないことを示すためにつける。これは、2つの発話(文)について、改行していても音声的につながっていることを示すためである。
…	文中、文末に関係なく、音声的に言いよどんだように聞こえるものにつける。
〈 〉{〈}	同時発話されたものは、重なった部分双方を〈 〉でくくり、
〈 〉{〉}	重ねられた発話には、〈 〉の後に、{〈}をつけ、そのラインの最後に句点「。」または英語式コンマ2つ「,,」をつける。また重ねた方の発話には、〈 〉の後に、{〉}をつける。
【 】	[全角] 第1話者の発話文が完結する前に、途中に挿入される形で、第2話者の発話が始まり、結果的に第1話者の発話が終了した場合は、「【 】」をつける。結果的に終了した第1話者の発話文の終わりには、句点「。」の前に【 をつけ、第2話者の発話文の冒頭には 】をつける。
[ ]	文脈的情報。その発話がなされた状況ができるだけわかりやすくなるように、音声上の特徴(アクセント、声の高さ、大小、速さ等)のうち、特記の必要があるものなどをそのラインの一番最後に記しておく。
( )	短く、特別な意味を持たない「あいづち」は、相手の発話中のもっとも近い部分に、(　)にくくって入れる。
〈 〉	笑いながら発話したものや笑い等は、〈　〉の中に、〈笑いながら〉、〈2人で笑い〉などのように説明を記す。笑い自体が何かの返答になっているような場合は1発話文となるが、基本的には、笑いを含む発話中か、その発話文の最後に記し、その後に句点「。(.)」または英語式コンマ2つ「,,」をつける。

(〈 〉)	相手の発話の途中に、相手の発話と重なって笑いが入っている場合は、短いあいづちと同様に扱って、(〈笑い〉)とする。
" "	発話中に、話者以外の人の発話が直接引用された場合、その引用された部分を" "でくくる。
『 』	視覚上、区別した方が分かりやすいと思われるもの、例えば、漢字の読み方を説明する部分、本の題名等や、話者自身の発話を引用した場合などは、その部分を『 』でくくる。
###	聞き取り不能であった部分につける。その部分の推測される拍数に応じて、#マークをつける。
「 」	トランスクリプトを公開する際、固有名詞等、被験者のプライバシーの保護ために明記できない単語を表すときに用いる。
//	1発話文が2つの返答の意味を持つ場合、最初の意味の部分の末尾に、「,,//」をつけ、1発話文が続いていることを示す。

3.2.1.4 文字化の信頼性

　文字化したデータの信頼性を確認するために、第二認定者を立てることにする。第二認定者は、日本語と韓国語に対して、それぞれ東京共通語を使用する日本語母語話者、ソウル方言を使用する韓国語母語話者にその条件を制限する。文字化した会話の資料の10%を、筆者と第二認定者がそれぞれ個別に発話文の分割を行い、その分割の一致度をCohen's kappa (Bakeman and Gottman 1986) を用いて確認する。Cohen's kappaは、単純一致率から起こり得る偶然の一致を差し引いて計算したもので、$\kappa = 1$は100%一致していることを示す数値である。発話文の分割のように機械的な作業の要素が強い分類では、$\kappa = 0.85$以上であれば、その分割は一応信頼性のあるものと判断される。発話文の分割に対する筆者と第二認定者の一致度の結果を次のように示す。

$$\kappa = (Po - Pc) / (1 - Pc)$$
　Po：実際に観察された割合

Pc：偶然による割合
日本語の文字化における発話文の分割の一致度
$\kappa = (0.940 - 0.496) / (1 - 0.496) = 0.881$
韓国語の文字化における発話文の分割の一致度
$\kappa = (0.944 - 0.522) / (1 - 0.522) = 0.883$

よって、両言語における文字化の発話文の分割は信頼性を保っていることが分かる。

3.2.2　データ分析

データの文字化が整ったら、分析項目別にコーディングを行う。以下、コーディングの詳細、分析項目を提示する。

3.2.2.1　コーディング

トランスクリプトの作成は、コーディングや定量的分析をしやすくするため、表計算ソフト（EXCEL）にて行っている。次に、本書で行うコーディングの一例を提示する。

まず、「発話内容」の左側には、「ラインNo.」、「発話文No.」、「発話文終了マーク（*）」、「会話組」、「話者」という列を設けてある。「ラインNo.」とは、ラインの通し番号である。「発話文No.」とは「一発話文」の定義に基づき、区切られた発話文の番号を示し、1発話文ごとに発話文終了マーク「*」をつける。

また、「会話組」には会話協力者1組を次のような略字で記す。

J：　Japanese native speaker 日本語母語話者
K：　Korean native speaker 韓国語母語話者
M：Male 男性
F：　Female 女性

例 3-2　コーディングの例

ラインNo.	発話文No.	発話文終了	会話組	話者	発話内容	ほめ・返答	表現方法	対象	返答	先行連鎖	先行主導	後続連鎖	後続主導
1	1	*	JM11	D	「相手の名前」、彼女にやさしくしてる？。					先行	ほめ手		
2	2	*	JM11	I	うーん、まあ、とりあえずはね。								
3	3	*	JM11	D	なんだかんだ言ってさ、ほら、多少は遊びに行ったりはするけどさ、(んー)女にやさしい子だよな。	ほめ	評価語＋情報	行動					
4	4	*	JM11	I	まあーとりあえずそうしてる。	返答			肯定				
5	5	*	JM11	I	っていうか、なんかあったら俺が謝っちゃうしなー。				否定				
6	6	*	JM11	D	おー！〈笑い〉。								
7	7	*	JM11	I	それはいけないんだけ〈ど…〉{〈}。								
8	8	*	JM11	D	〈いや、〉{〉} それはきっと長続きの秘訣よ。	ほめ	評価語	行動				後続	ほめ手
9	9	*	JM11	I	それはそうだよ。	返答(D..挿入)			肯定				
10	10	*	JM11	D	うんうん。								
11	11	*	JM11	I	喧嘩はできるだけ(うん)速く収拾がつくように…。				回避				
12	12	*	JM11	D	おーおー。								

　「会話組」に用いる各数字は会話組の番号を表し、日韓・男女ともに 01 から 15 まである。なお、「会話組」の記号は、データ集計の際欠かせないもので、資料集にはすべて記してあるが、本文中に例を提示する際は読みやすさを考慮し、各例の下段に 1 回だけ記すことにする。
　次に、「話者」には、直接協力者とその会話相手を次のような略字で記す。

D： Direct cooperator 直接協力者
I： Indirect cooperator　直接協力者の会話相手

　次に、「発話内容」の右側に設けられているセルは、各分析項目のコーディングの内容である。なお、例3-2には「ほめ・返答、表現、対象、返答、先行連鎖、先行連鎖の主導、後続連鎖、後続連鎖の主導」などを提示してあるが、分析に用いたデータには、各項目のより詳細なコーディングが施されている。

　なお、「ほめ・返答」のセルには、ほめと返答それぞれのコーディングを行うが、「返答」において複数の行にまたがる「複合」の返答の場合、セルを統合している。例3-2では、発話文No.4、5が1つの「複合」の返答になっている。また、例の発話文No.9、11のように、1つの「複合」の返答の間に相手の発話が挿入されている場合は、発話文No.9、10、11のセルを統合し、「返答(D：挿入)」と記すことで、挿入発話があることも表す。

3.2.2.2　コーディングの信頼性

　コーディングにおける信頼性を確認するため、コーディングが行われるデータの20%[8]を、筆者と第二認定者がそれぞれ個別にコーディングを行い、その一致度をCohen's kappa (Bakeman and Gottman 1986)を用いて計る。発話文の区切りのような、機械的な作業の要素の強い分類と異なって、コーディングのように調査者の判断による性質が強いものでは0.7以上であればその分析は一応の信頼性のあるものと判断される。コーディングに対する筆者と第二認定者との一致度の結果を以下に示す[9]。

1. ほめ
   日本語　$\kappa = 0.9118$、　韓国語　$\kappa = 0.94$
2. ほめの表現
   日本語　$\kappa = 0.8824$、　韓国語　$\kappa = 0.86$
3. ほめの対象

日本語　$\kappa = 0.8235$、　韓国語　$\kappa = 0.84$
4. ほめに対する返答
日本語　$\kappa = 0.8529$、　韓国語　$\kappa = 0.84$
5. ほめの談話における先行連鎖
日本語　$\kappa = 0.9474$、　韓国語　$\kappa = 0.9259$
6. ほめの談話における後続連鎖
日本語　$\kappa = 0.8947$、　韓国語　$\kappa = 0.8889$

したがって、両言語におけるコーディングの信頼性は確認できたと言える。

3.3　何が「ほめの談話」か

　本書でいう「ほめの談話」とは、「2人の会話の話題としてほめの対象が導入され、他の話題に移るまでのやり取り」を指す。「ほめの談話」を文字化した上で、その中の発話を数量化し、定量的分析ができるように、分析項目別にコーディングする。
　次に、本書で用いる「ほめの談話」の一例を示す。

例 3-3　「ほめの談話」の一例

発話 文No	発話文 終了	話者	発話内容	ほめ・ 返答
1	*	I	私ね、その時、歌は歌わないで、指揮振る〈ように…〉{〈}。	
2	*	D	〈あらー！、す〉{〉}ごい、指揮も出来るなんて。	ほめ
3	*	I	いや、まだ出来ないんだけど。	返答
4	*	D	習ってるの？。	
5	*	I	うーん、今やってる。	
6	*	D	そうなんだー。	
7	*	I	そう、私はなんか高校の時とかは合唱やってないのに。	
8	*	D	うんうん。	
9	*	I	大学入ってから始めたのに、（んー）もう指揮をやると言われて。	

10	*	D	ねー！。	
11	*	I	分からな〈いけど〉{〈}。	
12	*	D	〈実は〉{}見所があるんじゃないの？。	ほめ
13	*	I	ないよ。	返答
14	*	I	だって4人しかいなくて誰が何をやる〈かで…〉{〈}。	
15	*	D	〈1年〉{}生4人なの？。	
16	*	I	そう。	

〈JF12組〉

例3-3では、発話文No.1で、Iから指揮を振るという話題が導入され、それに対して相手のDによる最初のほめが現れるので、発話文No.1から「ほめの談話」が始まると認定する。その次に、ほめと「返答」が交わされた後、発話文No.15で話題がサークルの1年生の人数に移っているので「ほめの談話」が終わったと認定する。ほめ手の異なる言語表現で発せられた発話をそれぞれ1つのほめと数え（発話文No.2、12）、また「返答」は、1つのほめに対して、「肯定、回避、否定」のうちのどれか1つが現れる場合は「単独の返答」（発話文No.3）とし、2つ以上が連続して現れる場合は1つの「複合の返答」（発話文No.13、14）として数える。

以下、上記の数え方による日本語と韓国語の基礎データを示す。

3.3.1 全ほめの談話、発話文、ほめ・返答の数

本書での文字化資料におけるほめの談話、発話文、ほめ・返答の数を、日本語と韓国語、男性と女性別に示す。

まず、表3-1は、日本語と韓国語のほめの談話、発話文、ほめ・返答の数の結果である。

表3-1 日本語と韓国語のほめの談話、発話文、ほめ・返答の数

	ほめの談話	発話文	ほめ・返答
日本語	95	1205	172
韓国語	133	1193	251

表3-1に示したように、日本語の「ほめの談話」は95場面現れたのに対し、韓国語のほうは133場面現れた。それらを文字化した発話文数は、日本語1205、韓国語1193でほとんど差はない。また、「ほめ・返答」の数は、日本語172回であるのに対し、韓国語251回で、韓国語のほうが日本語より多い。

すなわち、本研究に協力した会話者においては、韓国語母語話者のほうが日本語母語話者より相手のことをより多くほめていると言える。

また、上記の結果を男女別に分けてより詳しく表3-2に示す。

表3-2　男女別に見るほめの談話、発話文、ほめ・返答の数

		ほめの談話 数	%	発話文 数	%	ほめ・返答 数	%
日本語	男性	43	45.3	568	47.1	81	47.1
	女性	52	54.7	637	52.9	91	52.9
	計	95	100.0	1205	100.0	172	100.0
韓国語	男性	53	39.8	517	43.3	107	42.6
	女性	80	60.2	676	56.7	144	57.4
	計	133	100.0	1193	100.0	251	100.0

注：表中の%は小数点第2位で四捨五入を行った。以下の表についても同じ。

まず、日本語において、男性はほめの談話43場面、発話文568文、ほめ・返答は81回である。一方、女性は、ほめの談話52場面、発話文637文、ほめ・返答は91回で、女性のほうに、ほめの談話、発話文、ほめ・返答の数すべてより多く現れた。

韓国語においては、男性の場合、ほめの談話53場面、発話文517文、ほめ・返答は107回である。それに対して、女性のほうは、ほめの談話80場面、発話文676文、ほめ・返答は144回で、女性のほうが男性よりほめの談話をはじめ発話文、ほめ・返答の数もすべて大きく上回っている。

上記の結果から、日本語も韓国語もともに女性のほうが男性より多くほめを行っていることが分かる。

そして、ほめ・返答の数を見ると、韓国語女性がもっとも多く、その次は

韓国語男性、日本語女性の順で、日本語男性はもっとも少ない。

以上の結果から、本書のデータの範囲内では、韓国語母語話者のほうが日本語母語話者より多くほめており、また日韓ともに女性のほうが男性より頻繁にほめを行っていることが明らかになった。

3.3.2 話者1組、1つの「ほめの談話」における平均

本書におけるデータは、日本語と韓国語それぞれ30組ずつの会話である。次に会話者1組ごとのほめの談話、発話文、ほめ・返答の平均を見る。

表3-3は、日本語と韓国語の会話者1組におけるほめの談話、発話文、ほめ・返答の平均である。

表3-3 1組ごとのほめの談話、発話文、ほめ・返答の平均

1組の平均		ほめの談話	発話文数	ほめ・返答
日本語	男性	2.9	37.9	5.4
	女性	3.5	42.5	6.1
	全体	3.2	40.2	5.7
韓国語	男性	3.5	34.5	7.1
	女性	5.3	45.1	9.6
	全体	4.4	39.8	8.4

表3-3に示したように、まず、日本語における会話者1組の平均は、ほめの談話が3.2場面、発話文は40.2文、そしてほめ・返答は5.7回である。また、男女別に見て、男性の1組の平均はほめの談話2.9場面、発話文37.9文、ほめ・返答は5.4回見られており、女性1組はほめの談話3.5回、発話文42.5文、ほめ・返答6.1回現れた。

また、韓国語での1組の平均は、ほめの談話が4.4場面、発話文は39.8文、そしてほめ・返答は8.4回である。次に、男女別に見ると、男性の1組は、ほめの談話3.5場面、発話文34.5文、ほめ・返答は7.1回であるのに対し、女性の1組はほめの談話5.3場面、発話文45.1文、ほめ・返答は9.6回見られた。

以上のように、会話者2人の1組が行う「ほめの談話」と「ほめ・返答」の数は、日本語より韓国語のほうに多いことが明らかになった。なお、発話文数に日韓の差はない。また、男性同士の会話より女性同士の会話にほめがより多く見られることも分かった。

次に、1つの「ほめの談話」における発話文数とほめ・返答の平均を表3-4に示す。

表3-4　1つの「ほめの談話」における発話文数とほめ・返答の平均

1組の平均		発話文数	ほめ・返答
日本語	男性	13.2	1.9
	女性	12.3	1.8
	全体	12.7	1.8
韓国語	男性	9.8	2.0
	女性	8.5	1.8
	全体	9.1	1.9

表3-4から分かるように、日本語では、1つの「ほめの談話」を成す発話文数は約13文であり、談話の中に「ほめ・返答」は約2回現れる結果になっている。なお、発話文数は男性のほうが女性より1文程度長い。

韓国語では、1つの「ほめの談話」を成す発話文数は9文であり、談話の中に現れる「ほめ・返答」の頻度は日本語と同様に約2回である。また、発話文数は男性のほうが女性より約1文以上長く、日本語と類似した結果を見せている。

その結果から1つの「ほめの談話」を行う際、日本語のほうが韓国語より長いやり取りを交わすことが読み取れる。また、男性のほうが女性より1文ほど長いことも分かる。そして、日本語も韓国語も1つのほめの談話には約2回のほめが現れることが明らかになった。この結果は、第6章で述べる「ほめの談話」における後続連鎖に見られる特徴と関連がある(6.4参照)。

3.4　フォローアップ・アンケート

　日本語と韓国語の会話協力者には、相手との上下関係をまず確認し、親疎関係や録音機の意識、自然な会話ができたかについては5段階評価をしてもらった。その詳細は次のとおりである。

---

1. 対話者との関係：
    あなたが―　年上(先輩)　　同い年(同学年)　　年下(後輩)

2. 相手とあなたは：

非常に親しい	やや親しい	親しい	あまり親しくない	全く親しくない
5	4	3	2	1

3. この実験であなたは録音機を：

非常に意識した	やや意識した	どちらとも言えない	あまり意識していない	全く意識しなかった
5	4	3	2	1

4. この会話であなたは自然な(いつもあなたが対応するような)会話ができましたか：

非常にできた	ややできた	なんとも言えない	あまりできなかった	全くできなかった
5	4	3	2	1

　まず、「1. 対話者との関係」の設問において、会話協力者60組はすべて「同い年(同学年)」と答えた。以下に、2、3、4番における結果を日韓、男女別に示す。

3.4.1　親疎関係

　最初に、協力者が自分の会話相手との親疎関係について答えた結果を日韓、男女別に分け、表3-5にまとめる。

表 3-5　親疎関係

親疎関係	日本語 男性	日本語 女性	小計	韓国語 男性	韓国語 女性	小計	計
5：非常に親しい	25	19	44	24	26	50	94
4：やや親しい	2	10	12	3	1	4	16
3：親しい	3	1	4	3	3	6	10
2：あまり親しくない	0	0	0	0	0	0	0
1：まったく親しくない	0	0	0	0	0	0	0
計	30	30	60	30	30	60	120

表 3-5 に示したように、協力者 2 人の親疎関係を見ると、日韓男女ともに、相手のことを「5.非常に親しい」と答えた人がもっとも多い（日 44 名、韓 50 名）。それに続いて、「4.やや親しい」（日 12 名、韓 4 名）、「3.親しい」（日 4 名、韓 6 名）の順に現れている。

3.4.2　録音機意識

次の表 3-6 は、会話中に録音機を意識していたか否かについての結果である。

表 3-6　録音機意識

録音機意識	日本語 男性	日本語 女性	小計	韓国語 男性	韓国語 女性	小計	計
5：非常に意識	0	0	0	0	0	0	0
4：やや意識	12	8	20	13	7	20	40
3：なんとも言えない	1	6	7	2	4	6	13
2：あまり意識せず	10	11	21	11	13	24	45
1：まったく意識せず	7	5	12	4	6	10	22
計	30	30	60	30	30	60	120

表3-6に示したように、日本語母語話者と韓国語母語話者はともに「2. あまり意識せず」(日21名、韓24名)と「4. やや意識」(日20名、韓20名)と答えた人が多い。それに続いて、「1. まったく意識せず」(日12名、韓10名)、「3. なんとも言えない」(日7名、韓6名)の順である。なお、「5. 非常に意識」と答えた人はいない。

つまり、日本語も韓国語も録音機をまったく、またはあまり意識していないと答えた人(1と2)を合わせると、半分以上になる。しかし、録音機が目の前に置いてあることについて多少意識していたと思われる人(3と4)も4割を超えている。そこで、録音機への意識とは別に、普段どおりの自然な会話ができたかを確認する必要がある。

3.4.3　自然な会話

次の表3-7に、普段どおりの自然な会話ができたかについての結果を示す。

表3-7　自然な会話

自然な会話	日本語 男性	日本語 女性	小計	韓国語 男性	韓国語 女性	小計	計
5：非常にできた	20	18	38	11	17	28	66
4：ややできた	10	12	22	19	13	32	54
3：なんとも言えない	0	0	0	0	0	0	0
2：あまりできず	0	0	0	0	0	0	0
1：まったくできず	0	0	0	0	0	0	0
計	30	30	60	30	30	60	120

表3-7に示したように、日本語母語話者と韓国語母語話者はともに、自然な会話が「5. 非常にできた」(日38名、韓28名)や「4. ややできた」(日22名、韓32名)と答えている。つまり、録音機が置いてあることについて多少ながら意識する人がいたものの、会話協力者全員は普段どおりの自然な会話ができたとみなすことができる。

次に、直接協力者とその会話相手別に分け、それぞれの平均を見る。

3.4.4　各項目の平均

　直接協力者とその会話相手ごとに分け、フォローアップ・アンケートの平均を見る。まず、表3-8に日本語の結果を示す。

表3-8　日本語のフォローアップ・アンケートの平均

日本語	男性		女性		全体平均
	直接協力者	会話相手	直接協力者	会話相手	
親疎	4.7	4.7	4.5	4.7	4.7
録音機意識	2.6	2.6	2.7	2.4	2.6
自然な会話	4.7	4.7	4.5	4.7	4.7

　表3-8を見ると、日本語における話者間のフォローアップ・アンケートの平均にさほど差はないことが分かる。その中で、女性のほうに若干の差は見られるが、非常に少ない。したがって、日本語のフォローアップ・アンケートでは、男性も女性も、話者が直接協力者かその会話相手かによる平均の差はないと言える。

　次の表3-9に韓国語の結果を示す。

表3-9　韓国語のフォローアップ・アンケートの平均

韓国語	男性		女性		全体平均
	直接協力者	会話相手	直接協力者	会話相手	
親疎	4.6	4.8	4.7	4.8	4.7
録音機意識	2.9	2.7	2.3	2.5	2.6
自然な会話	4.3	4.4	4.6	4.5	4.5

　表3-9に示したように、韓国語におけるフォローアップ・アンケートの平均にはわずかながらの差は見られるものの、概して差はないことが分かる。

　以上のように、フォローアップ・アンケートの結果をまとめた結果、会話者2人の親疎関係、録音機意識、自然な会話のすべての項目にわたって、日本語と韓国語は類似した結果を見せていることが分かる。

3.5 まとめ

　まず、会話データにおける「ほめ・返答」の数は、日本語172回であるのに対し、韓国語251回で、韓国語のほうが日本語より多い。また、「ほめの談話」は日本語が95場面現れたのに対し、韓国語は133場面現れた。さらに、会話者1組の平均を見ると、日本語では、「ほめの談話」が3.2場面、ほめは5.7回である。それに対して、韓国語では、「ほめの談話」が4.4場面、ほめは8.4回である。したがって、本研究に協力した会話者においては、韓国語母語話者のほうが日本語母語話者より相手のことをより多くほめていることが明らかになった。

　また、1つの「ほめの談話」を成す発話文数では、日本語では、約13文であるのに対し、韓国語では9文で、ほめる場面が始まると、日本語のほうが韓国語より長いやり取りを交わすことが分かった。

　フォローアップ・アンケートでは、会話者との親疎関係、録音機への意識、普段どおりの自然な会話ができたか否かについて確認した。その結果、日本語も韓国語も会話に協力した全員が相手を親しい関係と認識していた。また、録音機についての意識は、意識していないと答えた人が多いものの、多少ながら意識していたと答えた人もいる。しかし、録音機を意識していた人も含めた会話協力者全員は、会話自体は普段どおりの自然な会話ができたと答えており、収集したすべての会話をデータとして認めることができた。

注

1　表音文字であるハングルで表記するため規定されている正書法である。
2　この録音機の特徴としては、①再生速度が遅速両方に変えられること、②再生を中断すると設定した時間数だけ少し戻って、次の再生を待機する機能があること、③足による操作スイッチも準備されていて、文字を入力するのに便利であることが挙げられる。（宮地他 1997:174-182）
3　韓国語では「.」を用いる。なお、日本語の「、」については、韓国語会話データでは「,」

を用いている。
4 ここでいう「綴字法」とは、韓国語の正書法を定めている「한글 맞춤법 (1988 改訂、ハングル正書法)」を指していると考えられる。
5 口音の鼻音化、終声の初声化、激音化、濃音化などがある。
6 「この際、単音節が生じる場合」というのは、「片方の単語が単音節である場合」だと考える。
7 韓国語では、「時」は固有数詞で、「分」は漢数詞で読む。
8 データの 10%を用いて一致度を測る場合が多いが、本研究のコーディングにおいては 20%を用いることにした。
9 Cohen's Kappa 値の計算は http://faculty.vassar.edu/lowry/kappa.html で行った。

第4章　日本語と韓国語のほめの表現と対象

　第4章では、ほめの表現と対象の分析結果を述べる。実際の会話の中ではどのような表現を用いてほめが行われるかを分析する。日本語と韓国語のほめに用いられる肯定的な評価語を明らかにし、また、具体的な説明の有無の面からほめの表現を分析する。日本語と韓国語の類似点と相違点を明らかにし、またそれが意味するのは何かについて考察する。

　次に、ほめの対象においては、従来の対象の分類について検討してから、日本語と韓国語におけるほめの対象を分析、その結果を示す。結果についての考察を肯定的価値観の反映と、ポライトネス理論を用いて行う。

4.1　ほめの表現

4.1.1　会話におけるほめの表現

　会話に見られるほめの表現の特徴を実例とともに検討してから、日本語と韓国語におけるほめの表現の全体的な分析結果を述べる。

　これまでは「かわいい、すばらしい」などの肯定的な評価語を伴うほめを典型的なほめとみなしていたが、実際の会話の中で見られるほめはいかなる表現上の特徴を用いているのか。肯定的な評価語とともに詳しい説明をしたり、あるいは肯定的な評価語は用いず、ほめの対象に関連する情報だけを述べたり、ほめ手自身の感情を伝えたりするだけで間接的にほめることもありうる。以下の例を見てみよう。

例 4-1　肯定的な評価語を用いるほめ

1	*	D	「相手の名前」ちゃんってさ、色やってる？。	
2	*	I	うんうん。	
3	*	D	やってるんだ。	
4	*	I	うん。	
→5	*	D	すごいなんか地毛っぽくかわいいね。	ほめ
6	*	I	黒いの、すごい、すごいでもないんだ、黒いんだけど。	返答

〈JF01 組〉

　例4-1は、2人が髪の色について話をしている場面である。発話文No.7で、ほめ手Dは相手が髪の色を染めているのか確認してから、発話文No.11でその色が「地毛っぽくかわいい」と言うことによって、髪の色の自然さをほめている。「かわいい」ということばは、典型的な肯定的評価語の1つと言われている。このように、肯定的な意味を持つ評価語を用いて、相手に関連する対象について述べることは、直接的に相手へのほめになる場合が多い。

　また、会話の中では、肯定的な評価語だけを用いるのではなく評価語とともに関連する情報や意見などを一緒に述べる、といった表現が現れている。具体的な例を見る。

例 4-2　肯定的な評価語＋他の情報で表すほめ

　Iの音楽に関する幅広い知識を聞いたDは、自分は難しい音楽を聴いてもよく分からないと話している。

1	*	I	꼭 뭐 어려운 음악만 들을 필요 있겠어？. 必ず、なに、難しい音楽だけ聴く必要があるの？。	
2	*	I	자기가 좋아하는 음악 즐기는 게 우선이지. 自分の好きな音楽を楽しむことが優先じゃん。	
→3	*	D	맞어, 그렇잖아두 음악을 학문적으루 막 분석하구, (어엉) 그렇게 하는 걸 보면 대단한 거 같애. そう、それにしても音楽を学問的に分析して、(うん)あんなにやってるのを見るとすごいと思う。	ほめ

第4章　日本語と韓国語のほめの表現と対象　93

4	*	I	아하〈수줍은 웃음〉. あー〈照れ笑い〉。	返答
5	*	D	음악에 대해서 뭐, 그냥 들을 줄만 알지, 뭐, CD 걸어놓구 틀지, 틀어 가지구 듣기만 하지, 아무 것두 모르니까. 音楽について、なに、ただ聞けるだけで、なに、CDかけてつける、つけて聞くだけで、何にも分からないから。	
6	*	I	어엉. うん。	

〈KM11組〉

　例4-2は、ほめる根拠とも言える、具体的な情報である「音楽を学問的に分析して、あんなにやってる」ことを述べながら、肯定的な評価語の「대단하다(すごい)」を用いてほめる例である。

　こういった類のほめ、つまり肯定的な評価語の使用とともに、その前後に「他の情報」を用いて表現されるほめは、より具体的で、説明的だと言える。そのため、当該のほめがより説得力のあるものとして、相手に伝えられることが考えられる。しかし、事細かな説明で行われるほめは相手に負担をかける恐れもありうる。

　さらに、肯定的な評価語を用いず間接的にほめる表現にも注目する。次の例を見る。

例4-3　肯定的な評価語のないほめ
　会話者2人は卒業論文について話している。

6-1		D	あの、卒論のことで、（うん）あーちょっと参考意見を聞こうかなーと ,,	
7	*	I	うん、はいはいはい、うんうんうん。	
6-2	*	D	思って、後で聞いてもいい？。	
8	*	I	参考にならないよ。	
9	*	D	え、なるよ。	
→10	*	D	**え、だっていつもさ、指摘してくれるんだもん。**	ほめ
11	*	I	えーそんなこと…。	返答
12	*	I	ただ、面白いから見てる〈だけ〉{〈}。	

〈JF05組〉

例4-3は、ほめ手Dが、自分の書いた卒業論文について相手に意見を聞きたいと言うと、相手のIは自分の意見は参考にならないと答えている。それを聞いたDは、相手の意見が参考になると述べてから、「いつも指摘してくれる」と具体的な事実を付け加えている。相手がいつも自分の論文について指摘してくれるという事実だけを述べているが、それを自分は「よい」と認め、また自分にとって参考になっていることを伝えることで、相手のことを肯定的に評価していると読み取れる例である。

以上のようなほめの表現をまとめると、次の3つに分類できる。まず、典型的なほめの表現として、肯定的評価語だけを用いる表現である「1. 肯定的評価語のみ使用」と、肯定的評価語を用いるが、その前後にそれに関連する他の情報を加える「2. 肯定的評価語の使用＋他の情報」、また、肯定的評価語は用いないがほめに関連する情報を伝えることで相手をほめる「肯定的評価語の不使用」の3つである。なお、本書での「肯定的評価語」は、「肯定的な評価を明示的に伝えることば」としておく。

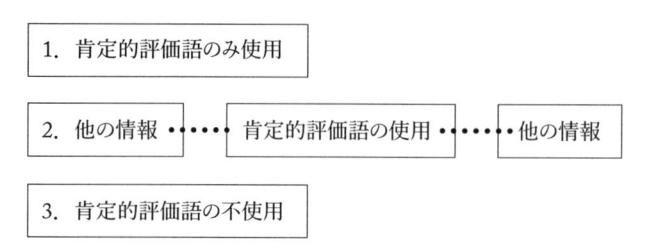

```
1. 肯定的評価語のみ使用

2. 他の情報 ······ 肯定的評価語の使用 ······ 他の情報

3. 肯定的評価語の不使用
```

本章では、ほめの表現を分析するに当たって、①肯定的評価語のみ使用、②肯定的評価語使用＋他の情報、③肯定的評価語の不使用の3つに分け、それぞれの特徴を明らかにする。分析の詳細は次のとおりである。

①「肯定的評価語のみ使用」では、日本語と韓国語のほめに用いられる「肯定的評価語」の種類と頻度を明らかにする。
②「肯定的評価語の使用＋他の情報」では、その具体的なパターンを分類・分析し、日本語と韓国語における類似点と相違点を明らかにする。

③「肯定的評価語の不使用」では、具体的な表現方法を明らかにし、日本語と韓国語における類似点と相違点を明らかにする。

4.1.2　ほめの表現の分析結果

まず、日本語と韓国語の会話データに見られた全ほめを上記の3つの表現に分類すると表4-1のようになる。

表4-1　日本語と韓国語におけるほめの表現

	日本語		韓国語	
	頻度	%	頻度	%
①肯定的評価語のみ使用	111	64.5	121	48.2
②肯定的評価語＋他の情報	37	21.5	69	27.5
③肯定的評価語の不使用	24	14.0	61	24.3
合計	172	100.0	251	100.0

表4-1に示したように、「①肯定的評価語のみ使用」は、日本語では全体の64.5%（111回）であるのに対し、韓国語では全体の48.2%（121回）で、日本語のほうがより高い割合を占めている。次に、「②肯定的評価語の使用＋他の情報」は、日本語では21.5%（37回）、韓国語では27.5%（69回）で、韓国語のほうに若干多く見られている。また、「③肯定的評価語の不使用」は、日本語14.0%（24回）に比べ、韓国語24.3%（61回）で、韓国語のほうに多い。

表4-1の結果から、「肯定的評価語」を用いる①と②を合わせると、日本語86.0%、韓国語75.7%で類似した結果を見せている。このことから、「肯定的評価語」の使用は、両言語においてほめを表すもっとも重要な表現であることが分かる。ただ、「①肯定的評価語のみ使用」の割合は日本語のほうがより高い。

次に、「②肯定的評価語の使用＋他の情報」と、「③肯定的評価語の不使用」とを合わせてみる。すなわち、ほかの情報を一緒に述べる、あるいは詳しい説明だけでほめるといった類は、韓国語のほうが日本語より多い（日本語35.5%、韓国語51.8%）。この結果から日本語と韓国語におけるほめの表現

には相違があることが読み取れる。

次に、日本語と韓国語それぞれ男女別に分けて見る。まず、表4-2は日本語における結果である。

表4-2 日本語の男女別に見るほめの表現

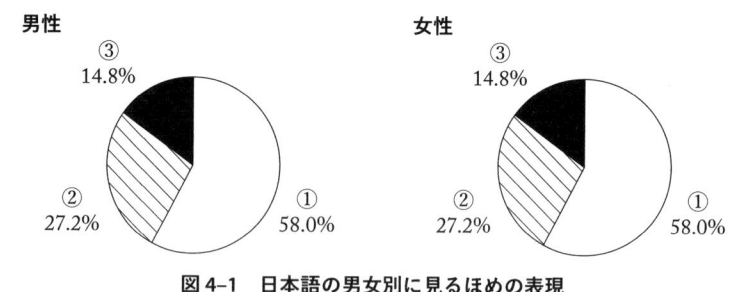

日本語	男性		女性		計
	頻度	%	頻度	%	
①肯定的評価語のみ使用	47	58.0	64	70.3	111
②肯定的評価語+他の情報	22	27.2	15	16.5	37
③肯定的評価語の不使用	12	14.8	12	13.2	24
計	81	100.0	91	100.0	172

図4-1 日本語の男女別に見るほめの表現

表4-2と図4-1から分かるように、①「肯定的評価語のみ使用」は女性(70.3%)が男性(58.0%)より多く用いている。一方、②「肯定的評価語の使用+他の情報」は男性(27.2%)が女性(16.5%)より多用している。また、③「肯定的評価語の不使用」は、男性(14.8%)と女性(13.2%)いずれも15%未満の割合を示している。

次に、表4-3に韓国語のほめの表現を男女別に示す。

表4-3と図4-2に示したように、①「肯定的評価語のみ使用」は男性47.7%、女性48.6%を占め、ほぼ同様の結果を見せている。また、②「肯定的評価語の使用+他の情報」は女性(29.2%)が男性(25.2%)よりわずかながら上回っており、③「肯定的評価語の不使用」は男性(27.1%)が女性

表 4–3　韓国語の男女別に見るほめの表現

韓国語	男性 頻度	%	女性 頻度	%	計
①肯定的評価語のみ使用	51	47.7	70	48.6	121
②肯定的評価語＋他の情報	27	25.2	42	29.2	69
③肯定的評価語の不使用	29	27.1	32	22.2	61
計	107	100.0	144	100.0	251

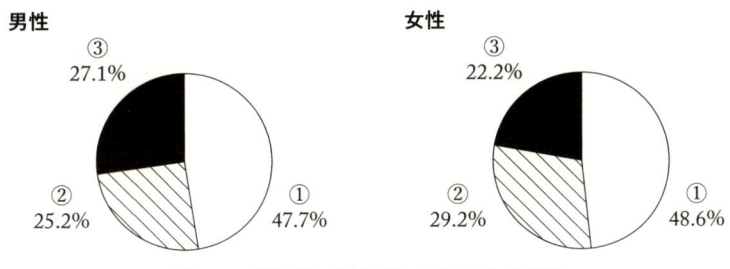

図 4–2　韓国語の男女別に見るほめの表現

(22.2%) より少し多い結果になっている。

　それでは、以上の結果が何を意味しているかを明らかにするため、それぞれの特徴を見ていくことにする。まず、肯定的評価語のみ使用するほめの表現についてである。

4.1.3　肯定的評価語のみ使用

　先行研究でも言及されているように、「肯定的評価語」を用いてほめることはほめの典型的な表現である。それでは、日本語と韓国語の母語話者は、どのような「肯定的評価語」を用いているのか。本節では、日本語と韓国語における「肯定的評価語」を明らかにし、また、その使用における違いはどのようなものがあるかを明らかにする。

4.1.3.1　日本語の肯定的評価語

　まず、日本語のほめに見られる「肯定的評価語」の詳細を見ていく。

表4-4に日本語データから収集した「肯定的評価語」を品詞別にまとめ、示す。

表4-4 日本語データにおける肯定的評価語の種類

形容詞	いい、すごい、かわいい、えらい、格好いい、うまい、きれいだ、やさしい、珍しい、面白い、強い、ほしい
	知名度高い、仲良い、敷居低い、取っ付きやすい、足速い
名詞	慎重、まじめ、実践的、粘り強さ、集中力、まめ、成功、おしゃれ、長続きの秘訣
	能力、語学のセンス、見所、キャプテン心、実力
動詞	できる、頑張る、似合う、もてる、成功する、感心する、教えられる、考えられる、いける、目立つ
副詞	よく、ちゃんと、しっかり、見事、相当

表4-4にまとめたように、日本語では形容詞の種類がもっとも多い。続いて、名詞、動詞、副詞の順に現れている。まず、形容詞の肯定的評価語を見ると、「いい」、「すごい」、「かわいい」など、単独に現れて評価語になる場合と、「知名度高い」、「足速い」のように、名詞と一緒に使われて評価語になる場合とがある。名詞においても、「慎重」、「まじめ」など単独で用いられた場合もあれば、「能力ある」、「見所ある」のように、「肯定的な評価の意味を持つ名詞＋ある」の形で現れたのもある。また、肯定的な評価を表す動詞としては、「できる」、「頑張る」、「似合う」、「もてる」などが見られた。さらに「教えられる」、「考えられる」など、動詞の可能形を用いてほめることが分かる。副詞では、ほとんどが「副詞＋動詞」の形で使用されている。

それでは、上記にまとめた日本語の「肯定的評価語」を表4-5に頻度順に示す。「肯定的評価語」を数えるにあたって、例えば「(相手のペンケースを見て)色が**かわいいね**、なんてゆうか、**珍しいよね**、緑が。」のように、1つのほめに「かわいい」と「珍しい」という肯定的評価語が用いられている場合、それぞれを「肯定的評価語」として別個に数えることにした。

表 4-5　日本語の肯定的評価語の頻度

番号	肯定的評価語	頻度	男性	女性	番号	肯定的評価語	頻度	男性	女性
1	いい	30	18	12	24	強い	1	1	0
2	すごい	27	11	16	25	ほしい	1	1	0
3	かわいい	15	2	13	26	足速い	1	1	0
4	えらい	11	1	10	27	粘り強さ	1	1	0
5	格好いい	6	6	0	28	慎重	1	1	0
6	できる	6	5	1	29	まじめ	1	1	0
7	頑張る	5	0	5	30	おしゃれ	1	1	0
8	うまい	4	4	0	31	集中力	1	1	0
9	よく＋動詞	4	2	2	32	まめ	1	1	0
10	きれいだ	4	0	4	33	見事	1	1	0
11	似合う	4	1	3	34	長続きの秘訣	1	1	0
12	やさしい	3	1	2	35	能力ある	1	1	0
13	珍しい	3	0	3	36	語学のセンスある	1	1	0
14	相当＋動詞	3	2	1	37	キャプテン心ある	1	1	0
15	もてる	3	0	3	38	実力になっている	1	1	0
16	実践的	2	1	1	39	ちゃんとやっている	1	1	0
17	知名度高い	2	2	0	40	しっかりしている	1	1	0
18	面白い	2	0	2	41	成功してる	1	1	0
19	見所ある	1	0	1	42	感心する	1	1	0
20	いける	1	0	1	43	教えられる	1	1	0
21	仲良い	1	1	0	44	考えられる	1	1	0
22	敷居低い	1	1	0	45	目立つ	1	1	0
23	取っ付きやすい	1	1	0		計	161	81	80

　表 4-5 にまとめたように、日本語では 45 種類の評価語が計 161 回現れており、そのうち「いい」(30 回)、「すごい」(27 回)、「かわいい」(15 回)、「えらい」(11 回) という形容詞がもっとも多い。それに続いて、「格好いい」(6 回)、「できる」(6 回)、「頑張る」(5 回) などのことばが用いられている。これら 5 回以上使用されている 7 つのことばが、全「肯定的評価語」の 63％ を占めている。また、4 回ずつ現れたのは、「うまい」、「よく＋動詞」、「きれいだ」、「似合う」のことばである。3 回見られた評価語は、「やさしい」、「珍

しい、「相当＋動詞」、「もてる」で、2回使用されたのは「実践的だ」、「知名度高い」、「面白い」の3つである。そして、1回のみ現れた評価語は、26種類で、とりわけ、動詞の使用が多い。1回のみ現れた評価語は、頻度は低いものの、日本語の会話に見られる表現豊かなほめことばであると言える。さらに、これらは、具体的な行動や何かを成し遂げるための過程などをほめる際、主に用いられる肯定的評価語であることが読み取れる。すなわち、ほめの対象との関連で現れた日本語の特徴と言えよう。

次に、男女別に見ると、男性では38種類の評価語が81回、女性は19種類の評価語が80回現れた。特に、1回のみ使用された評価語27個のうち、25個は男性データに見られている。つまり、日本語データでは、評価語の使用頻度には男女の差はない反面、評価語の種類は男性のほうにより多く見られたことが分かる。

次に、韓国語における「肯定的評価語」を見ていく。

4.1.3.2　韓国語の肯定的評価語

韓国語のデータから収集した「肯定的評価語」を品詞別にまとめ、表4-6に示す。

評価語も日本語と同様に形容詞がもっとも多く、その数は32個あり、日本語の17個のほぼ倍である。続いて、動詞、名詞の順で、副詞の種類は2つだけである。また、장난 아니다（すごい）、짱이다（最高だ）、한 몸매 하다（スタイルがいい）などの俗語も見られた。

副詞においては、잘（よく）と열심히（熱心に）の2つしか現れていない。「잘（よく）」という副詞は、主に動詞を伴う形で用いられている。その中で、同様の形をしている「잘하다（上手だ）」と「잘생기다（見目よい）」は、「잘（よく）＋動詞」の形をしているものの、それぞれが1つの単語として定着しているため[1]、別個の評価語として数える。なお、「잘하다（上手だ）」は動詞であり、「잘생기다（見目よい）」は形容詞である。

次の表4-7に、上記にまとめた韓国語の「肯定的評価語」を頻度順に示す。

表 4-6　韓国語データにおける肯定的評価語の種類

形容詞	예쁘다(きれいだ)、좋다(良い)、대단하다(すごい)、멋지다・멋있다(格好いい)、부럽다(うらやましい)、낫다(勝る、良い)、뽀얗다(色白だ)、귀엽다(かわいい)、괜찮다(なかなか良い)、터프하다(タフだ)、착하다(善良だ)、자연스럽다(ナチュラルだ)、잘생기다(見目よい)、상냥하다(やさしい)、꼼꼼하다(几帳面だ)、싹싹하다(気さくだ)、성숙하다(成熟している)、탱탱하다(ハリがある)、사이좋다(仲がいい)、비싸다(高い)、앳되다(童顔だ)、조신하다(淑やかだ)、여성스럽다(女性らしい)、정숙하다(貞淑だ)、섹시하다(セクシーだ)、시원하다(さわやかだ)、삐까뻔쩍하다(ピカピカしている)、듬직하다(頼もしい)
	눈(이) 높다(理想が高い)、인기 많다(もてる)、한 차원 높다(ワンランク高い)、눈이 맑다(目が澄んでいる)
動詞	어울리다(似合う)、성공하다(成功する)、감동하다(感動する)、발전하다(発展する)、좋아하다(好きだ)、원하다(ほしがる)、많이 알다(物知りだ)、티가 나다(目立つ)、예술로 하다(芸術家並みだ)、맘에 들다(気に入る)、잘하다(上手だ)
名詞	장점(長所)、매력(魅力)、부자(金持ち)、동안(童顔)、애교(愛嬌)、미모(美貌)、새색시(花嫁)、중요한 역할(重要な役割)
	실력 있다(実力ある)、기본이 있다(基本がある)
副詞	잘(よく)、열심히(熱心に)
その他(俗語)	장난 아니다(すごい)、짱이다(最高だ)、한 몸매 하다(スタイルがいい)

表 4-7　韓国語の肯定的評価語の頻度

番号	肯定的評価語	頻度	男性	女性
1	예쁘다(きれいだ)	42	1	41
2	잘＋동사(よく＋動詞)	28	13	15
3	좋다(良い)	21	4	17
4	대단하다(すごい)	9	5	4
5	잘하다(上手だ)	9	5	4
6	멋지다・멋있다(格好いい)	8	8	0
7	열심히＋동사(熱心に＋動詞)	7	0	7
8	어울리다(似合う)	5	3	2
9	부럽다(うらやましい)	5	3	2
10	뽀얗다(色白だ)	4	0	4
11	장점(長所)	4	0	4
12	낫다(勝る、良い)	4	1	3
13	장난 아니다(すごい)	4	1	3

14	인기 많다 (もてる)	3	0	3
15	눈(이) 높다 (理想が高い)	3	3	0
16	많이 알다 (物知りだ)	3	3	0
17	매력 (魅力)	3	3	0
18	귀엽다 (かわいい)	2	0	2
19	티가 나다 (目立つ)	2	0	2
20	자연스럽다 (ナチュラルだ)	2	0	2
21	착하다 (善良だ)	2	1	1
22	괜찮다 (なかなか良い)	2	2	0
23	터프하다 (タフだ)	2	2	0
24	성공하다 (成功する)	2	2	0
25	감동하다 (感動する)	2	2	0
26	상냥하다 (やさしい)	1	0	1
27	탱탱하다 (ハリがある)	1	0	1
28	발전하다 (発展する)	1	0	1
29	앳되다 (童顔だ)	1	0	1
30	조신하다 (淑やかだ)	1	0	1
31	여성스럽다 (女性らしい)	1	0	1
32	정숙하다 (貞淑だ)	1	0	1
33	섹시하다 (セクシーだ)	1	0	1
34	짱이다 (最高だ)	1	0	1
35	시원하다 (さわやかだ)	1	0	1
36	눈이 맑다 (目が澄んでいる)	1	0	1
37	맘에 들다 (気に入る)	1	0	1
38	한 몸매 하다 (スタイルがいい)	1	0	1
39	동안 (童顔)	1	0	1
40	애교 (愛嬌)	1	0	1
41	미모 (美貌)	1	0	1
42	새색시 (花嫁)	1	0	1
43	원하다 (ほしがる)	1	0	1
44	잘생기다 (見目よい)	1	1	0
45	꼼꼼하다 (几帳面だ)	1	1	0
46	싹싹하다 (気さくだ)	1	1	0
47	성숙하다 (成熟している)	1	1	0
48	사이 좋다 (仲がいい)	1	1	0
49	비싸다 (高い)	1	1	0
50	삐까뻔쩍하다 (ピカピカしている)	1	1	0

51	실력 있다 (実力ある)	1	1	0
52	기본이 있다 (基本がある)	1	1	0
53	예술로 하다 (芸術家並みだ)	1	1	0
54	듬직하다 (頼もしい)	1	1	0
55	한 차원 높다 (ワンランク高い)	1	1	0
56	중요한 역할 (重要な役割)	1	1	0
57	부자 (金持ち)	1	1	0
58	좋아하다 (好きだ)	1	1	0
	計	211	77	134

　表4-7に示したように、韓国語では58種類の肯定的評価語が計211回見られ、日本語のデータに比べ、より多様な評価語が用いられていることが分かる。そのうち「예쁘다(きれいだ)」(42回)、「잘＋동사(よく＋動詞)」(28回)、「좋다(良い)」(21回)の3つの表現がそれぞれ20回以上現れており、「肯定的評価語」の約半分(47％)を占めている。それに続く評価語には、「대단하다(すごい)」(9回)、「잘하다(上手だ)」(9回)、「멋지다(格好いい)」(8回)、「열심히＋동사(熱心に＋動詞)」(7回)、「부럽다(うらやましい)」(5回)、「어울리다(似合う)」(5回)などが現れている。4回現れたことばとしては、「낫다(勝る、良い)」、「뽀얗다(色白だ)」、「장점(長所)」、「장난 아니다(すごい)」があり、3回頻度のことばは、「인기 많다(もてる)」、「눈(이) 높다(理想が高い)」、「많이 알다(物知りだ)」、「매력(魅力)」が見られた。次に、2回ずつ現れたのは、「귀엽다(かわいい)」、「괜찮다(なかなか良い)」、「터프하다(タフだ)」、「성공하다(成功する)」、「착하다(善良だ)」、「티가 나다(目立つ)」、「자연스럽다(ナチュラルだ)」、「감동하다(感動する)」である。
　また、1回のみ現れたことばは33種類で、日本語と同様に、様々なことばが「肯定的評価語」として用いられることが分かる。ただし、韓国語ではほめ手自身の感情、例えば羨望や希望などを表す形容詞や名詞が多く、日本語の1回のみ現れたことばには動詞の使用がより多かったのとは違う傾向を見せている。もう1つ注目したいところは、韓国語では、「장난 아니다(すごい)」、「짱이다(最高だ)」、「한 몸매 하다(スタイルがいい)」などの俗語

も「肯定的評価語」として用いられていることである。これらは親しい大学生同士の会話をデータとしたため現れた1つの特徴と考えられる。

　また、男女別に見ると、男性には31種類の評価語が77回、女性には34種類の評価語が134回現れた。また、1回のみ使用された評価語は、女性18種類、男性15種類が見られた。すなわち、韓国語では、評価語の種類には男女の差はほとんど見られないが、使用頻度においては、女性が男性よりほぼ倍の頻度を見せている。

4.1.3.3　肯定的評価語の日韓対照

　以上のような結果から明らかになった日本語と韓国語の肯定的評価語の特徴をまとめる。まず、共通点として、日本語と韓国語の「いい(좋다)」、「すごい(대단하다)」、「格好いい(멋있다)」が共通して5回以上使用されており、これらは両言語話者が共通して多く用いる肯定的評価語と言えよう。また、「かわいい」と「예쁘다(きれいだ)」は、日韓それぞれ、女性の外見や所持物に関する評価語としてもっとも頻繁に用いられている。

　次に、相違点を見ると、1つ目は、韓国語のほうが日本語より評価語を用いるほめの割合は少ないものの、評価語の種類は日本語より多く、多彩なほめことばが用いられていることが分かる。とりわけ、頻度の高い評価語には日韓ともに形容詞が多用されているが、その種類は韓国語のほうが32個で日本語の17個のほぼ倍である。そのことから、韓国語母語話者はほめの対象について具体的に描写し、どこが評価できるかを伝えようとすることが読み取れる。また、形容詞の大半が外見や外見の変化に関する単語で、これはほめの対象とも深く関連していることが考えられる。

　2つ目の相違点は、日本語では「見事成功している」、「アルバイト頑張ってるね」など、遂行や行動をほめる表現が多いのに対して、韓国語では「피부가 뽀얗다(色白だ)」、「눈이 매력적이다(目が魅力的だ)」など、外見に注目し、評価する表現が非常に多く見られる点である。このように、肯定的評価語の種類と使用頻度に共通点と相違点が現れるのは、ほめる対象になりやすいものが異なるためと考えられる。上記日本語の「いい、すごい、えらい、

できる」や韓国語の「잘＋동사（よく＋動詞）、좋다（良い）、대단하다（すごい）、열심히＋동사（熱心に＋動詞）」などの評価語は、相手が何かを成し遂げる姿や過程についてのほめに使われている。一方、韓国語では、「섹시하다（セクシーだ）」、「시원하다（さわやかだ）」、「새색시같다（花嫁みたいだ）」など、外見に関する豊富な表現が日本語より多く見られている。このように何をほめるかによってほめの表現も違ってくることが予測される。これについては、4.2で詳しく分析する。

次に、「肯定的評価語」の使用に加えて、他の情報を一緒に述べるほめの表現を見る。

4.1.4　肯定的評価語の使用＋他の情報

「肯定的評価語」の使用に加えて、他の情報などを一緒に述べるほめはすでに示したように、次のように表すことができる。

| 他の情報 ‥‥‥ | 肯定的評価語の使用 | ‥‥‥他の情報 |

つまり、「肯定的評価語」の前後に発話される他の情報も含めて、1つのほめになるパターンである。表4-1から分かるように、会話データでは、「肯定的評価語」の使用とともに、ほめ手が様々な情報や意見などを一緒に述べるほめが2〜3割現れている（日本語21.5％、韓国語27.5％）。それでは、このようなほめの表現について詳しく見ていく。

4.1.4.1　「肯定的評価語の使用＋他の情報」のパターン

肯定的評価語の使用に他の情報も一緒に述べるほめの表現は、本書で用いた会話データから、次のような8つのパターンに分類することができた。

①肯定的評価語＋具体的な情報：肯定的評価語を用いてから、当該のほめの対象に関するより具体的な情報を述べる。
②周辺情報＋肯定的評価語：ほめの対象に関連する周辺的、あるいは前提

となる情報を述べてから肯定的評価語を用いる。

③注目・質問＋肯定的評価語：ほめの対象に関連して、注目したり確認してから肯定的評価語を用いる。なお、肯定的評価語を用いてすぐ質問するパターンもここに分類する。

④肯定的評価語＋主観的意見：肯定的評価語を用いてから、ほめの対象に関する自分の主観的な意見を述べる。なお、自分の意見を先に述べてから、肯定的評価語を用いるパターンも含む。

⑤肯定的評価語＋予測：肯定的評価語を用いてから、ほめの対象について自分の予測を述べる。

⑥肯定的評価語＋冗談：肯定的評価語を述べてから、笑いを誘う冗談を述べる。

⑦肯定的評価語＋要求：肯定的評価語を述べてから、それに関連した何かを相手に要求する。

⑧肯定的評価語＋提案：肯定的評価語を用いてから、相手に何かを提案する。

これらのパターンは、当然、肯定的評価語のみ述べるほめとは、何らかの違いがあるのではないかと考えられる。次に、それぞれの例を挙げ、これらの表現の特徴をまとめることにする。

例 4-4　①肯定的評価語＋具体的な情報

3	*	D	아, 니가 가고 싶다고 그런 거야?. あ、お前が行きたいって言ったわけ？。	
4	*	I	어엉. うん。	
→5	*	D	**어, 대단한데!, 어린 나이에 스키 배울 생각도 하고. おー、すごいな、子供の時からスキーを習おうとしてて。**	ほめ
6	*	I	당연하〈지〈웃음〉〉{〈}. 当たり前〈じゃん〈笑い〉〉{〈}。	返答
7	*	D	〈초등학교〉{〉} 3학년 때면은 뭐야, 열 살 밖에 안 됐을 때 아냐?. 〈小学〉{〉}校3年生って、なに10歳しかなってない時じゃん。	

〈KM11組〉

例4-4では、Iが子供のときからスキーを習っていたことについて、ほめ手のDは「대단한데(すごい)」という評価語を用いてから、すぐ、自分がほめる事柄の詳細を付け加えている。言い換えれば、ほめの根拠とも言える情報を具体的に述べている。このような「肯定的評価語＋具体的な情報」は、肯定的評価語に何かを付け加える際、もっとも多く見られたパターンである。

例4-5　②周辺情報＋肯定的評価語

1	*	D	でも、でも言わしてもらったら、TOEIC何点だったっけ。	
2	*	I	大したことねーよ。	
3	*	I	TOEICしてない。	
4	*	D	ううん、でしょう？？、俺は一応英語の勉強してさ、全然だめなんだよ。	
5	*	D	それってやっぱさ、あれなんじゃないの。	
→6	*	D	まあ、基礎的には小学校の時行ってて、基礎があるというとあるんだけど、語学のセンスっていうかあるんじゃねえの？。	ほめ
7	*	I	〈笑いながら〉話術のセンスはあるけど語学のセンスは###〈笑い〉。	返答

〈JM05組〉

　例4-5は、小学校のときアメリカに住んでいたIの英語力をほめる前に、「Iは、小学校のときアメリカに行っていたので英語の基礎がある」という背景を述べて、「(Iは英語だけでなく)語学のセンスがある」という評価語を用いてほめている。

例4-6　③注目・質問＋肯定的評価語

1	*	D	얼마 줬냐?. いくらだったの？	ほめ
→2	*	D	시계 되게 멋있더라. 時計すごく格好良かったよ。	
3	*	I	이거 얼마 안 비싸. これそんなに高くないよ。	返答
4	*	D	삐까뻔쩍하던데. ピカピカだった。	ほめ
5	*	I	아니야. いやいや。	返答

〈KM08組〉

例 4-6 では、相手の時計を見ながら、「いくらだったのか」という質問をすることによって、ほめの対象物である相手の時計に注目すると同時に、「格好良かった」とほめている。このようなパターンは、注目や確認の発話に対する相手の反応が起こる前に、ほめが同時に行われることが特徴である。

例 4-7　④肯定的評価語＋主観的意見

1	*	I	(彼女のことを話しながら)すごいスケジュールもびっしり分かってるんだ。	
2	*	D	うーん。	
3	*	I	仕事がほら、ばらばらで。	
4	*	D	あーそうやなー、仕事に合わせて入れるって感じやもんな。	
5	*	I	ほんと仕事入ったらね、### やっぱね、疲れて…。	
6	*	D	それ、そうだろうなー。	
→7	*	D	**あーいいなー、君はやさしいから、そうやってなんか自然と休め、休むことも可能だし。**	ほめ
8	*	I	うーん。	返答

〈JM11 組〉

例 4-7 は、相手の性格を「やさしい」とほめると同時に、「やさしいから、(付き合っている彼女と)自然と休むことが可能だ」という自分の意見、感想を述べる例である。

例 4-8　⑤肯定的評価語＋予測

3	*	I	(試験の話をしながら)あら、まだ受けてない?。	
4	*	D	受けてない、だって受けても〈笑いながら〉絶対お金の無駄だもん。	
5	*	I	高いからね、あれ、(うんー)2 千円とかでしょう。	
6	*	D	うんー、受けたの?。	
7	*	I	受けた、受けた。	
→8	*	D	**受かったんでしょう、いいなー、すごい。**	ほめ
9	*	I	でもなー、でもなー。〈2 人で笑い〉	返答

〈JF11 組〉

例4-8では、Iが日本語教師になるための資格である日本語能力テストを受けた話を聞き、「(Iは)受かったんでしょう」と予測して、それについて「いいな、すごい」と評価している。

例4-9　⑥肯定的評価語＋冗談

3	*	D	짜식, 새 옷 샀다구 (응) 자랑하러 나왔구나. こいつ、新しい服買ったから (うん) 自慢しに来たでしょう。	
4	*	I	응. うん。	
→5	*	D	**예쁜데, 내가…, 없어지면 난 줄 알어.** **かわいいね、私が…、無くなったら私だと思ってね。**	ほめ
6	*	I	으음, 이거 먹구 헤어지면 다신 만나지 말자, 우리. うむ、これ食べて帰ったら2度と会わないようにしよう、私たち。	返答
7	*	D	정말?, 하지만 그럴 순 없어. 本当?、だけどそうはできない。	

〈KF11組〉

例4-9では、Iの新調した服に注目し、「예쁜데（かわいいね）」という肯定的評価語を述べると同時に、「その服が無くなったら自分だと思うように」と冗談を加えて、服をほめている。

例4-10　⑦肯定的評価語＋要求

→1	*	D	**요리 잘하는 「상대방 이름」 가좀 만들어 와라.** **料理の上手な「相手の名前」がちょっと作ってきて。**	ほめ
2	*	I	나 요리 못해. 私、料理下手なの。	返答
3	*	D	엄마 요리 솜씨가 되게 좋으시잖아. お母さんの料理がすごくお上手じゃん。	
4	*	D	김치가, 딱 보면 알 수 있잖아. キムチが、一目で分かるじゃん。	

〈KF07組〉

例4-10では、ほめ手のDは、Iを「料理が上手だ」とほめると同時に、「料

理を作ってくる」ような要求の発話をくわえている。

例4-11　⑧肯定的評価語＋提案

→1	*	I	너 예쁜데, 연예계루 진출할 생각 없어？． あなた、かわいいのに、芸能界に入るつもりはない？。	ほめ
2	*	D	니가 하면？． あなたが入ったら？。	返答
3	*	I	후후후〈둘이서 웃음〉． ふふふ〈2人で笑い〉。	

〈KF10組〉

　例4-11では、Iは、Dの外見をかわいいとほめると同時に、芸能界へのデビューという提案をしている。

　以上のような類のほめは、会話における1つの特徴ではないかと考えられる。肯定的評価語のみ言うのでなく、それに関連する内容の発話を同時に行うことによって、当該のほめに対するほめ手自身の気持ちや、ほめの根拠とも言える様々な情報を相手に伝えている。したがって、肯定的評価語のみのほめとは異なり、ほめの発話が長くなり、説明的になることも考えられる。

4.1.4.2　「肯定的評価語の使用＋他の情報」の日韓対照

　それでは、表4-8に日本語と韓国語に見られた「肯定的評価語の使用＋他の情報」のパターンの頻度と割合を示す。

　表4-8に示したように、ほめを行う際、「肯定的評価語の使用＋他の情報」を用いる頻度は、韓国語（69回）のほうが日本語（37回）に比べてより多いことが分かる。具体的には、日韓ともに、当該のほめの対象について肯定的評価語を述べてから、その具体的な様子や出来事などの情報を述べる「肯定的評価語＋具体的情報」が日本語40.6％、韓国語29.1％で、もっとも多く見られた。次に、「肯定的評価語」の前後に周辺的情報、注目・質問、主観的意見、予測の発話を伴うパターンは、日本語と韓国語の両方に現れている。そして、肯定的評価語と一緒に、冗談、要求、提案の発話が見られたのは韓国語のみである。

表 4-8　日本語と韓国語の「肯定的評価語の使用＋他の情報」のパターン

パターン		日本語		韓国語	
		頻度	%	頻度	%
肯定的評価語＋	具体的情報	15	40.6	20	29.1
	周辺的情報	7	18.9	17	24.6
	注目・質問	6	16.2	13	18.8
	主観的意見	5	13.5	8	11.6
	予測	4	10.8	5	7.2
	冗談	0	0.0	2	2.9
	要求	0	0.0	2	2.9
	提案	0	0.0	2	2.9
計		37	100.0	69	100.0

　以上のように、「肯定的評価語の使用＋他の情報」というほめの表現は、日本語より韓国語のほうにより多く見られた。したがって、韓国語母語話者は、「肯定的評価語」だけを用いてほめるより、評価語とともに他の情報を一緒に行うことが日本語母語話者に比べてより多いと言える。この結果から、韓国語のほめの表現は評価的でありながら、かつ具体的で説明的な傾向を見せていると言える。

　次に、肯定的評価語を使わないほめを見る。

4.1.5　肯定的評価語の不使用

　上述したように、ほめの表現においては、「肯定的評価語」の使用が多く見られた。しかし、会話の中では、「肯定的評価語」の代わりに、ほめの対象と関連する情報を述べるだけで、ほめとみなすことのできるものもありうる。例えば、サークルルームを掃除している友達に、「いつもサークルルーム掃除してるね。」と言ったとしよう。この発話は、自分が今見ている事実を述べるだけであるが、掃除している相手に向かってわざわざこの発話を発することによって、つまり「掃除しない人もいるのに、いつも掃除するあなたのこの行動は望ましいことだ」という意味で、相手の行動には肯定的な価値があることを伝えていると解釈できる。とりわけ、会話の中では、このよ

うな類のほめが珍しくなく、その表現方法も様々である。また、日本語と韓国語のように、異なる言語においては、その表現方法にも類似点とともに相違点も現れることが予想される。

4.1.5.1 「肯定的評価語の不使用」の表現方法

それでは、日本語母語話者と韓国語母語話者はどのような表現方法で間接的にほめを伝えているのか。会話データに見られた、「肯定的評価語」のないほめの具体的な表現方法や例を挙げ、その特徴をまとめる。本研究のデータからは、以下のような表現方法が用いられている。

①具体的な事実への言及：相手のことに関して、ほめる根拠とも言える具体的な事実を述べたり、それを確認する。
②変化への言及：主に、相手に何か変化があることに注目し、その変化を述べたり、確認する。
③主観的意見：自分の主観的な意見、根拠を述べる。
④強調：強意表現を用いたり、あるいは自分のほめは本当の話だと言う。
⑤比較：ほめる話者自身との比較、あるいは第三者と比べる。
⑥予測：相手のことに関して自分の予測を述べる。
⑦相手の反応を否定：最初のほめを受け入れようとしない相手の反応に対して自分はそう思わないと表現する。
⑧引用：第三者の発話を引用する。
⑨目標化：相手を目指して自分もがんばるという意思を表す。
⑩冗談：笑いを誘う冗談を言う。
⑪消極的な肯定：否定的な意味を持つことばを否定することで、結果的に肯定的な意味になる。

上に挙げた「肯定的評価語の不使用」の表現方法の各例を順に挙げる。

例 4-12　①具体的な事実への言及

6-1		D	あの、卒論のことで、(うん)あーちょっと参考意見を聞こうかなーと〟	
7	*	I	うん、はいはいはい、うんうんうん。	
6-2	*	D	思って、後で聞いてもいい？。	
8	*	I	参考にならないよ。	
9	*	D	え、なるよ。	
→10	*	D	え、だっていつもさ、すごい指摘してくれるんだもん。	ほめ
11	*	I	えーそんなこと…。	返答
12	*	I	ただ、面白いから見てる〈だけ〉{<}。	

〈JF05 組〉

　Dが、自分の書いた卒業論文について相手のIに意見を聞きたいと言うと、Iは自分の意見は参考にならないと答えている。それを聞いたDは、相手の意見が参考になると述べてから、「いつも指摘してくれる」と具体的な事実を付け加えることで、ほめている。

例 4-13　②変化への言及

→1	*	D	「상대방 이름」、살 빠졌어. 「相手の名前」、やせたよな。	ほめ
2	*	I	어엉？. うーん？。	返答
3	*	D	살 빠졌어. やせたな。	ほめ
4	*	I	나？. 俺？。	返答

〈KM01 組〉

　Dが休み明けに会った友達のIに、「やせた」と、容姿の変化について述べている。「やせた」という表現自体がほめになるか否かは前後の文脈に大きく影響されると考えられる。このやり取りの前にIは最近ダイエットをしていると話していた。そのことからDが相手に「やせた」と言ったことはダイエットの成果の表れを間接的に評価していると判断できる。

例4-14 ③主観的意見

15	*	D	궁깐,「상대방 이름」는 코가, 난 너무 높은 사람은 되게 싫거든. だから、「相手の名前」は鼻が、私はあんまり高すぎる人はいやなの。	
16	*	I	으응. うん。	
→17	*	D	**근데 진짜 딱 알맞게 선 거 같애.** **だけど、本当にちょうどいいくらい整ってると思う。**	ほめ
18	*	I	〈기쁜 듯이 웃으면서〉오늘 눈도 맑다구 해 주구. 〈嬉しそうに笑いながら〉今日、目も澄んでいるって言ってくれて。	返答

〈KF06 組〉

　Iの家族は皆鼻が高いため、I本人は自分の鼻が家族に比べて低いと言うと、ほめ手のDは、自分の判断基準でIの鼻は高すぎず低すぎずちょうどいいくらい整っていると自分の主観的意見を伝えることでほめている。

例4-15 ④強調

5	*	D	너 겉모습 그런 게 아니라 속으루 - 옆에서 볼 때 "어, 많이 성숙했구나"음, 그런 거 많이 느껴. お前、外見じゃなくて、中身が―そばで見ていると"あら、成長したな"うん、そんな気がするんだ。	ほめ
6	*	I	쑥스러〈수줍은 웃음〉. 照れるな〈照れ笑い〉。	返答
7	*	D	**아이 정말이야.** **あ、本当だよ。**	ほめ
8	*	I	끝날 때 되지 않았냐? 이거?. そろそろ時間じゃない？、これ？。	返答

〈KM05 組〉

　DがIに対して「성숙했구나(成長したな)」とほめたのに対し、Iは照れ笑いしながら「照れる」と答える。それを聞いたDは、「(自分の言ったことは)本当だよ」と言い、自分のほめが真実であることを強調している。

例 4-16　⑤比較

5	*	D	その革パン、いいなー。	ほめ
6	*	D	あの時買ったやつやなー？。	
7	*	I	うん、あの時。	
8	*	I	なんかもう、これしか穿いてねえ、俺〈笑い〉。	返答
9	*	I	〈笑いながら〉あの、なんか、親とかはやっぱ（うん）"やめなさい"って〈笑い〉。	
10	*	D	まじで？〈笑い〉。	
11	*	I	"何だ、このピラピラしてんのは"、じいちゃんにも言われたからね。	
12	*	D	〈笑いながら〉そう？、壊れてるんじゃねえかって。	
13	*	I	なんか"それ、縫ってあげようか"ってじいちゃんに言われて、"いや、縫う必要はないんですけど"って。	
14	*	D	愉快なじじいだろうね。	
→15	*	D	**だけど、他の人とちょっと違うこと目指すような…。**	ほめ
16-1		I	そそそう,,//	返答
16-2	*	I	これねえと違うところ何にもなかったから。	
17	*	D	あー、確かに。	

〈JM11 組〉

　発話文 No.5 において、相手の穿いている革パンツを「いいな」とほめてから、しばらくそのやり取りが続いている。発話文 No.15 では、ほめの対象が最初の革パンツからそれを選ぶ相手の行動に移り、それを「他の人とちょっと違うこと目指すような…」という表現で、他人と比較することによってほめを伝えている。

例 4-17　⑥予測

16	*	I	だからこういう所来るようになったのは、英語だけはそりゃいつも（うん）上位生徒として排除されて。	
→17	*	D	**英語とか、でもまず間違いなく、その、上位成績者には名前出るんだ。**	ほめ
18	*	I	まあ、そういうのがあるけれども。	返答
19	*	I	それが当然じゃない、お前が外国に行って日本語の試験受けて、上位成績とるのと〈近いかも〉{〈}。	

〈JM05 組〉

2人は高校時代の成績について話し合っており、Ｉは小学校時代アメリカで暮らしていたため、英語を得意としている。ほめ手のＤはＩの英語力をほめるのに「(高校時代の英語の成績では)…間違いなく、上位成績者には名前出る」と予測し、相手に確かめることでＩの英語力をほめている。

例4-18　⑦相手の反応を否定

7	*	I	去年ね、〈うんうん〉カラーして、それでちょっとプリン状態〈になっちゃってたから〉{〈}。	
→8	*	D	〈でもそう見えないよ〉{}}、でも、全然。	ほめ
9	*	I	そう、で、それで自分でやったの。	返答
10	*	D	うん。	

〈JF01組〉

Ｄが最初に相手の染めた髪がかわいいとほめると、Ｉは去年、カラーしてプリン状態になったと言う。それに対して、Ｄは「そう見えないよ」と相手の話を否定する表現を用いることで、結果的に再度ほめている。

例4-19　⑧引用

3-1		D	중학교 때도 여자들이 다 다리만 보러 오고 ,, 中学時代にも女の子達がみんな脚だけを見に来たりして ,,	ほめ
4	*	I	[부끄러운 듯이] 아이참. [照れくさそうに] なんで。	返答
3-2	*	D	체육시간에. 体育の時間に。	
5	*	I	그래？. そう？。	
→6	*	D	「친구의 이름」가 그러잖아. 「友達の名前」がそう言ってたじゃん。	ほめ
7	*	I	「친구의 이름」？, 그럼 반바지 입었을 때 불러. 「友達の名前」？、じゃ、俺が短パン穿いたら呼んで。	返答

〈KM02組〉

ほめ手のＤは、中学時代の出来事に言及し、相手Ｉの脚が格好いいとほめたが、Ｉは照れているだけでそのほめを認めてくれない。そこで、Ｄは、第三者の友人もそう言っていたと引用することで再度ほめている。

例 4-20　⑨目標化

6	*	I	うんうん、まー、でもちょっと勉強しようかなって気になった。	
7	*	D	やろうやろうよ。	
→8	*	D	「相手の名前」を目指してがんばるよ。	ほめ
9	*	I	「自分の名前」を目指してってさ、全然やってないよ、最近。	返答
10	*	I	昨日も買い物行ったし、結局。	

〈JF03 組〉

　発話文 No.1 ～ 12 まで、勉強している I のフランス語の本を見て、D は相手を「えらい」とほめていた。その後、2 人はお互い勉強しようという話になり、D は「I を目指してがんばるよ」という表現を用いることで、相手のフランス語能力の高さをほめている。なお、「目標化」は日本語データのみ現れた表現である。

例 4-21　⑩冗談

1	*	D	웃음이 참 어색하구나. 笑いがすごく不自然だな。	
2	*	D	**어색한 웃음이 너의 또 다른 매력이지.** **不自然な笑いがお前のもう 1 つの魅力だぜ。**	ほめ
3	*	I	〈웃음〉야, 넌 역시 다른 사람이 못 보는 걸 잘 보는구나. 〈笑い〉お前、お前はやっぱり他の人が気付かないことをよく見てるな。	返答
4	*	D	어, 내가 좀 그래. うん、俺は結構そうだろう。	
5	*	I	너의 장점이지. お前の長所だな。	
6	*	D	역시 매력적이야. やっぱり魅力的だな。	ほめ
7	*	I	흐하하〈웃음〉. ふはは〈笑い〉。	返答
→8	*	D	**아유, 내가 여자라면 그냥, 이런 남자를 그냥, 내가 여자인데, 너한테 달려들면 별로 안 좋겠다.** **あー、俺が女なら、もう、こんな男をもう、俺が女で、お前に迫ったらあんまりよくないな。**	ほめ
9	*	I	〈둘이서 웃음〉무슨 소리야, 얼마나 터프하냐, 네가. 〈2 人で笑い〉どういうこと、すごくタフじゃん、お前は。	返答

〈KM08 組〉

相手Ｉの笑いが不自然だと言い出してから、それが魅力だとほめている。その後、発話文No.8でほめ手Ｄは自分が女性だったら相手に迫っていくと言ってから、自分が女性である場合は相手にとって喜ばしいことではないと冗談を言うことで笑いを誘っている。

例4-22　⑪消極的な肯定

4	*	D	でも足速、足速いってまず言われたしさ。	ほめ
5	*	I	だって、もっと速いやつ今のチームにいるじゃん、「友達の名前」とか。	返答
6	*	I	「友達の名前」も俺より速く走るし。	
→7	*	D	でも、トップトップで、あの、一番さ、ぜ、絶頂期にさ、だったら負ける自信が（〈笑い〉）ないでしょう、負けないと思うでしょう。	ほめ
8	*	I	〈笑い〉あ、小柄スキールとかもこ、考慮すれば。	返答
9	*	D	そそそう、トータルでさ。	
10	*	I	トータルすれば、あれだけど。	

〈JM05組〉

　ほめ手のＤは、ラグビー部に所属しているＩのラグビーの能力をほめている。「相手チームからすればうまい」、「足速いと言われた」とほめるものの、相手はなかなか受け入れてくれない。そこで、ほめ手は「負けない」という表現を用いて、「負ける自信ないでしょう、負けないと思うでしょう」と再度ほめると、相手は「小柄スキールとかも考慮すれば」、「トータルですれば」というふうに控えめにほめを受け入れようとすることになる。このように、「負ける」などの否定的な意味を持つことばを否定形にし、消極的に評価することで、間接的にほめる表現方法は、日本語にのみ現れた。

　以上のように、実際の会話の中では、ほめ手と受け手の相互作用によって肯定的評価語を用いず、間接的で暗示的にほめている発話が様々な表現方法で現れていることが分かった。

4.1.5.2　「肯定的評価語の不使用」の日韓対照

　それでは、表4-9に日本語と韓国語の「肯定的評価語の不使用」の表現

方法の頻度と割合を示す。

表4-9　日本語と韓国語の「肯定的評価語の不使用」の表現方法

表現方法	日本語 頻度	%	韓国語 頻度	%
①具体的な事実への言及	6	25.0	18	29.5
②変化への言及	2	8.3	12	19.7
③主観的意見	2	8.3	7	11.5
④強調	2	8.3	6	9.9
⑤比較	3	12.5	6	9.9
⑥予測	2	8.3	5	8.2
⑦相手の反応を否定	0	0.0	3	4.9
⑧引用	1	4.2	2	3.3
⑨目標化	1	4.2	1	1.6
⑩冗談	0	0.0	1	1.6
⑪消極的な肯定	5	20.8	0	0.0
計	24	100.0	61	100.0

表4-9に示したように、日本語と韓国語ともに肯定的評価語を用いない場合、「具体的な事実への言及」をすることによってほめることがもっとも多いことが分かる（日本語25.0％、韓国語29.5％）。それに続いて、10％以上の割合を占めている表現方法として、韓国語では、「変化への言及」、「主観的意見」が見られており、日本語では「消極的な肯定」、「比較」が現れた。とりわけ、「消極的な肯定」は、日本語では2割以上現れているのに、韓国語ではまったく見られず、日本語だけの特徴が1つ得られた。そのほかの、「強調」、「予測」、「相手の反応を否定」、「引用」、「目標化」、「冗談」などの表現方法は頻度や割合は少ないものの、実際の会話において見られる様々なほめの現れであると言える。

4.1.6　強意表現・緩和表現

ほめの表現にはもう1つの特徴がある。次の例を見ると、「かわいい」という肯定的評価語の前後にほめの程度を強めたり、自分のほめ発話の度合い

を弱めたりする表現があるのである。本書では、それぞれを「強意表現」、「緩和表現[2]」と呼ぶ。

例：これ、<u>すごいかわいいじゃん</u>。

上記の例は、「これ、かわいい。」とほめても伝わると思われる例であるが、「すごい」を付けることで「かわいい」の意味を強めている。また、発話の文末には「〜じゃん」をつけて「かわいいじゃん」と、断定を避け、相手の同意を求めている。

4.1.6.1 強意表現

上記のようなほめを強めたり弱めたりする表現は、日韓ともに副詞と文末表現に多く見られている。無論、これらの強意表現や緩和表現はほめに限って見られるものではない。しかし、ほめ、つまり相手のことを「よい」と認めて、心地よくさせることを前提に、ほめの対象に肯定的な価値があると伝えるために、このような強意表現と緩和表現が巧みに用いられることはたいへん興味深い。これは、日本語と韓国語のポライトネス・ストラテジーとも深く関連していると考えられる。次に、日本語と韓国語の例を示す。

例 4-23　日本語の強意表現

1	*	I	チェコ語って文字はロー〈マ字？〉{〈〉}。	
2	*	D	〈ロー〉{〉}マ字。	
3	*	I	だからロシア語だときれるもんじゃ。	
4	*	D	えーなんかね、すごい大変じゃない？。	
5	*	I	あーあれ覚えたら簡単だよ。	
6	*	D	あ、本当に？。	
→7	*	D	でもさ、何でさ、$\boxed{すごい}$語学の習得良くない？。	ほめ
8	*	I	〈笑いながら〉良くない。	返答
9	*	I	英語だって、英語習得してないもん。	
10-1		D	〈笑いながら〉あ、そう、でもだってさ、ロシア語結構さ、覚えてるしさ、中国語も ,,	ほめ

11	*	I	記憶力〈2人で笑い〉。	返答
10-2	*	D	出来るじゃん。	(D:挿入)
12	*	I	あ、でも、結構音は得意なのかもしれない、(あー)聞いて。	

〈JF11組〉

　Iはいろんな言語ができるらしく、ほめ手Dは発話文No.7にて「すごい語学の習得よくない？」とIをほめている。「すごい」ということばを用いることで「語学の習得がよい」ことをより強調している。
　次は、韓国語の例である。

例 4-24　韓国語の強意表現

1	*	D	얼마 줬냐?. いくらだったの？	ほめ
→ 2	*	D	**시계 되게 멋있더라**. 時計 すごく 格好良かったよ。	
3	*	I	이거 얼마 안 비싸. これそんなに高くないよ。	返答
4	*	D	삐까뻔쩍하던데. ピカピカだった。	ほめ
5	*	I	아니야. いやいや。	返答

〈KM08組〉

　Iの時計をほめるのに、発話文No.2で「시계 되게 멋있더라（時計 すごく 格好良かったよ）」のように 되게（すごく）を用いることで、時計が格好いいということをより強く相手に伝えている。
　それでは、ほめをより強める強意表現と、より和らげる緩和表現を詳しく見ていく。
　まず、強意表現において、程度を表す副詞の使用がほめの度合いをより強くしていることが分かる。日本語と韓国語における強意表現を表 4-10 にまとめる。

表 4-10　日本語と韓国語のほめに見られる強意表現の種類と頻度

	日本語	頻度	韓国語	頻度
強意表現	①すごい（すごく、すげえ）	10	①되게（すごく）	17
	②結構	7	②정말（本当に）	9
	③本当（ほんと）	6	③진짜（本当に）	8
	④絶対	4	④딱（ぴったり）	5
	⑤きっと	2	⑤무지（とても）	2
	⑥全然	1	⑥아주（とても）	1
	⑦ちょー	1	⑦엄청（非常に）	1
	⑧なかなか	1	⑧훨씬（はるかに）	1
			⑨참（本当に）	1
			⑩좀（とても）	1
	計	32	計	46

　表4-10を見ると、日本語における強意表現は、8種類の計32回現れた。その中で「すごい」（10回）がもっとも多く見られた。強意表現としての「すごい」は、肯定的評価語の前に付いて、評価語の意味をより強める働きをしていると言える。なお、肯定的評価語として単独に現れる「すごい」とは区別してある。次に、「結構」（7回）、「本当」（6回）、「絶対」（4回）、「きっと」（2回）の順である。また、1回のみ現れたのは、「全然」、「ちょー」、「なかなか」である。

　一方、韓国語においては、10種類が46回用いられた。「되게（すごく）」が17回でもっとも多く、それに続いて、「정말（本当に）」（9回）、「진짜（本当に）」（8回）、「딱（ぴったり）」（5回）、「무지（とても）」（2回）の順で現れた。また、1回ずつ使用されたのは、「아주（とても）」、「엄청（非常に）」、「훨씬（はるかに）」、「참（本当に）」、「좀（とても）」などである。そのうち、「좀（とても）」は、本来、「ちょっと」の意味で程度を和らげる副詞であるが、ここでは、「좀 + 〜하냐（とても〜するじゃん）」のように使われ、「とても」の意味で使われているため、強意表現として扱っている。次の例4-25を見る。

例 4-25　韓国語の強意表現として用いられた「좀(ちょっと)」

→1	*	D	춤 좀 잘 추냐. ダンス とても うまいじゃん。	ほめ
2	*	I	엄청 못 춰. すごく下手なのよ。	返答
3	*	I	테크노를 좀 연습해야겠어. テクノをちょっと練習しないと。	
4	*	I	난, 그런 거 잘 못 하잖아. 私は、あんなのあんまり出来ないじゃん。	

〈KF12 組〉

　程度を強める副詞などは、「肯定的評価語」と一緒に使用されることで、当該のほめをより確実なものとし、そのほめを成功させる働きを持っていると言える。つまり、強意表現は、ほめを行う際用いられるポジティブ・ポライトネス・ストラテジーと言えよう。

4.1.6.2　緩和表現

　次に、肯定的評価語の前後に用いられる緩和表現を見る。ほめの程度を弱めたり、発話の断定を避けたりするような緩和表現の日本語と韓国語の例を挙げる。

例 4-26　日本語の緩和表現

1	*	D	へえ、めちゃめちゃ難しいー。	
→2	*	D	「相手の名前」、えらいね、 ちょっと 。	ほめ
3	*	I	えらくない。	返答
4	*	I	ここしかやってないよ。	
5	*	I	やってないっていうか、バスの待ち時間にね、(ううん)ここだけ見て、あ、分かんない、分かんないわと思って、〈そこだけ〉{〈}。	

〈JF03 組〉

例 4-27　韓国語の緩和表現

→1	*	D	너 살 좀 빠진 거 같애. あなた、 ちょっと やせたみたい。	ほめ

2	*	I	나 맞아, 겨울에 살 빠진다니까.	返答
			私、そうなのよ、冬にはやせるんだってば。	
3	*	D	나 살 쪘는데.	
			私、太ったけど。	
4	*	I	딱 보기 좋은데.	ほめ
			ちょうどいいと思うけど。	

〈KF15組〉

　上の例にも現れているが、「肯定的評価語」の前後に用いられる緩和表現として、日本語では「なんか」(20回)、「ちょっと」(2回)が見られており、韓国語では、「뭐(なんか)」(6回)、「좀(ちょっと)」(4回)、「그냥(ただ、なんとなく)」(2回)が現れただけである。日本語のほうに多く見られたものの、日韓ともに強意表現に比べて少ない使用が分かる。

　以上の結果から、日本語母語話者と韓国語母語話者ともに、「肯定的評価語」を用いほめを行う際はその前後に緩和表現より強意表現をより多く用いることが分かる。自分が認めるほめの対象について肯定的に評価するときに、その評価の度合いを強く表すことは、相手が当該のほめを受け入れやすくすると同時に、自分のほめを成功させようとするほめ手の意図の現れではないかと考えられる。

　また、会話の中で行われるほめの緩和表現は、文末形式にも現れている。次の例を見る。

例4-28　日本語の文末に見られる緩和表現

5	*	D	】でもさ、えらいよね、ちゃんとこうやってさ、だって卒論やってないのにさー。	ほめ
6	*	I	そう、だからその分8単位が、授業でとらなきゃ。	返答
7	*	D	えーでも、すごいやる気で頑張っててえらいよね。	ほめ
8	*	I	そう？。	返答
→9	*	D	私だったら絶対やんないと〈思う〉{〈}｡	ほめ
10	*	I	〈や、〉{} だって、えー、なんかさ、大学まで行ったのに卒論書かなくて…。	返答

第4章　日本語と韓国語のほめの表現と対象　125

11	*	D	それは思うけど、えらいよ。	ほめ
12	*	D	だって、ちゃんとさ、論文集めてさー。	
13	*	I	ううん、そんな、なんにも、論文集めてないよ。	返答
→14	*	D	え、だっていろ〈いろ読んでるじゃん〉{〈〉}。	ほめ
15	*	I	〈本は読んでる〉{〉}けど…、うん。	返答
→16	*	D	え、会話取りに来たりしてるじゃん。	ほめ
17	*	I	あ、そう、会話取り、ね、ね、こういう機械さ、今使ってる？。	返答

〈JF05 組〉

例 4-29　韓国語の文末に見られる緩和表現

→1	*	D	되게 열심히 사는 거 같애. すごく頑張ってるみたい。	ほめ
2	*	D	나두 아르바이트 자리 구하고 싶은데, 막 길이 날뚜겨도 안되네. 私もバイトしたいけど、どんなに探してみてもだめだね。	
3	*	I	나 그동안 게을렀어. 私、今まで怠けものだったから。	返答
4	*	I	지금 (으응) 지금 열심히 살려고 그러는 거야. 今(うん)今頑張ろうとしてるわけ。	
→5	*	D	니가 지금 열심히 사는 거잖아. あなたは今頑張っているじゃん。	ほめ
6	*	D	특차도 벌써 써 놓은 상태고, (으응) 아르바이트 자리도 구했구. 特別選考も申し込んであるし、バイトも見つけたし。	
7	*	I	으응. うん。	返答

〈KF04 組〉

　日本語と韓国語のほめ発話の文末に見られる緩和表現を見ていく。本書のデータに現れたのは、次の表 4-11 のような結果である。
　表 4-11 に示したように、ほめの発話の文末には多様な緩和表現が現れている。日本語は 60 回で、ほめの 35% が文末の緩和表現を用いている。それに対して、韓国語では 56 回現れ、ほめの 22% だけに文末の緩和表現が見られて、日韓間の差が見られた。文末に緩和表現が現れるのは、ほめにだけ現れる現象ではない。しかし、人を肯定的に評価するという言語行動を行う際、こういった緩和表現を用いることは、ほめ手の相手に対する配慮の現れ

表 4-11　日本語と韓国語のほめの文末に見られる緩和表現

言語	文末に見られる緩和表現	頻度
日本語	するじゃん(ね)	19
	するじゃない(の)	7
	するでしょう	10
	するだろう	2
	〜くない	3
	だと思う(けどね)/思った	11
	しそう	2
	っぽい	1
	するような	1
	するとか	2
	感じ	2
計		60
韓国語	하잖아(するじゃない)	19
	하지 않나?/않니?(しない?)	2
	하는 거 아냐?(するのでない?)	1
	하는 가 보다(するみたいだ)	1
	하겠다(するらしい)	7
	한 거 같다/같아/같애(する/したようだ)	23
	한 거 같은데(する/したようだけど)	2
	한 거 같긴 해(する/したようだね)	1
計		56

ではないかと考えられる。つまり、自分のほめが相手に負担をかけたり、不愉快な思いをさせることを危惧して、よりやわらかい表現を用いていると言える。これは、「肯定的評価語」の前後に多く見られる強意表現とは違って、ほめの度合いを強調するのでなく、自分のほめ発話を和らげる働きを持っていると考えられる。

4.2　ほめの対象

　本節では、日本語と韓国語の会話に見られたほめの対象に注目し、会話協力者は具体的に何をほめているのかを分析する。まず、ほめの対象の分類に

ついて確認した上で、それぞれの例を示す。次に、日本語と韓国語における結果を示してから、その結果について考察を行う。考察に当たってはフェイスの概念とポライトネス理論からの解釈を行う。

4.2.1 ほめの対象の分類

丸山 (1996) ではHolmes (1988) に倣い、「ほめの対象」となる事柄を「所持物、外見、技量、性格」の4つに分類している。本書では、その分類に基づきつつ、さらに「外見、技量、性格」の項目をより細分化することを試みる。つまり、一過性か継続性かと、先天的か後天的かという面を考慮に入れ、次の7項目を設定する。まず、「所持物」に関しては、本書でのデータからは一過性で後天的な面に分類されるものがほとんどであったため、再分類しない。「外見」は、変わらないものか一時的に変化したものかによって、「外見」と「外見の変化」に再分類する。「技量」は人の持っている能力そのものであるか、あるいはそれによる過程や結果であるかによって、「才能」と「遂行」に分ける。また、「性格」も個人の持っている性質そのものであるか、あるいはそれによる具体的な行動であるかによって、「性格」と「行動」に再分類する。

表4-12に、本書で設定する「ほめ」の対象とその定義を示した上で、それぞれの例を挙げる。

表4-12 ほめの対象の種類と定義

ほめの対象	定義
①所持物	相手が持っている、又は身につけている物理的な物。（かばん、アクセサリーなど）
②外見	外から見た人の姿、容貌のうち、変わらない、生まれつきの顔や体型などの容貌。（身長、目の大きさなど）
③外見の変化	外から見た人の姿、容貌のうち、一時的に変化した顔や体型、髪型などの容貌。（ヘアスタイルの変化など）
④才能	ある個人の一定の素質、または訓練によって得られた能力そのもの。（頭の良さ、足の速さなど）
⑤遂行	素質や才能を用いて、何かに達し、成功するために実行する過程や結果。（成績優秀者への奨学金をもらうための努力、試験での良い成績など）

⑥性格	各個人に特有の、ある程度持続的な、感情・意思の面での傾向や性質そのもの。(やさしさ、慎重さなど)
⑦行動	性格から現れるようなおこない、あるいは性格が分かるようなふるまい。(友人のためにお弁当を買う、掃除する行動など)

例 4-30 「所持物」の例

ほめ手のDがIの新しく購入したアクセサリーを見てそれをほめている。

1	*	D	これ、かわいくない?。	ほめ
2	*	I	うん、かわいいでしょう。	返答

〈JF02 組〉

例 4-31 「外見」の例

DがIの肌が白いことをほめている。

1	*	D	피부 하얗다. 肌白いね。	ほめ
2	*	I	뭐가 하얗냐?. どこが白いの?。	返答

〈KF02 組〉

例 4-32 「外見の変化」の例

夏休み中、久しぶりに会って、DがIの髪質が良くなったことをほめている。

1	*	D	머릿결이 되게 좋아졌어, 윤기가 되게 많이 나. 髪の毛がすごくよくなったね、つやつやだよ。	ほめ
2	*	I	진짜?. 本当?。	返答
3	*	A:	응, 너 원래 생머리였잖아, 그지?. うん、あなた元々ストレートだったじゃん、ね?。	

〈KF03 組〉

例 4-33 「才能」の例

2人は英語の勉強の話をしていて、Dは帰国子女であるIの英語力について、経験よりはもともと持っている語学のセンスがあるとほめている。

| 6 | * | D | まあ、基礎的には小学校の時行ってて、基礎があるというとあるんだけど、語学のセンスっていうかあるんじゃねえの？。 | ほめ |
| 7 | * | I | 〈笑いながら〉話術のセンスはあるけど語学のセンスは###〈笑い〉。 | 返答 |

〈JM05 組〉

例 4-34 「遂行」の例

2人は前期の成績について話していて、Iの成績を聞いたDはその成果をほめている。

| 1 | * | D | 잘했네, 이번 학기. よくやったな、今学期。 | ほめ |
| 2 | * | I | 이번 학기, 진짜 여자애들의 활약이 없어져서. 今学期、本当に女の子たちの活躍がなくなってて。 | 返答 |

〈KM03 組〉

例 4-35 「性格」の例

Dは、Iが生活に困っている友人のことを心配しているのを聞いて、その性格をほめている。

1	*	D	하긴 너가 천성이 워낙 착하다 보니까. そういえば、お前は性格が元々やさしいから。	ほめ
2	*	I	그렇게 진짜루 생각해？. 本当にそう思う？。	返答
3	*	D	아이, 당근 [당연하다는 뜻] 이지. あ、当たり前じゃん。	ほめ

〈KM14 組〉

例 4-36 「行動」の例

Dは競馬で勝つとおごってくれるIの具体的な行動をほめている。

10	*	D	本当いいやつだな、すごいやつだ、すごい人だと思うよ。	ほめ
11	*	I	ああ、/沈黙2秒/そうだよね〈照れ笑い〉。	返答
12	*	D	競馬で勝ったらおごってくれるしー。	ほめ
13	*	D	それは俺もおごってるんだよなー。	
14	*	I	/沈黙3秒/ふふふ〈照れ笑い〉。	返答

〈JM15組〉

4.2.2 ほめの対象の分析結果

本節では、表4-12に従い、日本語と韓国語のほめの対象を分類した結果を示す。最初に、日本語と韓国語それぞれの結果を男女別に分けて提示する。そして、日本語と韓国語の結果を比較しまとめる。

まず、日本語における結果である。

4.2.2.1 日本語におけるほめの対象

表4-13に日本語のほめの対象における結果を示す。

表4-13 日本語のほめの対象

ほめの対象	日本語全データ 頻度	%	男性 頻度	%	女性 頻度	%
遂行	66	38.4	32	39.5	34	37.4
行動	34	19.8	18	22.2	16	17.6
所持物	23	13.4	9	11.1	14	15.4
才能	15	8.7	8	9.9	7	7.7
外見	13	7.6	4	5.0	9	9.9
外見の変化	11	6.4	1	1.2	10	11.0
性格	10	5.8	9	11.1	1	1.1
計	172	100.0	81	100.0	91	100.0

表4-13に示したように、日本語のほめの対象では「遂行」(38.4%)、「行動」(19.8%)、「所持物」(13.4%)の順で高い頻度を見せている。また、「才能」(8.7%)、「外見」(7.6%)、「外見の変化」(6.4%)、「性格」(5.8%)は10%未満で少ない。男女ごとに見ると、類似点として「遂行」が約4割近い割合

で非常に多く、続いて、「行動」、「所持物」の順に現れている。しかし、女性のほうに多く見られた「外見の変化」と、男性のほうに多かった「性格」では、男女による違いが見られている。

4.2.2.2 韓国語におけるほめの対象

表 4-14 に韓国語のほめの対象における結果を示す。なお、2 つ以上の対象が 1 つのほめの発話の中でほめられる場合は「複合」と分類してある。

表 4-14 から分かるように、韓国語のほめの対象では、「外見の変化」(24.3%)がもっとも多い。それに続いて「外見」(19.1%)、「遂行」(18.7%)、「所持物」(12.7%)の順であって、「行動」(8.8%)、「性格」(8.5%)と「才能」(6.0%)は少ない。

表 4-14　韓国語のほめの対象

ほめの対象	韓国語全データ 頻度	%	男性 頻度	%	女性 頻度	%
遂行	47	18.7	28	26.2	19	13.2
行動	22	8.8	17	15.9	5	3.5
所持物	32	12.7	10	9.3	22	15.3
才能	15	6.0	11	10.3	4	2.8
外見	48	19.1	16	15.0	32	22.2
外見の変化	61	24.3	9	8.4	52	36.1
性格	21	8.4	14	13.1	7	4.9
複合	5	2.0	2	1.9	3	2.1
計	251	100.0	107	100.0	144	100.0

次に男女別に見ると、まず男性では、「遂行」、「行動」、「外見」、「性格」、「才能」、「所持物」、「外見の変化」の順に現れた。それに対して、女性では、「外見の変化」、「外見」が圧倒的に多く、2 つを合わせると約 6 割に上る。その他には、「所持物」、「遂行」の順で、「性格」、「行動」、「才能」は 5% に満たない。このように、韓国語におけるほめの対象には男女の差がはっきりと現れている ($\chi^2 = 37.882$、$df = 7$)。なお、2 つ以上の対象をほめる「複合」

は男女ともに少ない頻度を見せている。

4.2.2.3　ほめの対象における日韓対照

ここでは、ほめの対象における日本語と韓国語の類似点と相違点を明らかにする。表4-15にほめの対象における日韓対照の結果を示す。なお、表4-15は、日本語におけるほめの対象の頻度が高い順に並べてある。

表4-15　ほめの対象の日韓対照

ほめの対象	日本語 頻度	%	韓国語 頻度	%	検定
遂行	66	38.4	47	18.7	**
行動	34	19.8	22	8.8	**
所持物	23	13.4	32	12.7	
才能	15	8.7	15	6.0	
外見	13	7.6	48	19.1	**
外見の変化	11	6.4	61	24.3	**
性格	10	5.8	21	8.4	
複合	0	0.0	5	2.0	
計	172	100.0	251	100.0	

*: $p < .05$, **: $p < .01$

表4-15に示したように、日本語では「遂行」が約4割現れ、もっともよくほめられる対象であることが分かる。それに続いて、「行動」が約2割、「所持物」が1割以上の割合である。その他に、「才能」、「外見」、「外見の変化」、「性格」は1割未満で少ない。

一方、韓国語では「外見の変化」が2割以上でもっとも多く、それに続いて「外見」と「遂行」が約2割で高い割合を見せている。また、「所持物」は日本語と同様に1割以上の割合である。なお、「行動」、「性格」と「才能」は1割に満たない。

表4-15のほめの対象の割合について母語による独立性の検定を行った結果、1%水準で有意差が見られた（$\chi^2 = 27.2$, df = 6）。また項目別に日本語と

韓国語の割合の差を検定したところ、「遂行」「行動」「外見の変化」「外見」において1%水準で有意な差が現れた[3]。

以上の結果を図4-4に示すと、日本語と韓国語の特徴がはっきりと分かる。

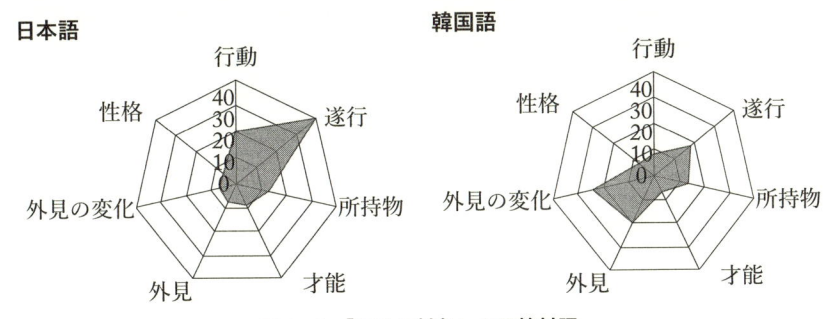

図4-4 「ほめの対象」の日韓対照

表4-15と図4-4の結果から、親しい同性の友人をほめる場合の日本語母語話者と韓国語母語話者の「ほめの対象」の選択について、大きく2つの特徴が指摘できる。その1つは、もっとも高い頻度で現れるほめの対象が、日本語母語話者と韓国語母語話者とで異なるということである。すなわち、日本の親しい同性の大学生同士の場合は「遂行」(38.4%)、「行動」(19.8%)がもっとも高い頻度で現れているのに対して、韓国の親しい同性の大学生同士の場合は「外見の変化」(24.3%)、「外見」(19.1%)、「遂行」(18.7%)の順で出現頻度が高い。一方、もう1つの特徴として、両言語話者ともに「才能」や「性格」そのものに対するほめが少ないことが指摘できる。なお、何かを成し遂げるために頑張る姿やその成果である「遂行」へのほめは、割合の差はあるものの、両言語において出現頻度が高いことが分かる。

次に、日本語男性、日本語女性、韓国語男性、韓国語女性の4グループにおけるほめの対象の傾向を図4-5に示す。韓国語は「△、▲」、日本語は「○、●」で表し、両方とも男性は白、女性は黒で示してある。

図 4-5　日韓・男女別に見るほめの対象

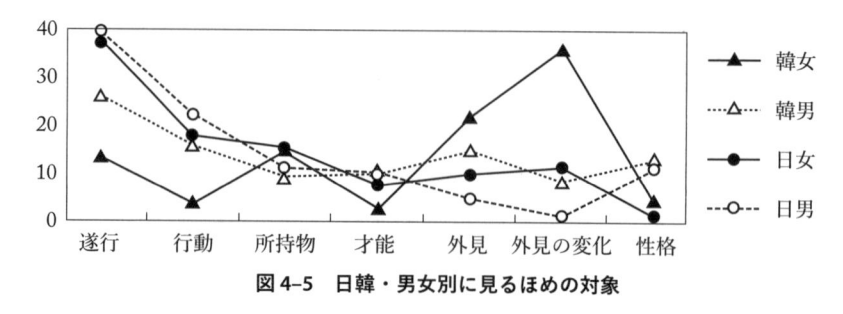

　図 4-5 を見ると、まず「遂行」は韓国語女性を除いた、日本語男性、日本語女性、韓国語男性の 3 グループにおいて割合が高く、ほめの対象になりやすいことが分かる。「行動」も、韓国語女性を除く 3 グループでは約 2 割前後を占めており、類似した傾向を見せている。次に、「所持物」は、4 グループにおいて 1、2 割の結果になっており、また、わずかながら女性のほうが男性より高い割合を見せている。「才能」は 4 グループともに低い割合であるが、男女別に見ると、男性のほうが女性より若干高い。「外見」では、韓国語女性がもっとも高く、それに続いて韓国語男性、日本語女性、日本語男性の順になっている。「外見の変化」でも、韓国語女性が圧倒的に高い割合を占めており、それに続いて、韓国語男性、日本語女性が似た傾向を見せている。なお、日本語男性は非常に低い割合を見せている。「外見（の変化）」では、日本語も韓国語も女性が男性より高い割合を見せていることから、「外見（の変化）」では日韓の差とともに男女の差も見られると言える。「性格」では、日韓ともに男性のほうが女性より高い割合を見せている。

　なお、韓国語男性における特徴として、各対象の割合にそれほど差がないことが挙げられる。それに対して、他のグループは、よくほめる対象とそうでない対象との割合の差が激しいことが図 4-5 から読み取れる。

　また、日本語も韓国語も、女性のほうが「外見」、「外見の変化」、「所持物」を、男性のほうは「行動」、「性格」をより多くほめている。この結果は、「性格」を除くと英語圏での先行研究の結果とも類似している[4]。また、男性だけを見ると、両言語ともに「遂行」、「行動」がもっとも多くほめられるといった類似点が見られた。なお、日本語男性では外見関連のほめが非常に少ない。

次に、ほめの対象と表現との関連を見る。

4.2.3　ほめの対象ごとに見る表現

何をほめるかという「ほめの対象」と、どのようにほめるかという「ほめの表現」にはいかなる関連があるのか。本節では、4.2における結果を踏まえて、ほめの対象と表現との関連を見る。ほめの表現は、4.1で分析したように「肯定的評価語のみ使用」、「肯定的評価語の使用＋他の情報」、「肯定的評価語の不使用」の3つに分類してある。なお、以下の表と図の中に記される「評価語」とは「肯定的評価語」の意味で用いられている。

まず、日本語における結果である。

4.2.3.1　日本語のほめの対象ごとに見る表現

日本語におけるほめの対象と表現との関連を男女別に分けて分析する。表4-16に、日本語男性におけるほめの対象ごとに用いられた表現の頻度を示す。

表4-16　日本語男性におけるほめの対象と表現

対象＼表現	評価語のみ使用	評価語＋他の情報	評価語の不使用	計
遂行	18	7	7	32
行動	7	9	2	18
所持物	6	2	1	9
才能	5	3	0	8
外見	4	0	0	4
外見の変化	1	0	0	1
性格	6	1	2	9
計	47	22	12	81

次に、表4-16における結果を図4-6に示し、日本語男性におけるほめの対象と表現との関連をまとめる。

	評価語のみ	評価語＋情報	評価語の不使用
遂行	56.3	21.9	21.9
行動	38.9	50.0	11.1
所持物	66.7	22.2	11.1
才能	62.5	37.5	0
外見	100.0		0
外見の変化	100.0		0
性格	66.7	11.1	22.2

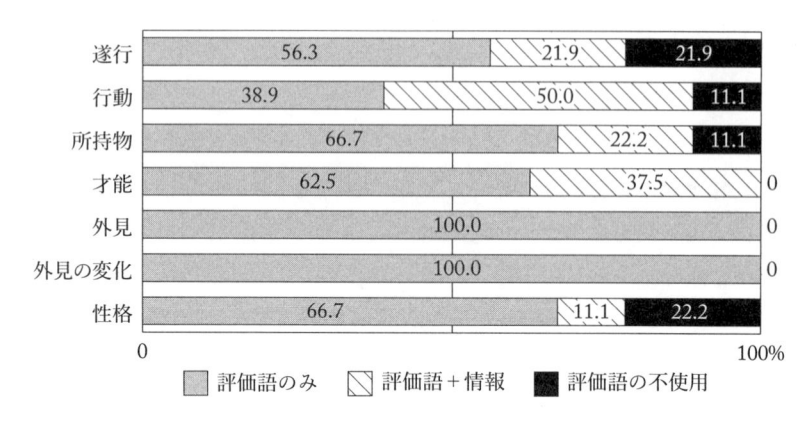

図4-6　日本語男性のほめの対象と表現

　図4-6に示したように、日本語男性では、ほめの対象によって用いられる表現が異なることが分かる。

　まず、日本語男性におけるほめの表現の結果を確認しておく。4.1の表4-2に記されているように、ほめの表現における全体的な結果は、「肯定的評価語のみ使用」58.0％、「肯定的評価語の使用＋他の情報」27.2％、「肯定的評価語の不使用」14.8％という結果である。その全体の結果に類似した割合を見せた対象としては、「遂行」「性格」ぐらいで、その他は、対象によって異なる傾向を見せている。より詳しく見ると、「行動」と「所持物」へのほめは、「肯定的評価語のみ使用」と「肯定的評価語の使用＋他の情報」を合わせると約9割である。ただ、「行動」の場合、肯定的評価語のみ使用より他の情報を一緒に述べる傾向がより強い。「才能」、「外見」、「外見の変化」へのほめには、いずれも肯定的評価語を必ず用いるといった結果が明らかになった。ただし、「才能」の場合、他の情報を付け加えるのも4割近く見られ、肯定的評価語のみ使用の「外見（の変化）」とは少々異なる。

　上記の結果から、日本語男性においては、ほめの対象によって用いられる表現が異なると言える。

　次に、日本語女性における結果を見る。表4-17に、日本語女性におけるほめの対象ごとに用いられる表現の頻度を示す。

表 4-17　日本語女性におけるほめの対象と表現

対象＼表現	評価語のみ使用	評価語＋他の情報	評価語の不使用	計
遂行	18	8	8	34
行動	12	3	1	16
所持物	13	1	0	14
才能	4	3	0	7
外見	9	0	0	9
外見の変化	7	0	3	10
性格	1	0	0	1
計	64	15	12	91

次に、表 4-17 における結果を図 4-7 に示し、日本語女性におけるほめの対象と表現の関連をまとめる。

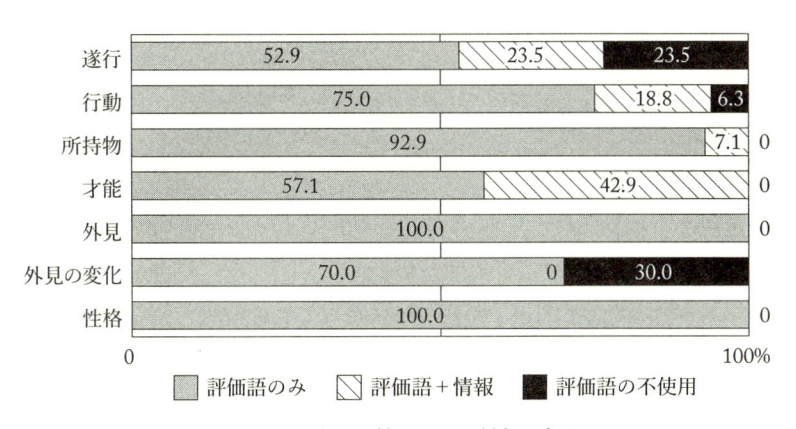

対象	評価語のみ	評価語＋情報	評価語の不使用
遂行	52.9	23.5	23.5
行動	75.0	18.8	6.3
所持物	92.9	7.1	0
才能	57.1	42.9	0
外見	100.0	0	0
外見の変化	70.0	0	30.0
性格	100.0	0	0

図 4-7　日本語女性のほめの対象と表現

図 4-7 に示したように、日本語女性においては、すべてのほめの対象において肯定的評価語のみの使用率が非常に高い。日本語女性におけるほめの表現は、4.1 の表 4-2 に示したように、「肯定的評価語のみ使用」70.3％、「肯定的評価語の使用＋他の情報」16.5％、「肯定的評価語の不使用」13.2％という結果であった。このような全体の結果に概ね類似する対象としては、「行

動」のみで、その他は、対象によって異なる傾向を見せている。詳細を見ると、「遂行」では、「肯定的評価語のみ使用」が5割以上を占めており、また、「肯定的評価語の使用＋情報」と「肯定的評価語の不使用」とが半々である。これは、日本語男性での結果とも非常に似ている。また、「所持物」、「才能」、「外見」、「性格」へのほめにはすべて肯定的評価語が単独に、あるいは他の情報と一緒に使用されていることが分かる。なお、「才能」では、肯定的評価語の使用＋他の情報の表現がもっとも多い。肯定的評価語を用いないほめは、「遂行」と「外見の変化」にのみ現れた。このような結果から日本語女性は男性に比べて、ほめの対象に関わらず「肯定的評価語のみの使用」が多いと言える。

　以上のような図4-6、4-7の結果から日本語のほめの表現における男女の差を見ると、まず「遂行」、「才能」、「外見」では非常に類似した傾向を見せている。一方、男女の違いが見られたのは、まず「行動」、「所持物」において男性が女性より「肯定的評価語の使用＋他の情報」の表現をより好んでいることである。また、評価語の不使用の表現を見ると、「外見の変化」では女性が男性より多く、「性格」では男性が女性より多いが、数が少ないため断定できない。

4.2.3.2　韓国語のほめの対象ごとに見る表現

　韓国語におけるほめの対象と表現との関連を男女別に分けて見る。まず、表4-18に韓国語男性におけるほめの対象ごとに用いられる表現の頻度を示す。

　次に、表4-18における結果を図4-8に示し、韓国語男性におけるほめの対象と表現の関連をまとめる。

　図4-8に示したように、韓国語男性において、ほめの対象によって多用される表現は異なっている。

　まず、韓国語男性におけるほめの表現の全体的な結果を確認する。4.1の表4-3を見ると、「肯定的評価語のみ使用」47.7％、「肯定的評価語の使用＋他の情報」25.2％、「肯定的評価語の不使用」27.1％という結果になっている。しかし、図4-8の対象別の結果を見ると、全体の結果と類似したものは1

表 4-18　韓国語男性におけるほめの対象と表現

対象＼表現	評価語のみ使用	評価語＋他の情報	評価語の不使用	計
遂行	17	4	7	28
行動	4	5	8	17
所持物	5	5	0	10
才能	4	6	1	11
外見	6	3	7	16
外見の変化	5	1	3	9
性格	9	2	3	14
複合	2	0	0	2
計	52	26	29	107

	評価語のみ	評価語＋情報	評価語の不使用
遂行	60.7	14.3	25.0
行動	23.5	29.4	47.1
所持物	50.0	50.0	0
才能	36.4	54.5	9.1
外見	37.5	18.8	43.8
外見の変化	55.6	11.1	33.3
性格	64.3	14.3	21.4

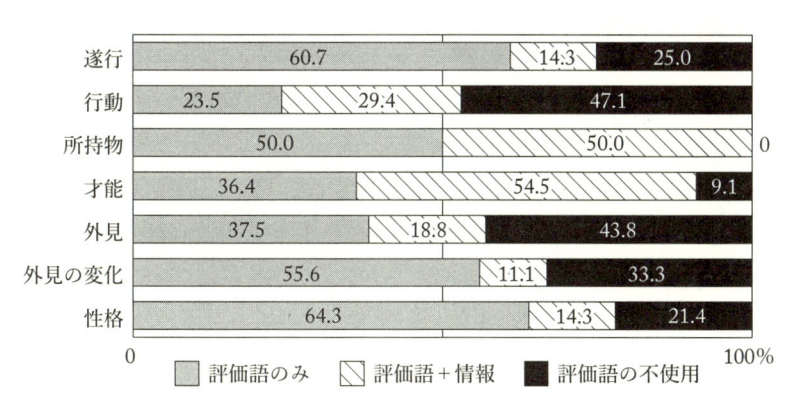

図 4-8　韓国語男性のほめの対象と表現

つもなく、それぞれ異なった傾向を見せている。「遂行」と「性格」へのほめは、肯定的評価語のみ使用が6割以上、肯定的評価語の使用＋他の情報が1割以上、肯定的評価語の不使用が2割以上と、類似した結果になっている。また、「所持物」と「才能」ではほとんどのほめに肯定的評価語が使用されており、その中で、肯定的評価語の使用＋他の情報の表現が5割以上を占めている。一方、「行動」と「外見」へのほめでは、肯定的評価語を用いないほめが4割以上占めており、他の対象とは異なる結果になっている。なお、「外見の変化」では肯定的評価語のみ使用が5割以上占めており、また肯定

的評価語を使用しないほめも3割以上現れている。

次に、韓国語女性における結果を見る。表4-19に、韓国語女性におけるほめの対象ごとに用いられる表現の頻度を示す。

表4-19 韓国語女性におけるほめの対象と表現

対象＼表現	評価語のみ使用	評価語＋他の情報	評価語の不使用	計
遂行	11	5	3	19
行動	1	2	2	5
所持物	11	10	1	22
才能	3	1	0	4
外見	10	8	14	32
外見の変化	31	9	12	52
性格	1	6	0	7
複合	2	1	0	3
計	70	42	32	144

次に、表4-19における結果を図4-9に示し、韓国語女性におけるほめの対象と表現の関連をまとめる。

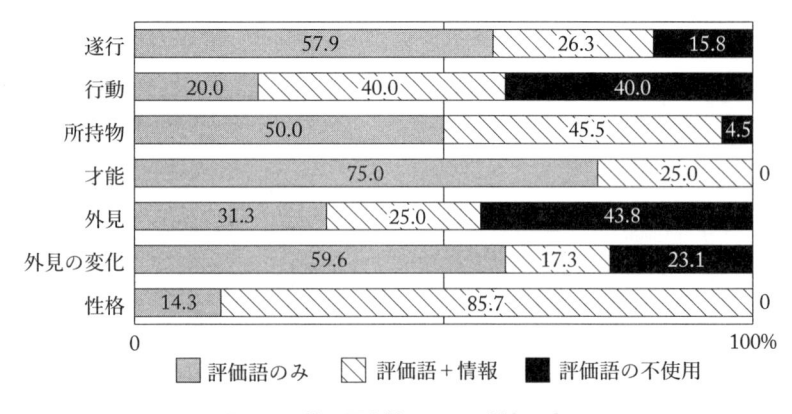

対象	評価語のみ	評価語＋情報	評価語の不使用
遂行	57.9	26.3	15.8
行動	20.0	40.0	40.0
所持物	50.0	45.5	4.5
才能	75.0	25.0	0
外見	31.3	25.0	43.8
外見の変化	59.6	17.3	23.1
性格	14.3	85.7	0

図4-9 韓国語女性のほめの対象と表現

図4-9を見ると、韓国語女性でもほめの対象によって表現が異なる傾向

になっている。

まず、韓国語女性のほめの表現の全体的な結果は、4.1 の表 4-3 に記されているように、「肯定的評価語のみ使用」48.6％、「肯定的評価語の使用＋他の情報」29.2％、「肯定的評価語の不使用」22.2％という結果である。しかし、対象別に見ると、全体の結果と類似したものはなく、対象ごとにばらつきがあることが分かる。その中で「遂行」と「外見の変化」では、肯定的評価語のみ使用が約6割、肯定的評価語の使用＋他の情報が2割前後、肯定的評価語の不使用2割前後の結果で、全体の結果と一部類似している。次に、「行動」と「外見」では評価語を使用しない表現が4割以上を占めていて、他の対象とは違った表現上の特徴が読み取れる。一方、「所持物」、「才能」、「性格」ではほとんどのほめに肯定的評価語が使用されている。

図 4-8、4-9 の韓国語の男女別の結果を比べると、「才能」と「性格」での結果を除いて、非常に類似した結果になっている。違いが見られたのは、「才能」において男性が女性より「肯定的評価語の使用＋他の情報」を多用しているのに対し、「性格」では女性が男性より「肯定的評価語の使用＋他の情報」を多く用いている、といった点である。

4.2.3.3　ほめの対象ごとに見る表現の日韓対照

次に、日本語と韓国語を比べた結果を見る。

日本語と韓国語におけるほめの対象ごとに用いられた表現の類似点と相違点をまとめる。以下の表には頻度を記し、図には割合を示している。まず、日本語における結果を表 4-20、図 4-10 に示す。

次に、韓国語のほめの対象ごとに見る表現の結果を表 4-21 と図 4-11 に示す。

以下、表 4-20、4-21 と図 4-10、4-11 を比べた結果をまとめる。

まず、ほめの対象によって用いられる表現には日韓間に類似点と相違点がそれぞれ現れている。類似点として、「遂行」では日韓ともに「肯定的評価語のみ使用：肯定的評価語の使用＋他の情報：肯定的評価語の不使用」の割合が「6：2：2」であることが挙げられる。また、「所持物」と「才能」で

表 4-20　日本語のほめの対象ごとに見る表現

対象＼表現	評価語のみ使用	評価語＋他の情報	評価語の不使用	計
遂行	36	15	15	66
行動	19	12	3	34
所持物	19	3	1	23
才能	9	6	0	15
外見	13	0	0	13
外見の変化	8	0	3	11
性格	7	1	2	10
計	111	37	24	172

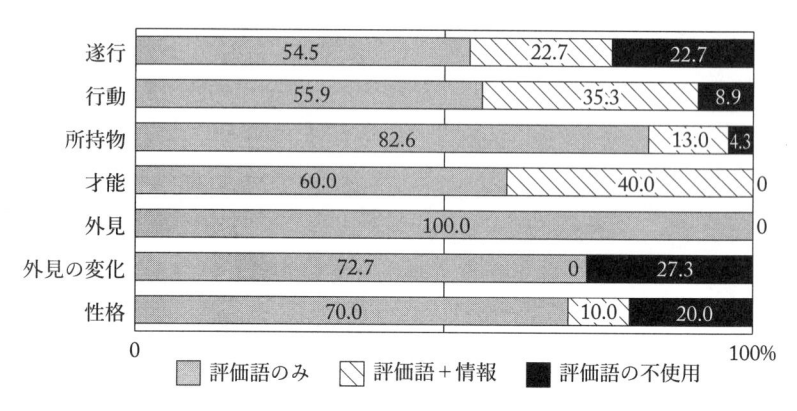

対象	評価語のみ	評価語＋情報	評価語の不使用
遂行	54.5	22.7	22.7
行動	55.9	35.3	8.9
所持物	82.6	13.0	4.3
才能	60.0	40.0	0
外見	100.0	0	0
外見の変化	72.7	0	27.3
性格	70.0	10.0	20.0

図 4-10　日本語のほめの対象ごとに見る表現

は日韓ともに肯定的評価語の使用が9割以上を占めている。ただし、「所持物」において、他の情報を付け加えるのは韓国語により多い。また、「才能」では日韓ともに「肯定的評価語の使用＋他の情報」が4割以上占めている。「外見の変化」では、日韓ともに「肯定的評価語のみ使用」と「肯定的評価語の使用＋他の情報」を合わせると7割以上、「肯定的評価語の不使用」が3割以下の結果である。ただし、「肯定的評価語の使用＋他の情報」は韓国語にのみ現れた。

　以上のように、「遂行、所持物、才能、外見の変化」の対象をほめる際の

表 4-21　韓国語のほめの対象ごとに見る表現

ほめの対象	評価語のみ	評価語＋他の情報	評価語の不使用	計
遂行	28	9	10	47
行動	5	7	10	22
所持物	16	15	1	32
才能	7	7	1	15
外見	16	11	21	48
外見の変化	36	10	15	61
性格	10	8	3	21
複数	4	1	0	5
計	122	68	61	251

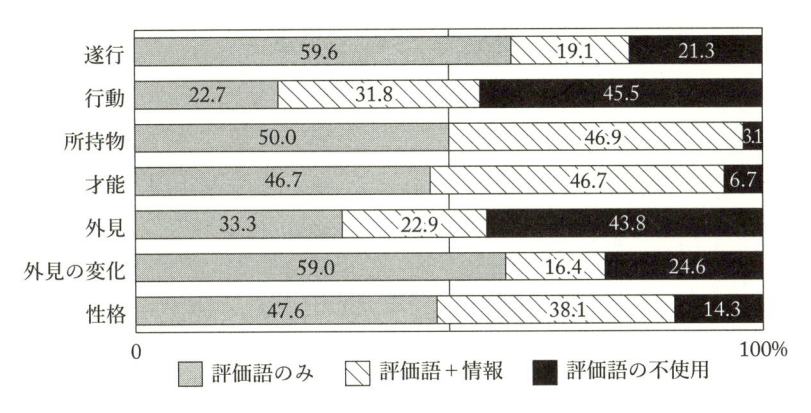

対象	評価語のみ	評価語＋情報	評価語の不使用
遂行	59.6	19.1	21.3
行動	22.7	31.8	45.5
所持物	50.0	46.9	3.1
才能	46.7	46.7	6.7
外見	33.3	22.9	43.8
外見の変化	59.0	16.4	24.6
性格	47.6	38.1	14.3

図 4-11　韓国語のほめの対象ごとに見る表現

表現には日韓間に全体的にあるいは一部類似した傾向が現れた。しかし、「行動、外見、性格」の3つの対象におけるほめの表現にはかなりの違いが現れた。すなわち、「行動」において、日本語では肯定的評価語の多用（9割以上）が目立ったのに対し、韓国語では「肯定的評価語の不使用」が4割以上を占め、両言語にはっきりした差が見られた。また、「外見」では、日本語ではすべてが「肯定的評価語のみ使用」であるのに対して、韓国語では「肯定的評価語のみ使用」は約3割に過ぎず、むしろ「肯定的評価語の不使用」が4割を超えており、ここでも日韓の差が現れた。また、ほかの対象に比べ数は

少ないものの、「性格」でも日韓の違いが見られ、日本語は「肯定的評価語のみ使用」が多く、韓国語では「肯定的評価語の使用＋他の情報」がより多く用いられている。

4.3　まとめ

　第4章では日本語と韓国語の会話データに見られたほめの表現と対象を分析してきた。その結果を次のようにまとめることができる。

　まず、ほめの表現において、日本語と韓国語では、共通して多くの場合「肯定的評価語」を用いることでほめを行っていることが明らかになった。しかし、日本語のほうが韓国語に比べて「肯定的評価語」の使用率が高く、韓国語は、使用率は日本語より低いものの、「肯定的評価語」の種類がより豊富に見られた。

　肯定的評価語として、「いい(좋다)」、「すごい(대단하다)」、「格好いい(멋있다)」が共通して多く使用されており、これらは両母語話者が共通して多用する肯定的評価語といえよう。また、「かわいい」と「예쁘다(きれいだ)」は、日韓それぞれ、女性の外見に関する評価語としてもっとも頻繁に用いられていた。

　「肯定的評価語のみ使用」が多い日本語に比べて、韓国語は「肯定的評価語の使用＋他の情報」や「肯定的評価語の不使用」の使用率が高い。つまり、「肯定的評価語」の使用とともに、様々な情報を付け加えたり、あるいは評価語は使わず、自分の意見や根拠などを説明することでほめを行うのは韓国語に多いと言える。

　このことから、日本語では相手のことに関してほめる際は直接的で評価的な表現を用いる傾向がより強いと言える。それに対して、韓国語では、評価語だけで表現するより、ほめに関連する具体的で説明的な表現が多い。これに類似した結果は송영미(ソン，ヨンミ 2002)でも見られる。彼女は、アンケート調査を行った結果、日本語のほうはより儀礼的で直接的な表現でほめる場合が多く、韓国語のほうは周辺的な言及が多いと報告している。

ここで浮き彫りになったほめの表現における日韓の違いは、「ほめの根拠、理由などを説明するか否か」という点である。すなわち、日本語では、ほめる際、その発話がほめであることをはっきり示す肯定的評価語を用いる傾向が韓国語より強い反面、なぜほめるのか、あるいはほめの具体的な根拠などへの言及や説明はあまりしないことが分かる。それは、ほめ手が相手とのよい関係を維持、向上するためにほめを行うとしても、それが評価者としての行動になり、同等の立場の均衡が破られる恐れがあるためではないか。そのため、踏み込んだ内容で相手をほめることを避けるのではないかと考えられる。

　それに対して、韓国語では、なぜ自分がほめるのか、どういうことに評価を与えるのかなど、自分の意見や感想を詳しく述べ相手に伝える表現が多い。評価する側、評価される側という立場を配慮するより、ほめる根拠を具体的に述べることで、相手への関心と、自分のほめを誠意あるものとして伝えようとする気持ちの表れではないかと解釈する。

　このような日韓の違いをポライトネス理論の観点から考えてみよう。ほめは基本的に相手を評価し、相手を快くさせるための言語行動と言える。したがって、肯定的評価語だけ用いて、具体的根拠などはあまり言わない日本語の場合、ほめ手が相手のネガティブ・フェイス、すなわち自分の領域に立ち入られたくないという欲求を脅かさないように配慮したネガティブ・ポライトネスが優先されると言える。一方、韓国語のほめ手は、より具体的な説明を行うことで、自分のほめが誠意のあるものだと伝え、相手に近づけ、互いの連帯感を強化しようとする、ポジティブ・ポライトネスを用いていると考えられる。ただ、ここで注目したいのは、韓国語での特徴は、相手のフェイスを配慮したというよりは、ほめ手自身のフェイスを保つため、言い換えれば、自分のほめを成功させるために用いられたストラテジーではないかということである。この点については、ほかの分析も踏まえて、第7章で考察する。

　ほめの表現におけるもう1つのポライトネス・ストラテジーとしては、強意表現と緩和表現が挙げられる。「肯定的評価語」の前後にその度合いを強

める強意表現を用いることで、そのほめの誠実性を伝えており、ほめる表現におけるポジティブ・ポライトネス・ストラテジーと考えられる。それとは対照的に、ほめの発話の文末には緩和表現を伴うことで、自分のほめが相手に押し付けがましくならないようにしており、これはネガティブ・ポライトネス・ストラテジーと言えよう。

次に、日本語と韓国語におけるほめの対象を分析した結果、以下のようなことが明らかになった。

まず、もっとも高い頻度で現れるほめの対象が、日本語と韓国語とで異なっている点である。日本語では「遂行」、「行動」がもっとも高い頻度で現れているのに対して、韓国語では「外見(の変化)」、「遂行」の順で出現頻度が高い。なお、「遂行」は、韓国語女性を除く、韓国語男性、日本語男性、日本語女性がもっとも多くほめる対象であることが分かった。一方、類似した結果になったのは、「所持物」へのほめの割合が日韓ともに1割前後現れた点と、また、両言語ともに「才能」や「性格」のほめが少ない点が挙げられる。さらに、日本語も韓国語も、女性のほうが「外見」、「外見の変化」、「所持物」を、男性のほうは「行動」、「性格」をより多くほめることも明らかになった。

上記のように、ほめの対象における日韓の結果をまとめたが、なぜそのような類似点と相違点が現れるのか。

各々の母語話者において何が「ほめの対象」になるかは、その社会・文化における肯定的な価値観によって決まるとされている。例えば、Herbert (1989) は「ほめの対象」は、ある社会がどのような対象物に肯定的な価値を置いているかを反映していると述べている。このような解釈にしたがうと、韓国の大学生社会では「外見(の変化)」に肯定的な価値を置いているのに対して、日本の大学生社会では「遂行」や「行動」に肯定的な価値を置いていると考えられる。より詳しく見ると、「遂行」へのほめは、日本語男性、日本語女性、韓国語男性がもっとも高く肯定的な価値を置いていることが分かる。一方、韓国語女性は「外見(の変化)」にもっとも高い価値を置いていると言える。

ここで、韓国語において男女問わず多く見られた「外見(の変化)」へのほめについて考えてみたい。韓国語とは違って、日本語では非常に少ない出現頻度を見せているが、この結果をもって、日本語では「外見」に肯定的な価値を置いていないと言えるのか。

これについては、B&L(1987)の「ポライトネス」の概念を用いて考察する。

日本語において「外見」へのほめの出現頻度が低いのは、そもそも「外見」が会話の話題として取り上げられるのが韓国語に比べて少ないことが考えられる。すなわち、日本語では、他の対象に比べ「外見」を話題にし、ほめることは相手に与える負担が大きい、言い換えれば、相手へのフェイス侵害度が高いと見積もられ、できるだけ触れないように配慮するのが日本語母語話者にとっての一種のポライトネス・ストラテジーになっている。これに対して、韓国語の場合、「外見」に関心を表す話題が多く、またそれを積極的にほめるというポライトネス・ストラテジーを優先していると解釈する。

さらに、どちらの言語においても「才能」や「性格」よりは「行動」や「遂行」へのほめが多い。「才能・性格」とは、人柄・素質のように、その人の属性である。一方、「遂行・行動」はその人の本質的な特徴ではないだけに相手へのフェイス侵害度が低く、したがって「才能・性格」のような本質的な特徴よりはほめの対象になりやすいのである。なお、「所持物」へのほめは日本語13.4%、韓国語12.7%でほぼ同様である。直接相手を指す対象ではなく、相手が好んで持っている「所持物」は、相手へのフェイス侵害度が低いと考えられ、無難なほめの対象として用いられると言える。

次に、ほめの対象と表現との関連を分析した結果、「遂行」、「所持物」、「才能」、「外見の変化」へのほめに用いられる表現は日本語と韓国語で類似した点が見られた。「遂行」では日韓ともに「肯定的評価語のみ使用(6割):肯定的評価語+他の情報(2割):肯定的評価語の不使用(2割)」の割合である。また、「所持物」と「才能」をほめる際は、日韓ともに肯定的評価語を9割以上用いており、「外見の変化」では7割以上肯定的評価語を使用している。ただし、日本語は肯定的評価語のみ使用する場合がより多く、韓国語では肯

定的評価語の使用に他の情報を加える表現がより多く見られた。

　一方、「外見」、「行動」、「性格」へのほめの表現には日韓の違いがはっきりと現れた。「外見」を見ると、日本語ではすべてが肯定的評価語のみ使用するのに対し、韓国語では肯定的評価語のみ使用は約3割に過ぎず、肯定的評価語の不使用が4割を超えている。また、「行動」へのほめに、日本語では肯定的評価語を多用するのに対し、韓国語では肯定的評価語を使用しない場合が4割を上回っている。「性格」でも、日本語は肯定的評価語のみ使用が多く、韓国語では肯定的評価語の使用＋他の情報がより多く用いられている。したがって、これらの対象をほめる際の表現には、日本語と韓国語とに相違があると言える。

注

1　「잘하다(上手だ)」と「잘생기다(見目よい)」はそれぞれ辞書に載っている。
2　本書で取り上げる「緩和表現」は、「ヘッジ表現」の一部と考える。「ヘッジ表現」には、本書で扱う、「発話の度合いを弱める表現」のほかに「発話の意味を曖昧にする表現」なども含まれるためである。
3　韓国語データのみに現れた「複合」を除いた、7つの「ほめの対象」を検定の対象とした。
4　Holmes(1988)では男女ともに「性格」へのほめは非常に少ないと報告している。

第 5 章　日本語と韓国語のほめに対する返答

　日本語母語話者と韓国語母語話者は、ほめられたらどのように反応するのだろうか。Pomerantz (1978) は、人はほめられると、相手の意見に同意、あるいはほめを受け入れたい気持ちと同時に自分に対するほめを避けたいという2つの相反する原則が作用するため、状況によって返答を選択し、適用していると指摘している。また、先行研究では、各々の社会・文化によってほめに対する返答が異なることも明らかになっている。

　本章では日本語と韓国語のほめに対する返答を談話レベルから捉え、具体的な会話例を用いその特徴を分析し、また男女差の分析と、ほめの対象と返答の関連に関する分析も行う。そうすることによって、ほめに対する返答を「ほめの談話」という全体の中の一部として捉え、そこに見られる日本語と韓国語の類似点と相違点を明らかにすることができると考える。

5.1　ほめに対する返答の分類

　まず、ほめに対する返答とは、相手の「ほめ」に対して、ほめの受け手が明示的もしくは暗示的に行った言語行動、あるいは非言語行動[1]である。先行研究では、ほめに対する返答を「肯定・回避・否定」の3つに分けているものが多い。しかし、実際の会話では1つのほめに対して「肯定・回避・否定」の返答が1つだけ現れるのでなく、2つ以上が現れることも少なくない。そこに注目した金庚芬 (2001) では、ほめに対する返答を「単独の返答」と「複合の返答」に分け、精密な分類を試みている。

　本書では、金庚芬 (2001) での分類を参考にし、1つのほめに対する返答を「肯定・回避・否定・複合」の4つに分類し、分析する。

表5-1に、ほめに対する返答である「肯定・回避・否定・複合」の下位分類および具体的な返答の種類を示す。

表5-1 ほめに対する返答の分類

返答	下位分類	具体的な返答のテーマ
肯定	受け入れ	喜び・感謝 提供の提案
	同意	賛同の発言 同意のほめ返し 控えめな同意
	自慢	自画自賛 当然 冷やかし
回避	肯定的	情報・説明 第三者へのほめ ほめ返し 他の人(物)のおかげ 冗談 照れ・笑い
	中立的	ほめ内容の確認
	否定的	無応答 話がそれる 話をそらす 的確さへの疑問
否定	積極的	不賛成の発言 意図への疑い
	消極的	控えめな不同意 自分に不利な情報を述べる
複合	無変化	肯定→肯定 回避→回避 否定→否定
	肯定方向への変化	回避→肯定 否定→肯定 否定→回避
	否定方向への変化	肯定→回避 肯定→否定 回避→否定
	その他	回避→肯定→回避 否定→肯定→否定

以下に、それぞれの返答の定義と例を示す。例の提示に当たっては、日本語と韓国語を問わず典型的な返答を示し、各例に関する説明を施す。加えて、網掛け部分がそれぞれの項目に当たる返答である。

5.1.1 肯定

「肯定」は、ほめられた人がことばの表現上、相手からのほめを受け入れたり、同意する、さらには、そのほめの度合いを高め、自慢する返答である。以下、「肯定」の下位分類である「受け入れ」、「同意」、「自慢」の説明とそれぞれの具体的な返答を提示する。

1. 受け入れ：ほめを受け入れることだけを表し、自分がそのほめに同意するか否かは表さない。具体的な返答としては、「喜び・感謝」と「提供の提案」がある。
    ①喜び・感謝：喜び、あるいは感謝を表すことばを述べる。
    ②提供の提案：ほめられたものをほめ手に提供すると提案する、あるいは、ほめ手にほしいものや食べたいものなどを尋ねる。
2. 同意：ほめを受け入れ、自分も同意する。「賛同の発言」、「同意のほめ返し」、「控えめな同意」がある。
    ①賛同の発言：ほめに対して同意する、あるいはほめの内容に対して賛成する。
    ②同意のほめ返し：ほめに同意しながら、相手のことをほめ返す。
    ③控えめな同意：ほめに対して、全面的に受け入れるのではなく、消極的に同意する[2]。
3. 自慢：ほめを受け入れ、同意し、さらに自分のことを高く評価する。「自画自賛」、「当然」、「冷やかし」がある。
    ①自画自賛：相手のほめを受け入れるだけではなく、自分をより高く評価する。時折、おどけや冗談になる。
    ②当然：ほめに対して「当たり前」「当然」ということばを用いることで、ほめられて当然と言う。また、相手にほめられた内容につい

て、自分の評価基準から見ると、当然のことだと言う。

　③冷やかし：ほめ手の相手と自分を比較し、相手より自分がよくできると言う。

次に、「肯定」の具体的な返答の例を示す。

例5-1　肯定　受け入れ　喜び・感謝

| 1 | * | D | そう、なんか、「知り合いの名前」さんがね、なんかね、"字がきれいー"とか言ってほ〈めたよ〉{〈}。 | ほめ | | |
| → 2 | * | I | 〈笑い〉ありがとう、(んー)うん。 | 返答 | 肯定 | 喜び・感謝 |

〈JF07組〉

　字がきれいとほめられたIは「ありがとう」と感謝を述べることで、そのほめを受け入れている。ほめられて「ありがとう」と感謝を述べる返答は、自分がそのほめに同意しているか否かについては表明しないものの、当該のほめを受け入れている返答である。とりわけ、英語圏では多用される返答と言われているが、日本語と韓国語の会話の中ではそれほど現れていない。

例5-2　肯定　受け入れ　提供の提案

| 14 | * | D | 헤어 스타일도 되게 좋다.
ヘアスタイルもすごくいいね。 | ほめ | | |
| → 15 | * | I | 뭐 먹고 싶어？.
何か食べたい？。 | 返答 | 肯定 | 提供の提案 |

〈KF04組〉

　ヘアスタイルをほめられたIは、当該のほめに関する自分の意見を述べる代わりに、ほめられたことに関する嬉しさや相手への感謝の気持ちを表すために、ご馳走することを提案し、ほめを受け入れている。この「提供の提案」の返答は、韓国語にのみ現れている。自分をほめてくれたことへのお返しといった相互作用の表れだと考えられる。

例 5-3　肯定　同意　賛同の発言

3	*	D	어- 정말, 너한테 그 머리가 매력이라고 생각하는데 넌 그렇게 생각 안〈하니?〉{〈}. おー本当、お前のその髪型が魅力だと思うんだけど、お前はそう思わ〈ない？〉{〈}。	ほめ		
→4	*	I	〈그래,〉{)} 나두 그런 생각이 들어. 〈そう、〉{)} 俺もそう思うんだ。	返答	肯定	賛同の発言
5	*	D	너두 매력이라구 생각해?. お前も魅力だと思ってるの？。			

〈KM05 組〉

　髪型が魅力だとほめられた I は、自分もそう思うと答えることで相手のほめに素直に同意している。「賛同の発言」は、ほめを肯定する際、もっとも多用される返答である。

例 5-4　肯定　同意　同意のほめ返し

1	*	D	근데 우리가 20 대 중반이라는 게 안 믿겨지지?. ところで私たちが 20 代半ばって信じられないよね？。			
2	*	I	왜냐면 앳되게 생겨 가지구. なぜかというと童顔だから。	ほめ		
→3	*	D	**너두 마찬가지야.** **あなたもそうだよ。**	返答	肯定	同意のほめ返し

〈KF07 組〉

　自分たちが 20 代半ばであることが信じられないと言ったことに対して、I は童顔だからと反応している。これは D が年齢に比べ若く見えるというほめになり、ほめられた D は相手の I もそうだ（童顔である）と言うことによって自分が童顔であることを認めるとともに、相手も童顔である、つまり若く見えるとほめ返している。

例 5-5　肯定　同意　控えめな同意

11	*	D	それは思うけど、えらいよ。	ほめ		
12	*	D	だって、ちゃんとさ、論文集めてさー。			
13	*	I	ううん、そんな、なんにも、論文集めてないよ。	返答	否定	不賛成の発言
14	*	D	え、だっていろ〈いろ読んでるじゃん〉{〈}。	ほめ		
→ 15	*	I	〈本は読んでる〉{〉}けど…、うん。	返答	肯定	控えめな同意

〈JF05 組〉

　ほめ手のDがIについて授業に関連するいろんな論文を集めているとほめたのに対して、Iは論文を集めていないとその事実を否定した。それを受け、Dは「いろいろ読んでる」と表現を変えて相手の勉強への熱心さをほめている。それに対して、Iは「本は読んでる」という事実だけに限定して同意している。「控えめな同意」は、ほめの内容にそのまま同意するより、その度合いを下げて同意したり、あるいは一部だけを認める返答である。

例 5-6　肯定　自慢　自画自賛

1	*	D	[사진을 보면서] 오-,「상대방 이름」표정 장난 아닌데. [写真を見ながら] おー、「相手の名前」、表情がすごいよね。	ほめ		
→ 2	*	I	내가 또 한 표정 하지 그런 거에 있어서는. 私、表情作るのはうまいよ、それに関しては。	返答	肯定	自画自賛
3	*	D	하하하〈웃음〉. ははは〈笑い〉。			

〈KF02 組〉

　まず、DはIを「표정 장난 아닌데（表情がすごいよね）」という表現を用いて、写真の中に写っているIの表情が自然でかわいいことをほめている。それに対して、ほめられたIは、写真の写りだけよいのでなく自分はそういった表情を作るのがうまいと自分をほめている。相手からほめられた事柄について自ら再度評価したり、より高い評価をすることは相手のフェイスを

脅かす恐れがある返答である。このような返答は、場面、相手、話題などによって、その場を和ませる愉快な返答になる場合や、相手に失礼を犯す返答になる場合の可能性がある。しかし「自画自賛」は、親しい友人同士の会話だからこそ見られる反応であって、ほとんどの場合が笑いを伴ったり、相手の笑いを誘うことからポジティブ・ポライトネス・ストラテジーとして用いられると考えられる。

例5-7　肯定　自慢　当然

3	*	D	아, 니가 가고 싶다고 그런 거야?. あ、お前が行きたいって言ったわけ？。			
4	*	I	어엉. うん。			
5	*	D	어, 대단한데!, 어린 나이에 스키 배울 생각도 하고. お、すごいな、子供の時からスキーを習おうとしてて。	ほめ		
→6	*	I	**당연하**〈지〈웃음〉〉{〈}. 当たり前〈じゃん〈笑い〉〉{〈}。	返答	肯定	当然

〈KM11組〉

子供のときにスキーを習おうと思い、実行したことに対してほめられたIは、そういうふうに思えることは当たり前だと答えている。すなわち、相手が評価したことを自分は当たり前のことだと言うことで、相手より自分の評価の基準が高いことを表している。

例5-8　肯定　自慢　冷やかし

3	*	D	머리가 좋으니까 뭐이렇게 너 할 짓 다 하면서 (〈웃음〉) 공부두 잘하구. 頭いいから、こんなにお前、やること全部やりながら(〈笑い〉)勉強も良くできて。	ほめ		
4	*	I	잘하긴 뭘 잘해. ぜんぜんできないよ。	返答	否定	不賛成の発言
5	*	D	부럽더라. うらやましいよ。	ほめ		

| →6 | * | I | 너보단 잘할 거야, 아마 〈둘이서 웃음〉.
お前よりは良くできるだろう、たぶん〈2人で笑い〉。 | 返答 | 肯定 | 冷やかし |

〈KM14組〉

　頭がよくて勉強もできるとほめられたIは、最初はぜんぜんできないとほめを打ち消したが、ほめ手のDがうらやましいと自分の感情を表すことで再度ほめると、Iは「お前よりはよくできるだろう」と、相手を冷やかすような返答を行い、そのほめを認めている。

5.1.2　回避

　次に、「回避」の下位分類を見る。
　「回避」は、ほめられた人が相手のほめに肯定しているか否定しているかがことばの表現上では現れない返答である。以下、「回避」の下位分類である「肯定的」、「中立的」、「否定的」の説明とそれぞれの具体的な返答を提示する。

1. 肯定的：ほめに対して積極的な反応を示すものの、自分に関するほめを客観化、転移する、あるいは相手を笑わせる返答である。
   ①情報・説明：自分がそのほめに対してどう思うかは言わず、ほめの内容と関連する情報を述べる、あるいはほめの対象について細かく説明する。ほめの内容が個人の話から客観的な情報に移る、あるいは長い説明をすることに転移するため、「賛同の発言」とは異なる。
   ②第三者へのほめ：ほめの内容に、よりふさわしいと思う第三者をほめる。
   ③ほめ返し：ほめられた自分のことについては言及せず、相手をほめ返す。ほめられた自分のことを受け入れながら、相手をほめ返す「同意のほめ返し」とは異なる。
   ④他の人(物)のおかげ：ほめを他の人(物)のおかげにする。
   ⑤冗談：笑いを伴い、ほめられたことに対しての冗談を言う。「自画

自賛」とは異なって、自分を高く評価し、ほめを受け入れる返答ではない。

⑥照れ・笑い：ほめられたことに対して照れる、あるいは笑うことだけで反応する。

2. 中立的：ほめ内容を確認するなどで、自分の意見を保留する[3]。

①ほめ内容の確認：ほめ手の発話に対して、本当にそう思うのか、あるいは良さを認めてくれているのかを確認する。

3. 否定的：ほめに対して消極的な反応をし、ほめに関する自分の意見を避けたり、疑問を投げかける。

①無応答：ほめ手が相手をほめた後、相手の反応を聞く前に自ら新たな発話を発する場合、ほめの受け手はほめに対しては何も言わず、ほめ後の発話についてのみ反応する。

②話がそれる：会話の流れに沿って自然に話題が変わる。ほめられた側の意図は確認できない。

③話をそらす：ほめに対しては何も言わず、意図的に話題を転換する。

④的確さへの疑問：相手のほめが適切であるかについて疑問を投げかける。

次に、「回避」の具体的な返答の例を示す。

例 5-9　回避　肯定的　情報・説明

1	*	D	「相手の名前」、そのちっちゃいピン可愛いね、これ。	ほめ		
→ 2	*	I	これは「店の名前」で買った。	返答	回避	情報・説明
3	*	D	「店の名前」？、行〈こうよ、行こうよ〉{〈}。			
4	*	I	〈行こうよ、行こうよ〉{〉}。			

〈JF03 組〉

Iは自分のアクセサリーをほめられると、それを購入した店の情報を相手に伝えることで返答している。この返答は、ほめられた当人は当該のほめに

対してどう思っているのかについては言及せず、ほめの対象に関する客観的な情報や説明を行うことが特徴である。

例 5-10　回避　肯定的　第三者へのほめ

4	*	D	でも足速、足速いってまず言われたしさ。	ほめ		
→ 5	*	I	だって、もっと速いやつ今のチームにいるじゃん、「友達の名前」とか。	返答	回避	第三者のほめ
6	*	I	「友達の名前」も俺より速く走るし。			

〈JM05 組〉

ラグビーをやっている I は足が速いとほめられると、自分より速い第三者の名前を挙げることで、ほめの対象を第三者に変えている。

例 5-11　回避　肯定的　ほめ返し

5	*	D	워낙에 실력이 있으니까 올해도 쉽게 될 거야. 元々実力があるから今年も簡単に受かるだろう。	ほめ		
6	*	I	아이, 요즘 공부가 좀 잘 안 돼 가지구. あ、最近勉強がちょっとうまくいってなくて。	返答	否定	自分に不利な情報
7	*	D	왜?. どうして?。			
8	*	I	모르겠어. 分からない。			
9	*	D	니가 말이 되냐?. お前が、そんなことないだろう?。	ほめ		
10	*	D	니가 그렇게 생각하면 누가 공부를 하겠어, 우리 나라 사람 중에. お前がそう思ったら誰が勉強するの、韓国人の中で。	ほめ		
→ 11	*	I	에이, 「상대방 이름」은 잘하잖아. や、「相手の名前」は良くできるじゃん。	返答	回避	ほめ返し

〈KM08 組〉

I は、勉強ができるというほめを受け入れず、ほめ手の D こそ勉強ができるとほめ返すことでほめの対象を相手に変えている。「肯定」の「同意のほ

め返し」とは違って、自分へのほめを受け入れる表現は現れないため、「回避」に分類される。「ほめ返し」は、例5-10の「第三者へのほめ」と同様にほめの対象をほめられた本人から他の人に変える特徴を持っている。

例5-12　回避　肯定的　他の人(物)のおかげ

3-1		I	응, 너가 처음에 이 머리 하고 치마 입구 학교에 왔을 때,, うん、あなたが最初にこの髪型でスカート穿いて学校へ来たとき,,			
4	*	D	으응. うん。			
3-2	*	I	너무 예뻐서 "어머" 하고 봤다니까. とてもかわいくて"あら"って言いながら見たもの。	ほめ		
→5	*	D	**옷 땜에 그런 거야〈웃음〉.** **服のおかげでそうだったのよ〈笑い〉。**	返答	回避	他の人(物)のおかげ

〈KF02組〉

　かわいいとほめられたIは、それは服のおかげだと返答することで、自分がかわいく見えたのは自分の容姿ではなく、たまたま着ていた服のおかげだと評価の対象を転移させている。この返答もほめられた本人はそのほめをどう思っているのかについての直接的な言及はない。

例5-13　回避　肯定的　冗談

3	*	D	짜식, 새 옷 샀다구 (응) 자랑하러 나왔구나. こいつ、新しい服買ったから(うん)自慢しに来たでしょう。			
4	*	I	응. うん。			
5	*	D	예쁜데, 내가…, 없어지면 난 줄 알아. かわいいね、私が…、無くなったら私だと思ってね。	ほめ		
→6	*	I	**으음, 이거 먹구 헤어지면 다신 만나지 말자, 우리.** **うむ、これ食べて帰ったら二度と会わないようにしよう、私たち。**	返答	回避	冗談
7	*	D	정말?, 하지만 그럴 순 없어. 本当?、だけどそうはできない。			

〈KF11組〉

新しい服を着てきたIに対して、Dは「かわいい」と評価語を用いると同時に「(その服が)無くなったら私だと思ってね」と、自分がその服をほしがっているかのように言う。それを聞いたIはこれからは会わないことにしようと答えている。ほめ手Dが本当に服を持っていくはずもなく、また仲良しの2人がこれから会わないこともありえないことを考えると、このような返答は、「冗談」と言える。「回避」の「冗談」は「肯定」の「自画自賛」とは違って、自分を高く評価する表現は含まれていない。

例 5-14　回避　肯定的　照れ・笑い

1	*	D	넌 정말 일 잘할 거 같다. お前は本当に仕事よくできそうだな。	ほめ		
2	*	I	굳간, 시키는 대로 다 하거든. だって、言われるとおり全部やってるから。	返答	肯定	賛同の発言
3	*	D	그게 너의 장점이야. それがお前の長所だよ。	ほめ		
→4	*	I	핫하하〈웃음〉. はっはは〈笑い〉。	返答	回避	照れ・笑い

〈KM06組〉

Iは、最初に仕事がよくできそうだとほめられて、素直に同意しているが、それが長所だと再度ほめられると笑いだけで反応している。

例 5-15　回避　中立的　ほめ内容の確認

8	*	D	なんか、これ、いいね。面白いよね。	ほめ		
→9	*	I	**本当？。**	返答	回避	確認
10	*	D	色がかわいいね、なんてゆうか、珍しいよね、緑が。	ほめ		

〈JF07組〉

自分の着ているセーターについて「面白い」とほめられると、「本当？」と反応することで、相手の発話の内容を確認しようとしている。この類の返答の後には、ほめ手が詳しいほめの内容を述べて再度ほめる場合が多い。このように「本当？」、または「そう？」などとほめ内容を確認する返答は、

当該のほめに関する自分の意見を表すことを保留したり、その後の発話を発するために自分のターンを維持するのに用いられていることが伺える。

例 5-16　回避　否定的　無応答

6	*	I	あ、すげえなー、準1級持ってるの？。	ほめ		
→7	*	D	うん。	返答	回避	無応答
8	*	I	え、まじで？。			
9	*	D	うん。			

〈JM09 組〉

　Dが英語検定1級の試験を受けようとすると聞いたIは「すげえ」と感嘆を述べることでほめてから、すぐ「準1級持ってるの？」とより詳しい情報を求めている。そのため、Dは「すげえ」という肯定的な評価語には反応せず、「準1級持ってるの？」という質問に「うん」と答えている。これはほめに対して「うん」と肯定しているのではなく、質問に対しての答えであるため、ほめに対してIはどのように思うのかについては「無応答」とする。

例 5-17　回避　否定的　話がそれる

5	*	I	ううん、しかもお前、顔格好いいしなー。	ほめ		
6	*	I	もったいないよなー。			
7	*	D	ねー！。	返答	回避	無応答
8	*	I	「学園祭の名称」祭でもなんか格好いいとか言われてたじゃん。	ほめ		
→9	*	D	え、でもあのなんか格好いいとか言った人ってさ、普通に他大学の学生だと思ったら、うちの学生だったの。	返答	回避	話がそれる
10	*	I	あれ、うちの学生なの？、何年生？。			

〈JM09 組〉

　ほめ手のIはDが学園祭のとき、とある女の子から格好いいと言われた出来事を挙げ、Dをほめている。それに対して、Dは、自分が格好いいとほめられたことについては何も言わず、格好いいと言った人が実は同じ学校の人であるとIに伝えることで、その人の話に話題が移っていく。2人の話

の中で話題がDから女の子のほうに移る返答である。ほめ発話の中に出ている「女の子」に関連する話題を出しているため、受け手Dが自分への話題を意図的に変えようとするか否かは確認できない。

例 5-18　回避　否定的　話をそらす

5	*	D	너 겉모습 그런 게 아니라 속으루‐옆에서 볼 때 "어, 많이 성숙했구나" 음, 그런 거 많이 느껴. お前、外見じゃなくて、中身が一そばで見ていると"あら、成長したな"うん、そんな気がするんだ。	ほめ		
6	*	I	쑥스러.〈수줍은 웃음〉 照れるな。〈照れ笑い〉	返答	回避	照れ・笑い
7	*	D	아이 정말이야. あ、本当だよ。	ほめ		
→8	*	I	끝날 때 되지 않았나? 이거?. そろそろ時間じゃない?、これ?。	返答	回避	話をそらす
9	*	D	아이 정말 인정해야 돼, 응. 本当に認めてくれないと、うん。			

〈KM05組〉

以前より成長したとIをほめ、また念を押すように強調するDに対して、Iは「会話の録音をそろそろ終える時間じゃない?」と無理やりに話題を変えていく。やり取りの中で自然に話題が変わる「話がそれる」とは違って、ほめられた人があからさまに話題を変えようとする意図が読み取れる。

例 5-19　回避　否定的　的確さへの疑問

| 1 | * | D | だからあんまり関係なくてさ、でもあれが実力になってるんじゃない?、きっと。 | ほめ | | |
| →2 | * | I | [声を長く引きながら] そうかなー。 | 返答 | 回避 | 的確さへの疑問 |

〈JF03組〉

フランス語検定試験の勉強をしているIのまじめな勉強振りをほめるDに対して、Iは声を長く引きながら「そうかなー。」と答えている。そのほ

めが自分にふさわしいかどうか疑問を感じていることが伺える返答である。「ほめ内容の確認」での「そう？」、「本当？」といった返答とは違って、音声上の否定的な響きが感じられる場合、「的確さへの疑問」に分類する。

5.1.3 否定

「否定」は、ほめられた人がことばの表現上、相手からのほめを打ち消し、否定する返答である。以下、「否定」の下位分類である「積極的」と「消極的」の説明とそれぞれの具体的な返答を提示する。

1. 積極的：相手のほめに対して積極的に、あるいは直接的に否定する。
   ①不賛成の発言：相手のほめことばを直接的に否定する。
   ②意図への疑い：ほめ手のほめの意図を疑う。
2. 消極的：相手のほめに対して、消極的に、あるいは間接的に否定する。
   ①控えめな不同意：相手のほめを打ち消すとき、自分の意見を和らげたり、一部だけを否定したりする。
   ②自分に不利な情報を述べる：ほめの対象に関連する不利な情報に言及する。

次に、「否定」の具体的な返答の例を示す。

例 5-20　否定　積極的　不賛成の発言

1	*	D	なんかさ、たまにうらやましいと思うけど、俺は。			
2	*	I	[小声で] 何で？。			
3	*	D	うん、や、いいと思うとこあるぜ、人付き合いがうまいじゃん。	ほめ		
→4	*	I	いや、だめよ、これ。	返答	否定	不賛成の発言

〈JM03組〉

人付き合いがうまいとほめられたIは、「いや、だめよ」と言うことによって、相手のほめを直接的に打ち消している。

例5-21　否定　積極的　意図への疑い

1	*	D	머리가 좋은가 보다. 頭いいみたい。	ほめ		
→2	*	I	왜?, 왜 이씨, 왜?. **なんだ、なんだよ?。**	返答	否定	意図へ の疑い
3	*	D	머리가 좋으니까 뭐, 이렇게 너 할 짓 다 하면서 (〈웃음〉) 공부두 잘하구, 막. 頭いいから、こんなにお前、やること全部やり ながら(〈笑い〉)勉強も良くできて。	ほめ		
4	*	I	잘하긴 뭘 잘해. ぜんぜんできないよ。	返答	否定	不賛成 の発言

〈KM14組〉

　最初に、DがIについて勉強にはまるとすごい力を出すとほめると、Iは控えめに否定したが、頭がいいと再度ほめられると、ほめ手の意図を疑うように「なんだ、なんだよ」と聞き返している。

例5-22　否定　消極的　控えめな不同意

1	*	D	되게 열심히 산다, 그리구 영어두 잘하잖아. すごく頑張ってるね、それに英語もうまいじゃん。	ほめ		
→2	*	I	**그렇게 잘하진 않아.** **そんなにうまいわけじゃないよ。**	返答	否定	控えめな 不同意
3	*	D	진짜?. 本当?。			
4	*	I	응. うん。			

〈KF04組〉

　Iは英語がうまいとほめられて「そんなにうまいわけじゃないよ」と控えめに相手のほめを打ち消す表現を用いているが、完全にほめの内容を否定しているのではない。

例 5-23　否定　消極的　自分に不利な情報を述べる

1	*	D	「相手の名前」はさ、すごい集中力あったね、ていうかそれって粘り強さでね。	ほめ		
2	*	D	だって、僕だってできることとかできるけど、(うん) あんな 1 つの分野読んだだけでへとへとだもん。			
→3	*	I	**気になっちゃうんだよ、いろいろ。**	返答(D：挿入)	否定	自分に不利な情報
4	*	D	うーうん。			
5	*	I	〈照れ笑い〉気になるから、俺、気にしないでおこうというふうに最近はしてるくらい、すごっく気になってた時期があって、本当一だから、英語とかさ、中学のときに勉強してるときとかさ、ものすごい能率悪かった、そういう意味ではね。			

〈JM01 組〉

　2 人は卒業論文について話しており、ほめ手の D は I について集中力と粘り強さで論文の執筆を進めていることを、自分と比べながらほめている。それに対して、I はそのほめを受け入れるのでなく、いろんなことが気になる自分の性格のせいで勉強の能率が悪かった中学時代の経験を述べている。このような返答は、評価された対象に関連したマイナス的な情報を言うことによって、間接的にほめを打ち消している。

　次に、1 つのほめに対して「肯定・回避・否定」が 2 つ以上現れる複合の返答を見る。

5.1.4　複合

　1 つのほめに対して「肯定・回避・否定」が 2 つ以上現れる返答を、1 つの「複合」の返答とする。「複合」の返答において、最初の返答と続く返答との間に生じる意味の変化を図 5-1 に示す。

　次に、「複合」の返答の下位分類の定義と例を示す。なお、例の提示に当たっては日本語と韓国語を問わず、典型的な例を提示する。

1. 無変化

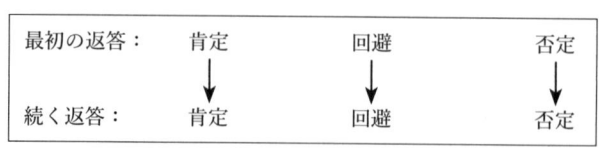

```
最初の返答：   肯定        回避        否定
                ↓          ↓          ↓
続く返答：     肯定        回避        否定
```

2. 肯定方向への変化

```
最初の返答：              回避        否定
                          ↙        ↙  ↙
続く返答：     肯定        回避
```

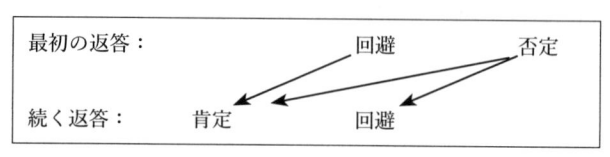

3. 否定方向への返答

```
最初の返答：   肯定        回避
                  ↘          ↘
続く返答：                 回避        否定
```

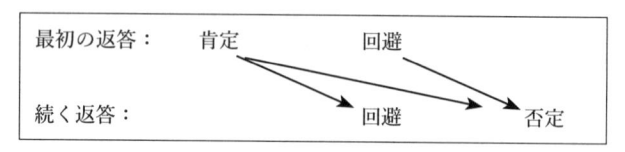

図 5-1 「複合」の返答における意味の変化

1. 無変化：最初の返答と続く返答の間に肯定・回避・否定という意味に変化はないが、具体的な返答が異なる返答である。「肯定→肯定」、「回避→回避」、「否定→否定」がある。
2. 肯定方向への変化：最初の返答より続く返答の方がほめの受け入れの度合いが高くなる返答である。具体的には、「回避→肯定」、「否定→回避」、「否定→肯定」がある。
3. 否定方向への変化：最初の返答より続く返答の方が打ち消しの度合いが高くなる返答である。「肯定→回避」、「肯定→否定」、「回避→否定」がある。
4. その他：データから見られた「回避→肯定→回避」、「否定→肯定→否定」がある。

例 5-24　複合　無変化　肯定→肯定

| 1 | * | D | 귀걸이 참 예쁘다. ピアス、すごくかわいい。 | ほめ | | |

第 5 章　日本語と韓国語のほめに対する返答　167

→2	*	I	당연하지. 当たり前じゃん。	返答	複合	肯定
3	*	I	까만 색이 좀 세련돼 보이지?. 黒の色がちょっと洗練されて見えるでしょう?。			肯定
4	*	D	오랜만에 만났는데 예뻐졌다. 久しぶりに会ったけど、かわいくなったね。			

〈KF12 組〉

　ピアスをほめられた I は、ピアスがかわいいのは当然だと言ってから、さらに色が黒で、洗練されて見えるとピアスの具体的によい点を挙げ、ほめ手の D に同意を求めている。

例 5-25　複合　無変化　回避→回避

1	*	D	これ、かわいいね。	ほめ		
→2	*	I	本当?。	返答 (D： 挿入)	複合	回避
3	*	D	うん。			
4	*	I	なんか、フランス語で書いてあるし。			回避
5	*	D	そう、フランス語、〈笑い〉なにげ日本語だとおかしいよ。			

〈JF07 組〉

　自分の筆箱を「かわいい」とほめられた I は、最初に「本当?」とほめを確かめる返答をしてから「フランス語で書いてある」という筆箱に関する詳しい情報を述べ、相手から出された話題を積極的に展開している。

例 5-26　複合　無変化　否定→否定

1	*	D	へえ、めちゃめちゃ難しいー。			
2	*	D	「相手の名前」、えらいね、ちょっと。	ほめ		
→3	*	I	えらくない。	返答	複合	否定
4	*	I	ここしかやってないよ。			否定
5	*	I	やってないっていうか、バスの待ち時間にね、(うん)ここだけ見て、あ、分かんない、分かんないわと思って、〈そこだけ〉{()}。			

〈JF03 組〉

フランス語検定の準備をしているIの本を見たDが、Iを「えらい」とほめると、Iは最初に「えらくない」と相手のほめを否定してから、続けて自分はそんなに勉強していないことや本を見ても分からないところが多々あるといった評価できない情報を付け加えている。

例5-27　複合　肯定方向　回避→肯定

3	*	D	아 맞다，너，되게 기억력 좋다． あ、そう、あなた、すごく記憶力いいね。	ほめ		
→4	*	I	정말?． 本当?。	返答	複合	回避
5	*	I	음，난 기억력이 좀 좋아． うん、私は記憶力がちょっといいんだ。			肯定

〈KF07組〉

記憶力がいいとほめられたIは、最初にほめ内容を確認してから、相手のほめに同意している。ほめにすぐ同意するのでなく、「정말？（本当？）」とほめを確かめる発話をしてからほめに同意するこのような返答には、ほめられた側の返答の工夫が垣間見える。

例5-28　複合　肯定方向　否定→肯定

→1	*	D	되게 열심히 사는 거 같애． すごく頑張ってるみたい。	ほめ		
2	*	D	나두 아르바이트 자리 구하고 싶은데，막 길길이 날 뛰어도 안되네． 私もバイトしたいけど、どんなに探してみてもだめだね。			
3	*	I	나 그동안 게을렀어． 私、今まで怠けものだったから。	返答	複合	否定
4	*	I	지금 (으응) 지금 열심히 살려고 그러는 거야． 今（うん）今頑張ろうとしてるわけ。			肯定

〈KF04組〉

頑張る姿をほめられたIは、今までは怠け者だったとまず自分にマイナス的な情報を述べてから、今は頑張ろうとしていると控えめに相手のほめに同

意している。

例 5-29　複合　肯定方向　否定→回避

1	*	D	(センター試験の話をしながら)英語とか何点ぐらい？。			
2-1		I	うん、190ー„			
3	*	D	えー、本当？。			
2-2		I	190ー„			
4	*	D	すごい、すごい、そんなに取れた？。	ほめ		
2-3	*	I	193かなー。	返答		回避
5	*	D	〈本当に？〉{〈}。			
6	*	I	〈それぐらい…〉{〉}。			
7	*	D	そうか、それだけ負けた。			
8	*	D	えー、すごいー。	ほめ		
→9	*	I	[強い口調で]ううーん。	返答	複合	否定
10	*	I	何点だった？。			回避

〈JF15 組〉

　センター試験での英語の成績が非常に良いことをほめられたIは、最初に強い口調で「ううーん」と否定してから、相手の点数を聞くことで、話題を相手の英語の成績のほうに変えている。

例 5-30　複合　否定方向　肯定→回避

1	*	D	これ、かわいくない？。	ほめ		
→2	*	I	うん、かわいいでしょう。	返答	複合	肯定
3	*	I	しかも、ちょー安かった、〈これ〉{〈}。			回避

〈JF02 組〉

　アクセサリーをほめられたIは、最初に素直に同意してから、その値段の安さという情報を付け加えている。

例 5-31　複合　否定方向　肯定→否定

1	*	D	「相手の名前」、彼女にやさしくしてる?。			
2	*	I	うーん、まあ、とりあえずはね。			
3	*	D	なんだかんだ言ってさ、ほら、多少は遊びに行ったりはするけどさ、(んー)女にやさしい子だよな。	ほめ		
→4	*	I	まあーとりあえずそうしてる。	返答	複合	肯定
5	*	I	っていうか、なんかあったら俺が謝っちゃうしなー。			否定
6	*	D	おー!〈笑い〉。			
7	*	I	それはいけないんだけ〈ど…〉{〈〉}。			

〈JM11組〉

　女にやさしい人とほめられたIは、最初に「とりあえず、そうしてる」と控えめに同意してから、すぐ「何かあったら俺が謝っちゃうし」という情報を加え、さらに「それはいけないんだ」と言い、自分はそのような行動が望ましくないと思っていると伝えている。彼女にいつも謝ってしまうことはいけないと思いつつ、そうしてしまう自分、という不利な情報を述べることで、最初の控えめな同意に消極的な否定を加えている。

例 5-32　複合　否定方向　回避→否定

1	*	D	아무리 생각해두 참 아는 게 많은 거 같애. どんなに考えても、物知りだと思う。	ほめ		
→2	*	I	내가?. 俺が?。	返答 (D: 挿入)	複合	回避
3	*	D	엉. うん。			
4	*	I	아,아니야〈웃음〉. いやいや〈笑い〉。			否定

〈KM11組〉

　物知りとほめられたIは、最初に自分のことを指しているのか聞き返し確認してから、Dのほめを否定している。

例 5-33　複合　その他　回避→肯定→回避

1–1		D	「상대방 이름」, 너 진짜 보면은 ,, 「相手の名前」、お前を見ていると ,,	ほめ (I： 挿入)		
2	*	I	왜？． なに？。			
1–2	*	D	너 보면은 저기, 듬직한 게 되게 좋은 거 같애. お前をみていると、あの、頼もしいのがすごくいいと思う。			
→3	*	I	듬직해？． 頼もしい？。	返答 (D： 挿入)	複合	回避
4	*	D	응． うん。			
5	*	I	응, 고마워． うん、ありがとう。			肯定
6	*	I	우리 서로 사랑하잖아, 아이씨〈둘이서 웃음〉． 俺たちお互いに愛し合ってるじゃん、あー〈2人で笑い〉。			回避

〈KM15 組〉

　頼もしいとほめられた I は、最初にそのほめ内容を確認してから感謝を述べて、さらに2人は愛し合っている間柄だからといった冗談を言い、笑いを誘っている。

例 5-34　複合　その他　否定→肯定→否定

14	*	D	〈「相手の名前」〉{}}、世界史だって教えられるじゃん。	ほめ		
→15	*	I	教えても教えるものないじゃん、あんまり〈笑い〉。	返答 (D： 挿入)	複合	否定
16	*	D	そう？。			
17–1	*	I	あれば教えるけど((あー),,//			肯定
17–2	*	I	しかも忘れたから、俺、全然。			否定

〈JM15 組〉

　学習塾で世界史を教えるほどの実力を持っているとほめられた I は、最初に教えるものがないと否定してから、あれば教えると条件付で自分が教えられることを控えめに認めるが、すぐに自分は（世界史を）忘れたと不利な情報を付け加えている。

5.2 ほめに対する返答の分析結果

本節では、ほめに対する返答を「肯定・回避・否定・複合」に分類し、分析した結果を日本語と韓国語の順に提示し、その類似点と相違点を述べる。また、各言語における結果の提示に当たっては、男女別に分けた分析結果も示し、ほめに対する返答における男女差を明らかにする。

まず、日本語での結果である。

5.2.1 日本語のほめに対する返答

日本語におけるほめに対する返答の結果を表 5-2 に示す。

表 5-2 日本語におけるほめに対する返答

返答	全体 頻度	%	男性 頻度	%	女性 頻度	%
肯定	23	13.4	13	16.0	10	11.0
回避	51	29.7	26	32.1	25	27.5
否定	33	19.2	16	19.8	17	18.7
複合	65	37.8	26	32.1	39	42.9
計	172	100.0	81	100.0	91	100.0

表 5-2 に示したように、日本語ではほめに対する返答として、「複合」(37.8％)がもっとも多く、それに続いて「回避」(29.7％)、否定(19.2％)の順で、もっとも少なかった返答は肯定(13.4％)である。男女別に見ると、男性は、「回避」と「複合」の返答がどちらも 32.1％で多く、次に「否定」(19.8％)、「肯定」(16％)であるのに対し、女性では、「複合」(42.9％)がもっとも多く、それに続いて「回避」(27.4％)、「否定」(18.7％)、「肯定」(11％)の順である。「肯定」において女性が男性よりも少ない頻度を見せている。

それでは、ほめに対する返答ごとの結果を詳しく見ていく。

まず、日本語におけるほめに対する返答のうち、もっとも頻度が少ない「肯定」の結果を表 5-3 に示す。

第 5 章　日本語と韓国語のほめに対する返答　173

表 5-3　日本語における「肯定」の種類と頻度、割合

肯定の下位分類	具体的な返答	全体 頻度	全体 %	男性 頻度	男性 %	女性 頻度	女性 %
受け入れ	喜び・感謝	1	4.3	0	0.0	1	10
	提供の提案	0	0.0	0	0.0	0	0.0
小計		1	4.3	0	0.0	1	10
同意	賛同の発言	14	60.9	8	61.5	6	60.0
	同意のほめ返し	0	0.0	0	0.0	0	0.0
	控えめな同意	7	30.4	4	30.8	3	30.0
小計		21	91.3	12	92.3	9	90
自慢	自画自賛	1	4.3	1	7.7	0	0.0
	当然	0	0.0	0	0.0	0	0.0
	冷やかし	0	0.0	0	0.0	0	0.0
小計		1	4.3	1	7.7	0	0
合計		23	100.0	13	100.0	10	100.0

　表 5-3 に示したように、「肯定」の下位分類を見ると、「同意」の返答が9割を超えており、「受け入れ」(4.3%)と「自慢」(4.3%)はわずか1回のみ現れている。具体的な返答として、「賛同の発言」(60.9%)と「控えめな同意」(30.4%)が多く見られた。なお、日本語では、「提供の提案」、「同意のほめ返し」、「当然」、「冷やかし」の返答は現れていない。また、「肯定」の下位分類の結果では男女による違いがほとんど見受けられない。

　次に、「回避」の返答における結果を表 5-4 に示す。

　表 5-4 に示したように、回避では、「肯定的」が 47.1%を占めており、それに続いて「否定的」が 37.3%現れた。「中立的」は 15.7%である。具体的な返答を見ると、ほめの対象に関する「情報・説明」が 29.4%でもっとも多く、「ほめ内容の確認」(15.7%)、「話がそれる」(11.8%)、「話をそらす」(11.8%)が 10%以上の割合を示している。

　男女別に見ると、男性では、「肯定的」が5割を超えるのに対し、女性では、「否定的」が4割を上回っており、「回避」の下位項目では男女の差が見えてきた。また、具体的な返答を見ると、男性は相手のほめに対して「照れ・笑い」や「無応答」を行う場合が女性より多い。一方、女性は「ほめ内容の

表 5-4　日本語における「回避」の種類と頻度、割合

回避の下位分類	具体的な返答	全体 頻度	%	男性 頻度	%	女性 頻度	%
肯定的	情報・説明	15	29.4	8	30.8	7	28.0
	第三者へのほめ	1	2.0	1	3.8	0	0.0
	ほめ返し	2	3.9	1	3.8	1	4.0
	冗談	3	5.9	2	7.7	1	4.0
	照れ・笑い	3	5.9	3	11.5	0	0.0
小計		24	47.1	15	57.7	9	36.0
中立的	ほめ内容の確認	8	15.7	3	11.5	5	20.0
小計		8	15.7	3	11.5	5	20.0
否定的	無応答	3	5.9	3	11.5	0	0.0
	話がそれる	6	11.8	2	7.7	4	16.0
	話をそらす	6	11.8	2	7.7	4	16.0
	的確さへの疑問	4	7.8	1	3.8	3	12.0
小計		19	37.3	8	30.8	11	44.0
合計		51	100.0	26	100.0	25	100.0

確認」や「話がそれる」、「話をそらす」、「的確さへの疑問」の返答が男性に比べ多い。

　次に、日本語における「否定」の結果を表5-5に示す。

　表5-5から分かるように、日本語における「否定」では「積極的」が30.3%で、「消極的」は69.7%である。とりわけ、具体的な返答の中で「自分に不利な情報を述べる」が57.6%でもっとも多い。すなわち、ほめに対して「否定」の返答を行うとしても、相手のほめ自体を強く打ち消すより、ほめられた事柄について不利な情報を述べる、と言った反応を見せることで間接的にほめを打ち消している。

　また、男女ともに「消極的」が「積極的」より多いのは同じであるが、ほめに対して「積極的」に否定するのは、女性のほうにより多く、「消極的」に否定するのは男性のほうにより多い。

　次に、日本語のほめに対する返答としてもっとも多く見られた「複合」の返答の結果を表5-6に示す。

表 5-5　日本語における「否定」の種類と頻度、割合

否定の下位分類	具体的な返答	全体 頻度	%	男性 頻度	%	女性 頻度	%
積極的	不賛成の発言	8	24.2	4	25.0	4	23.5
	意図への疑い	2	6.1	0	0.0	2	11.8
小計		10	30.3	4	25.0	6	35.3
消極的	控えめな不同意	4	12.1	1	6.3	3	17.6
	自分に不利な情報を述べる	19	57.6	11	68.8	8	47.1
小計		23	69.7	12	75.0	11	64.7
合計		33	100.0	16	100.0	17	100.0

表 5-6　日本語における「複合」の種類と頻度、割合

複合の下位分類	具体的な返答	全体 頻度	%	男性 頻度	%	女性 頻度	%
無変化	肯定→肯定	2	3.1	2	7.7	0	0.0
	回避→回避	13	20.0	4	15.4	9	23.7
	否定→否定	5	7.7	1	3.8	4	10.3
小計		20	30.8	7	26.9	13	33.3
肯定方向への変化	回避→肯定	5	7.7	1	3.8	4	10.3
	否定→肯定	7	10.8	3	11.5	4	10.3
	否定→回避	4	6.6	0	0.0	4	10.3
小計		16	24.6	4	15.4	12	30.8
否定方向への変化	肯定→回避	11	16.9	4	15.4	7	17.9
	肯定→否定	9	13.8	7	26.9	2	5.1
	回避→否定	7	10.8	3	11.5	4	10.3
小計		27	41.5	14	53.8	13	33.3
その他	回避→肯定→回避	1	1.5	1	3.8	0	0.0
	否定→肯定→否定	1	1.5	0	0.0	1	2.6
小計		2	3.1	1	3.8	1	2.6
合計		65	100.0	26	100.0	39	100.0

　表 5-6 に示したように、日本語における「複合」は、「無変化」30.8％、「肯定方向への変化」24.6％、「否定方向への変化」41.5％の結果である。次に、男女別に見ると、男性では、「否定方向への変化」が 5 割を超えているのに対し、女性では「その他」を除いた 3 つの変化がほぼ同率で現れている。

具体的に見ると、「無変化」では、「回避→回避」がもっとも多く、それに続いて「否定→否定」、「肯定→肯定」の順になっている。なお、「肯定→肯定」は男性にのみ現れた返答である。次に、「肯定方向への変化」は、女性のほうが男性より多い。「否定方向への変化」は男性のほうに多く見られており、とりわけ、男性では、最初の「肯定」の返答を「否定」に変える「複合」が26.9%でもっとも高い割合を占めている。

5.2.2 韓国語のほめに対する返答

次に、韓国語におけるほめに対する返答の結果を表5-7に示す。

表5-7 韓国語におけるほめに対する返答

返答	全体 頻度	%	男性 頻度	%	女性 頻度	%
肯定	54	21.5	23	21.5	31	21.6
回避	101	40.2	49	45.8	52	36.1
否定	26	10.4	15	14.0	11	7.6
複合	70	27.9	20	18.7	50	34.7
計	251	100.0	107	100.0	144	100.0

表5-7に示したように、韓国語のほめに対する返答としてもっとも多く見られたのは、「回避」(40.2%)である。それに続いて「複合」(27.9%)、「肯定」(21.5%)の順で、もっとも少なかった返答は「否定」(10.4%)である。

男女別に見ると、男性では、「回避」が45.8%でもっとも多い。次に「肯定」(21.5%)、「複合」(18.7%)、「否定」(14%)の順で、これらの3つの返答の割合にはさほど差はない。それに対し、女性では、「回避」(36.1%)と「複合」(34.7%)の割合が高く、次に「肯定」(21.6%)が続く。しかし、「否定」はわずか7.6%に止まっている。「肯定」では男女の差はなく、「回避」と「否定」は男性のほうに、「複合」は女性のほうにより多く見られた。したがって、ほめに対する返答には男女の差があることが分かる。

次にほめに対する返答ごとの結果を詳しく見ていく。

まず、韓国語において2割以上の割合を占めている「肯定」の結果を表5-8に示す。

表5-8 韓国語における「肯定」の種類と頻度、割合

肯定の下位分類	具体的な返答	全体 頻度	%	男性 頻度	%	女性 頻度	%
受け入れ	喜び・感謝	2	3.7	1	4.3	1	3.2
	提供の提案	3	5.6	0	0.0	3	9.7
小計		5	9.3	1	4.3	4	12.9
同意	賛同の発言	20	37.0	6	26.1	14	45.2
	同意のほめ返し	2	3.7	1	4.3	1	3.2
	控えめな同意	5	9.2	4	17.4	1	3.2
小計		27	50.0	11	47.8	16	51.6
自慢	自画自賛	17	31.5	8	34.8	9	29.0
	当然	3	5.6	1	4.3	2	6.5
	冷やかし	2	3.7	2	8.7	0	0.0
小計		22	40.7	11	47.8	11	35.5
合計		54	100.0	23	100.0	31	100.0

表5-8に示したように、韓国語の「肯定」の下位分類は「同意」が50%を占めており、次に「自慢」が40.7%で、「受け入れ」は9.3%である。すなわち、韓国語母語話者はほめを肯定する際、相手のほめに同意する、あるいは自慢する返答を多く用いることが分かる。具体的な返答として、「賛同の発言」(37.0%)と「自画自賛」(31.5%)がもっとも多い。なお、日本語ではまったく現れなかった「提供の提案」、「同意のほめ返し」、「当然」、「冷やかし」の返答が韓国語には見られた。

また、「肯定」の返答における男女の特徴を見ると、男女ともに「同意」の返答をもっとも多く用いているが、「受け入れ」は女性のほうにより多く、「自慢」は男性のほうが女性よりも多い。具体的な返答では、男女ともに「賛同の発言」と「自画自賛」が多用されている。しかし、「提供の提案」、すなわちほめられた物を相手に貸したり、何かをおごると提案する返答は女性に

のみ現れている。一方、男性では、「控えめな同意」と「冷やかし」の返答が女性に比べて高い割合を示している。

次に、「回避」の返答における結果を表5-9に示す。

表5-9 韓国語における「回避」の種類と頻度、割合

回避の下位分類	具体的な返答	全体 頻度	全体 %	男性 頻度	男性 %	女性 頻度	女性 %
肯定的	情報・説明	20	19.8	8	16.3	12	23.1
	第三者へのほめ	3	3.0	0	0.0	3	5.8
	ほめ返し	8	7.9	7	14.3	1	1.9
	他の人(物)のおかげ	4	4.0	2	4.1	2	3.8
	冗談	7	6.9	3	6.1	4	7.7
	照れ・笑い	20	19.8	14	28.6	6	11.5
小計		62	61.4	34	69.4	28	53.8
中立的	ほめ内容の確認	18	17.8	7	14.3	11	21.2
小計		18	17.8	7	14.3	11	21.2
否定的	無応答	6	5.9	1	2.0	5	9.6
	話がそれる	6	5.9	1	2.0	5	9.6
	話をそらす	7	6.9	4	8.2	3	5.8
	的確さへの疑問	2	2.0	2	4.1	0	0.0
小計		21	20.8	8	16.3	13	25.0
合計		101	100.0	49	100.0	52	100.0

表5-9に示したように、「回避」の下位分類では、「肯定的」が61.4%で圧倒的に多く、それに続いて「否定的」(20.8%)、「中立的」(17.8%)の順になっている。具体的な返答を見ると、「情報・説明」と「照れ・笑い」がそれぞれ19.8%であり、それに続いて「ほめ内容の確認」(17.8%)が現れている。

男女別に「回避」の下位分類を見ると、「肯定的」は、男性では7割近く現れており、女性でも5割を超えている。また、具体的な返答を見ると、男性では「照れ・笑い」がもっとも多く、続いて「情報・説明」、「ほめ返し」、「ほめ内容の確認」が10%以上現れている。一方、女性では、「情報・説明」と「ほめ内容の確認」が20%を超えており、「照れ・笑い」が10%以上である。男女の差がはっきりと出た返答は、「ほめ返し」、「照れ・笑い」で、

いずれも男性が多く用いる返答であることが分かる。

次に、韓国語における「否定」の結果を表 5-10 に示す。

表 5-10 韓国語における「否定」の種類と頻度、割合

否定の下位分類	具体的な返答	全体 頻度	全体 %	男性 頻度	男性 %	女性 頻度	女性 %
積極的	不賛成の発言	7	26.9	3	20.0	4	36.4
	意図への疑い	1	3.8	1	6.7	0	0.0
小計		8	30.8	4	26.7	4	36.4
消極的	控えめな不同意	4	15.4	2	13.3	2	18.2
	自分に不利な情報を述べる	14	53.8	9	60.0	5	45.5
小計		18	69.2	11	73.3	7	63.6
合計		26	100.0	15	100.0	11	100.0

表 5-10 から分かるように、韓国語における「否定」の返答は「積極的」が 30.8％で、「消極的」は 69.2％である。具体的な返答の中で「自分に不利な情報を述べる」が 53.8％でもっとも多く、続いて、「不賛成の発言」、「控えめな不同意」の順で、この結果は男女別に見ても同様である。なお、「意図への疑い」は男性に 1 回のみ見られただけである。

次に、韓国語の「複合」の返答の結果を表 5-11 に示す。

表 5-11 に示したように、韓国語における複合の返答は、「無変化」40％、「肯定方向への変化」30％、「否定方向への変化」27％、「その他」3％の結果である。男女別に見ると、男性では、「無変化」の割合が 45％でもっとも顕著であり、女性でも、男性に比べ割合の差はあるものの、「無変化」が多い。「肯定方向への変化」は女性のほうにより多く、「否定方向への変化」でもわずかながら女性のほうに多い結果になっている。

具体的に見ると、「回避→回避」、「肯定→肯定」、「肯定→回避」、「回避→肯定」が 10％以上で、韓国語母語話者がよく用いる複合の返答であると言える。男女別に見ると、男性では「回避→回避」が 35％でもっとも多く、続いて「否定→回避」、「肯定→回避」、「肯定→否定」が 10％以上である。それに対して、女性では、「肯定→肯定」が 20％でもっとも多く、「回避→

表 5-11　韓国語における「複合」の種類と頻度、割合

複合の下位分類	具体的な返答	全体 頻度	全体 %	男性 頻度	男性 %	女性 頻度	女性 %
無変化	肯定→肯定	11	15.7	1	5.0	10	20.0
	回避→回避	12	17.1	7	35.0	5	10.0
	否定→否定	5	7.1	1	5.0	4	8.0
小計		28	40.0	9	45.0	19	38.0
肯定方向への変化	回避→肯定	10	14.3	1	5.0	9	18.0
	否定→肯定	5	7.1	1	5.0	4	8.0
	否定→回避	6	8.6	3	15.0	3	6.0
小計		21	30.0	5	25.0	16	32.0
否定方向への変化	肯定→回避	11	15.7	2	10.0	9	18.0
	肯定→否定	4	5.7	2	10.0	2	4.0
	回避→否定	4	5.7	1	5.0	3	6.0
小計		19	27.1	5	25.0	14	28.0
その他	回避→肯定→回避	2	2.9	1	5.0	1	2.0
	否定→肯定→否定	0	0.0	0	0.0	0	0.0
小計		2	2.9	1	5.0	1	2.0
合計		70	100.0	20	100.0	50	100.0

肯定」、「肯定→回避」、「回避→回避」が 10％以上見られた。この結果から、韓国語女性では、複合の返答を用いる際も、最初の返答を「肯定」や「回避」に変えるのがほとんどであり、「否定」に変化させるのは非常に少ないことが分かる。

5.2.3　ほめに対する返答の日韓対照

　それでは、次に、日本語と韓国語のほめに対する返答を比べながら、それぞれの類似点と相違点をまとめる。

　まず、日本語と韓国語におけるほめに対する返答の結果を表 5-12 と図 5-2 に示す。

表 5-12　ほめに対する返答の日韓対照

返答	日本語 頻度	日本語 %	韓国語 頻度	韓国語 %
肯定	23	13.4	54	21.5
回避	51	29.7	101	40.2
否定	33	19.2	26	10.4
複合	65	37.8	70	27.9
計	172	100.0	251	100.0

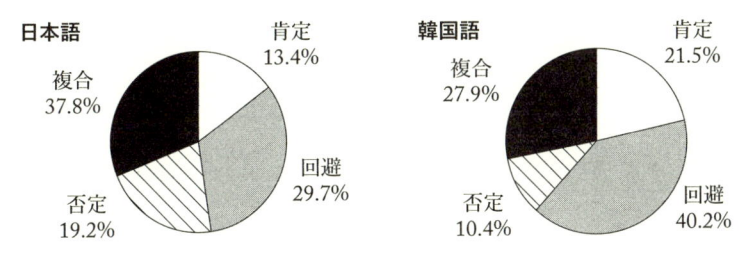

図 5-2　ほめに対する返答の日韓対照

　表5-12と図5-2から分かるように、ほめに対する返答は、日本語において「複合＞回避＞否定＞肯定」の順になっている。それに対して、韓国語では「回避＞複合＞肯定＞否定」の順である。この結果から、日韓ともにほめられたら「回避」や「複合」の返答を用いる場合が多いことが分かる。また、「肯定」は韓国語に多く、「否定」は日本語により多いが、その差は10％未満である。以上の結果を見ると、ほめに対する返答における日本語と韓国語の大きな違いがあるとは言いがたいと思われる。
　次に、各返答の結果を詳細に比較し、日韓のほめに対する返答の特徴をまとめる。
　まず、「肯定」に関する日本語と韓国語の比較を行う。上述したように、日本語では「肯定」がもっとも少ない返答になっている。ただし、韓国語との割合の差は8％に過ぎず、この結果からは日韓の差がさほど感じられない。
　それでは、日本語と韓国語の「肯定」の詳細を表5-13に示し、比較する。

表 5-13 「肯定」の日韓対照

下位分類	具体的な返答	日本語 頻度	%	韓国語 頻度	%
受け入れ	喜び・感謝	1	4.3	2	3.7
	提供の提案	0	0.0	3	5.6
小計		1	4.3	5	9.3
同意	賛同の発言	14	60.9	20	37.0
	同意のほめ返し	0	0.0	2	3.7
	控えめな同意	7	30.4	5	9.3
小計		21	91.4	27	50.0
自慢	自画自賛	1	4.3	17	31.5
	当然	0	0.0	3	5.6
	冷やかし	0	0.0	2	3.7
小計		1	4.3	22	40.7
合計		23	100.0	54	100.0

次に、表 5-13 に示した「肯定」の下位分類の割合を図 5-3 に示す。

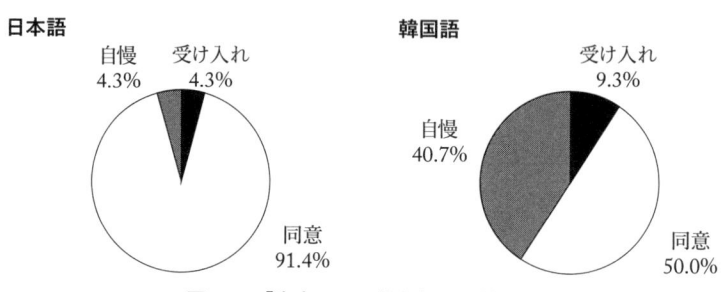

日本語
自慢 4.3%　受け入れ 4.3%
同意 91.4%

韓国語
受け入れ 9.3%
自慢 40.7%
同意 50.0%

図 5-3　「肯定」の下位分類の日韓対照

表 5-13 と図 5-3 に示したように、「肯定」の下位分類を見ると、日韓ともに「同意」がもっとも多く、類似した結果になっている。しかし、その割合は日本語が 9 割以上を占め、5 割の韓国語の約 2 倍の結果になっている。

とりわけ興味深いのは、「自慢」の返答の割合が日本語と韓国語とでかなりの差があるという点である。韓国語では 40.8％であるのに対し、日本語ではわずか 4.3％に過ぎず、「自慢」の返答は、韓国語のほうに日本語の 10 倍近く多

く用いられることが明らかになった。

また、「肯定」の具体的な返答を見ると、「賛同の発言」は両言語に多く見られているが、日本語のほうにより多い。また、英語圏では多く見られる返答と言われる「喜び・感謝」が両言語では低い結果になっている。そして、日本語には「控えめな同意」が多く見られたという特徴も挙げられる。それに対して、韓国語では「自画自賛」が多く、また日本語には見られなかった返答、「提供の提案」、「同意のほめ返し」、「当然」、「冷やかし」などが現れ、より多彩な返答が行われることが分かる。次に、そのような返答が見られた例を示す。

例5-35　韓国語の「肯定」の例

4	*	D	(I의 입술을 보면서) 진짜 이쁘다. (Iの唇を見て)本当にかわいい。	ほめ		
→5	*	I	**고마워.** ありがとう。	返答	複合	肯定：感謝
→6	*	I	**당연하지.** 当たり前じゃん。			肯定：当然
7	*	D	머릿결도 되게 좋아지고. 髪の毛もすごく良くなってて。	ほめ		
→8	*	I	**나 머릿결 원래 좋았잖아.** 〈둘이서 웃음〉 私、髪の毛元々良かったじゃん。 〈2人で笑い〉	返答	肯定	自画自賛
9	*	D	아이, 거짓말. あ、嘘。			
10	*	I	더 좋아졌잖아. もっと良くなったじゃん。			

〈KF12組〉

例5-35は、DがIの外見をほめるやり取りだが、Dが最初にIの口紅を塗った唇をかわいいとほめたのに対し、まずIは「고마워. 당연하지.(ありがとう。当たり前じゃん。)」と答えている。さらにDが、Iの髪質がよくなったと再度ほめると、Iは「나 머릿결 원래 좋았잖아.(私、髪の毛元々良かったじゃん。)」と自らほめている。こういった自慢の返答は、表現自体は相手に失礼になる恐れがあるものの、その発話によって相手の笑いを誘い、その場の雰

囲気を和ませる機能を持っていると言える。例 5-35 のようなやり取りは、韓国語の親しい間柄では親しみを確認する手段として使われていると言える。

以上の結果から、一見割合の差がさほど大きくないため、似ているように思われる「肯定」の返答であるが、その具体的な方法には日韓間で大きな差があると言える。

次は、「回避」に関する日本語と韓国語の比較を行う。「回避」は日本語と韓国語において約 3、4 割も現れた返答である。表 5-14 にその詳細を示す。

表 5-14 「回避」の日韓対照

回避の種類	具体的な返答	日本語 頻度	%	韓国語 頻度	%
肯定的	情報・説明	15	29.4	20	19.8
	第三者へのほめ	1	2.0	3	3.0
	ほめ返し	2	3.9	8	7.9
	他の人(物)のおかげ	0	0.0	4	4.0
	冗談	3	5.9	7	6.9
	照れ・笑い	3	5.9	20	19.8
小計		24	47.1	62	61.4
中立的	ほめ内容の確認	8	15.7	18	17.8
小計		8	15.7	18	17.8
否定的	無応答	3	5.9	6	5.9
	話がそれる	6	11.8	6	5.9
	話をそらす	6	11.8	7	6.9
	的確さへの疑問	4	7.8	2	2.0
小計		19	37.3	21	20.8
合計		51	100.0	101	100.0

次に、表 5-14 に示した「回避」の下位分類の割合を図 5-4 に示す。

表 5-14 と図 5-4 に示したように、日本語と韓国語の「回避」では、「肯定的」が共通して多いが、割合を見ると、韓国語のほうがより高い。次に、「中立的」は日韓ともに約 16〜18％の割合で類似している。一方、「否定的」は日本語のほうにより多く現れている。

表 5-14 に示した具体的な返答においては、日韓ともに「情報・説明」と「ほめ内容の確認」を多く用いることが分かる。しかし、韓国語では「照れ・

日本語　　　　　　　　韓国語

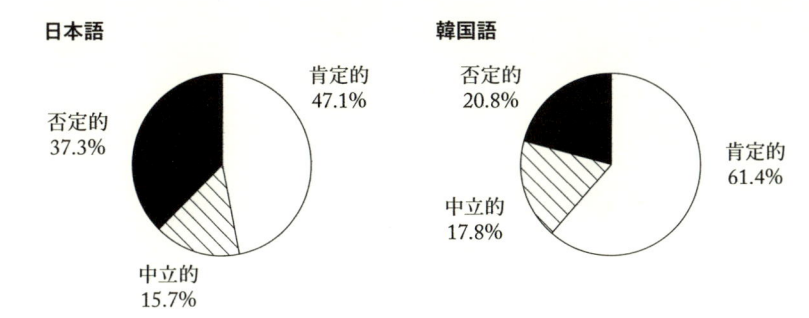

　　　　　肯定的　　　　　　　　　肯定的
　　　　　47.1%　　　　　　　　　61.4%
否定的　　　　　　　　否定的
37.3%　　　　　　　　20.8%

　　　中立的　　　　　　　中立的
　　　15.7%　　　　　　　17.8%

図 5-4　「回避」の下位分類の日韓対照

笑い」が日本語より高い割合を占めている。一方、「話がそれる」と「話をそらす」、「的確さへの疑問」は日本語のほうにやや多い。

　以上の結果から、日韓ともにほめに対する返答としてよく用いられる「回避」は、両言語において「肯定的」が多用されることが分かる。ただし、日本語のほうに「否定的」がより多いことも分かる。

　次は、「否定」に関する日本語と韓国語の比較を行う。「否定」は韓国語に比べ、日本語のほうにより多く現れた返答である。表 5-15 にその詳細を示す。

表 5-15　「否定」の日韓対照

否定の種類	具体的な返答	日本語 頻度	%	韓国語 頻度	%
積極的	不賛成の発言	8	24.2	7	26.9
	意図への疑い	2	6.1	1	3.8
小計		10	30.3	8	30.8
消極的	控えめな不同意	4	12.1	4	15.4
	自分に不利な情報を述べる	19	57.6	14	53.8
小計		23	69.7	18	69.2
合計		33	100.0	26	100.0

　次に、表 5-15 に示した「否定」の下位分類の割合を図 5-5 に示す。
　表 5-15 と図 5-5 から分かるように、日本語と韓国語ともに「否定」に

日本語　　　　　　　　韓国語

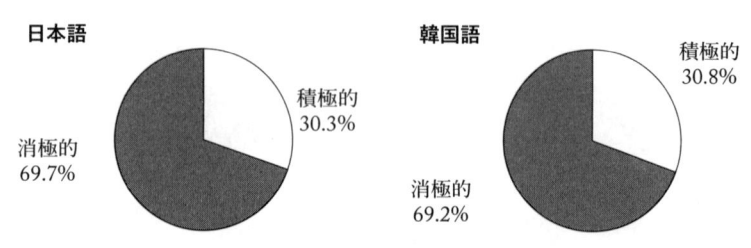

消極的 69.7%　積極的 30.3%　　　消極的 69.2%　積極的 30.8%

図 5-5　「否定」の下位分類の日韓対照

おいては、「積極的」が3割で、「消極的」が7割の結果になっている。具体的には「自分に不利な情報を述べる」が過半数を占めている。「否定」における傾向は日本語と韓国語が非常に類似している。

次に、「複合」における日本語と韓国語の比較を行う。「複合」は「回避」とともに日本語と韓国語において約3〜4割現れた返答である。表5-16にその結果を示す。

表 5-16　「複合」の日韓対照

否定の種類	具体的な返答	日本語 頻度	日本語 %	韓国語 頻度	韓国語 %
無変化	肯定→肯定	2	3.1	11	15.7
	回避→回避	13	20.0	12	17.1
	否定→否定	5	7.7	5	7.1
小計		20	30.8	28	40.1
肯定方向への変化	回避→肯定	5	7.7	10	14.3
	否定→肯定	7	10.8	5	7.1
	否定→回避	4	6.2	6	8.6
小計		16	24.6	21	30.0
否定方向への変化	肯定→回避	11	16.9	11	15.7
	肯定→否定	9	13.8	4	5.7
	回避→否定	7	10.8	4	5.7
小計		27	41.5	19	27.1
その他	回避→肯定→回避	1	1.5	2	2.9
	否定→肯定→否定	1	1.5	0	0.0
小計		2	3.1	2	2.9
合計		65	100.0	70	100.0

次に、表5–16に示した「複合」の下位分類の割合を図5–6に示す。

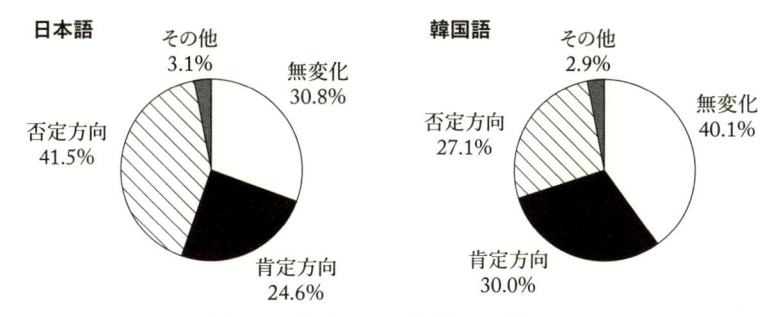

日本語
その他 3.1%
無変化 30.8%
否定方向 41.5%
肯定方向 24.6%

韓国語
その他 2.9%
無変化 40.1%
否定方向 27.1%
肯定方向 30.0%

図5–6　「複合」の下位分類の日韓対照

　表5–16と図5–6を見ると、まず、日本語の「複合」の返答では、「否定方向への変化」がもっとも多く、それに続いて「無変化」、「肯定方向への変化」の結果になっている。それに対して、韓国語では「無変化」が一番多く、次に「肯定方向への変化」、「否定方向への変化」が続いている。すなわち、最初の返答をどのように変化させるのかを見ると、日韓間に差があることが分かる。

　次に、具体的な変化を見ると、類似点として日韓ともに「回避→回避」と「肯定→回避」が多く用いられている。一方、相違点としては、「肯定→肯定」は韓国語に多く、「肯定→否定」や「回避→否定」のように「否定」で終わる返答は日本語により多い。

　次に、それぞれの例を挙げる。まず、韓国語の例である。
　例5–36は、DがIのノースリーブをほめる場面で、Dは発話文No.1で「나시 이쁘다.(ノースリーブかわいい。)」とほめてから、No.5、6ではより詳しく、自分がそのようなタイプの服を探していたことや、どこが気に入ったのか具体的な説明をし、再度ほめている。それに対して、Iは発話文No.7でDの意見に同意してからさらにNo.8でほめられた服を貸すという提案をして、そのほめを受け入れている。このような「肯定→肯定」の返答は、「自画自賛」の返答と同様に、韓国語の親しい友人同士のやり取りによく見られる。

例5-36　韓国語の「複合　肯定→肯定」の例

1	*	D	와, 너시 이쁘다. わ、ノースリーブかわいい。	ほめ			
2	*	I	그래, 언제든지 말해. うん、いつでも言って。	返答	肯定	提供の提案	
3	*	D	〈웃음〉오 - 오 - [감탄의 의성어]. 〈笑い〉おーおー [感嘆の擬声語]。				
4	*	I	언제든지 말해. いつでも言って。				
5	*	D	원하던 타입이었어. 探していたタイプだったの。	ほめ			
6	*	D	바로 목이 이렇게 올라오고 그 〈런 거〉{〈}. ちょうど首のところがこう高くなって〈いるのを〉{〈}。				
→7	*	I	〈어어,〉{〉} 너무 많이도 안 파였고. 〈うんうん、〉{〉} そんなに深く開いてないし。	返答	複合	肯定：賛同の発言	
→8	*	I	〈웃으면서〉언제든지 말해, 빨아서 갖다 줄게. 〈笑いながら〉いつでも言って、洗濯して貸してあげる。			肯定：提供の提案	
9	*	D	으하하하〈둘이서 웃음〉. うははは〈2人で笑い〉。				

〈KF02 組〉

　次は、日本語の「複合」の例である。

　例5-37は、DがIの革パンツをほめることから始まるやり取りである。Dが発話文No.5で「その革パン、いいなー。」とほめたのに対し、Iはその革パンツしか穿いていないという情報を述べてから、家族からそれを穿かないようにと言われていると答えている。つまり、自分が好んで穿いているパンツが周りからは評判がよくないといった、自分に不利な情報を伝えているのである。また、発話文No.15で「他の人とちょっと違うこと目指すような…」とほめられたことに対しても、「そそそう、」とそのほめの内容は受け入れるものの、すぐ「これねえと違うところ何にもなかったから。」と服装をのぞくと何の特徴もない人間であると自分を低く評している。

　以上、日本語と韓国語におけるほめに対する返答では共通して、「肯定、回避、否定」のうち1つだけでなく、2つ以上が巧みに用いられるといった

例 5-37　日本語の「複合　回避・肯定→否定」の例

5	*	D	その革パン、いいなー。	ほめ		
6	*	D	あの時買ったやつやなー？。			
7	*	I	うん、あの時。			
→8	*	I	なんかもう、これしか穿いてねえ、俺〈笑い〉。	返答	複合	回避
→9	*	I	〈笑いながら〉あの、なんか、親とかはやっぱ(うん)"やめなさい"って〈笑い〉。			否定
10	*	D	まじで？〈笑い〉。			
11	*	I	"何だ、このビラビラしてんのは"、じいちゃんにも言われたからね。			
12	*	D	〈笑いながら〉そう？、壊れてるんじゃねえかって。			
13	*	I	なんか"それ、縫ってあげようか"ってじいちゃんに言われて、"いや、縫う必要はないんですけど"って。			
14	*	D	愉快なじじいだろうね。			
15	*	D	だけど、他の人とちょっと違うこと目指すような…。	ほめ		
→16-1		I	そそそう„//	返答	複合	肯定
→16-2	*	I	これねえと違うところ何にもなかったから。			否定
17	*	D	あー、確か。			

〈JM11組〉

「複合」が多用されることが明らかになった。ただし、その具体的な変化においては日韓の差が現れ、すなわち、韓国語では最初の返答を強める、裏付けるような「無変化」がより多く、日本語では最初の返答を否定的に変化させる傾向がある。

なお、こういった「複合」の返答は、実際の会話のやり取りを分析することによって得られた貴重な結果であると言える。

次に、ほめの対象と返答との関連を分析する。

5.3　ほめの対象ごとに見る返答

前述したように、日本語と韓国語のほめに対する返答には類似点と相違点

が見られた。そこには、社会文化的な価値観、ほめの対象、さらに、ほめの受け手がそのほめをどう思っているのかなど、様々な要因が影響していることが考えられる。そこで、本節では、ほめの対象別に現れる返答の特徴を分析することにする。

5.3.1　日本語のほめの対象ごとに見る返答

　日本語のほめの対象から見る返答の結果を男女別に分け、図5-7と図5-8に示す。図の中の数字は返答の数を表し、グラフの棒の長さは割合を示している。まず、日本語男性の結果である。

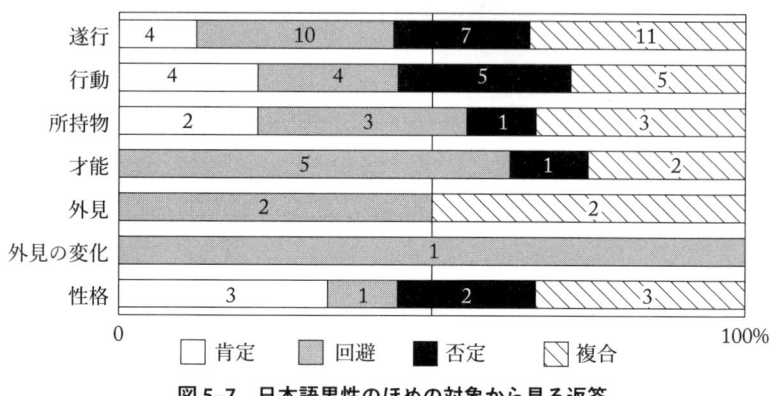

対象	肯定	回避	否定	複合
遂行	4	10	7	11
行動	4	4	5	5
所持物	2	3	1	3
才能		5	1	2
外見		2		2
外見の変化		1		
性格	3	1	2	3

図5-7　日本語男性のほめの対象から見る返答

　図5-7に示したように、日本語男性において、ほめの対象によって返答が異なることが分かる。まず、「肯定」がまったくない対象として「才能」、「外見」、「外見の変化」の3つが現れた。また、これらの対象には「否定」も少ない。その他に「否定」が少ない対象は「所持物」である。逆に「肯定」が相対的に多いのは「性格」がほめられたときである。ほとんどの対象において「回避」と「複合」の返答が多く現れている。

　次の図5-8は、日本語女性の結果である。

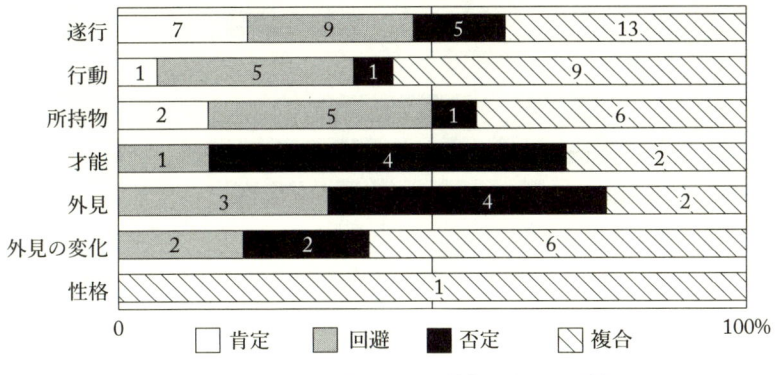

```
遂行      7      9     5        13
行動    1    5   1        9
所持物   2    5    1       6
才能   1     4           2
外見     3          4      2
外見の変化 2   2           6
性格                      1
     0  □肯定 ■回避 ■否定 ▨複合  100%
```

図 5-8　日本語女性のほめの対象から見る返答

　図 5-8 から分かるように、日本語女性においてもほめの対象によって返答が異なっている。まず、ほめに対する返答として「肯定」が現れた対象は「遂行」、「所持物」、「行動」のみであり、これらの対象においては「否定」も少ない。しかし、「才能」、「外見」では「肯定」の返答がまったく見られず、その代わりに「否定」がもっとも多い。また、「行動」と「外見の変化」では、「複合」の返答が多く現れた。

　次に、韓国語におけるほめの対象から見る返答の結果を見る。

5.3.2　韓国語のほめの対象ごとに見る返答

　韓国語のほめの対象から見る返答の結果を男女別に分け、図 5-9 と図 5-10 に示す。図の中の数字は返答の数を表し、グラフの棒の長さは割合を示している。

　まず、韓国語男性の結果である。

　図 5-9 を見ると、韓国語男性ではほめの対象によって多用される返答が異なることが分かる。まず、「肯定」はすべての対象において現れている。しかし、「所持物」、「才能」、「外見の変化」、「性格」においてはその頻度と割合は少ない。次に、「回避」が多く見られたのは、「行動」、「外見の変化」、「性格」である。「否定」は、「行動」、「外見の変化」ではまったく現れず、「性格」でも少ない。「複合」の割合が高かったのは「所持物」である。

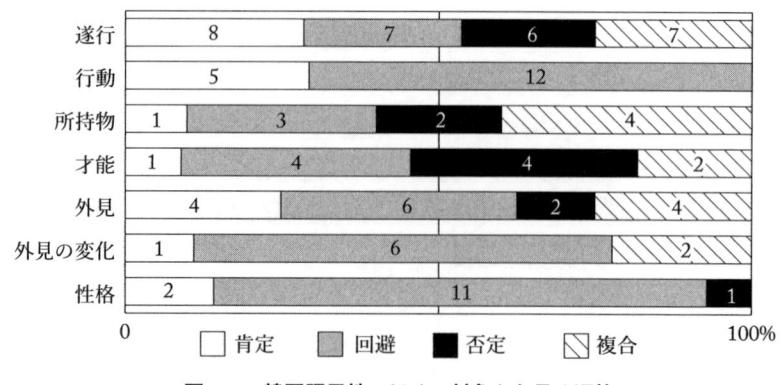

図5-9のデータ:
- 遂行: 肯定8, 回避7, 否定6, 複合7
- 行動: 肯定5, 回避12
- 所持物: 肯定1, 回避3, 否定2, 複合4
- 才能: 肯定1, 回避4, 否定4, 複合2
- 外見: 肯定4, 回避6, 否定2, 複合4
- 外見の変化: 肯定1, 回避6, 複合2
- 性格: 肯定2, 回避11, 複合1

図 5-9　韓国語男性のほめの対象から見る返答

次の図 5-10 は、韓国語女性における結果である。

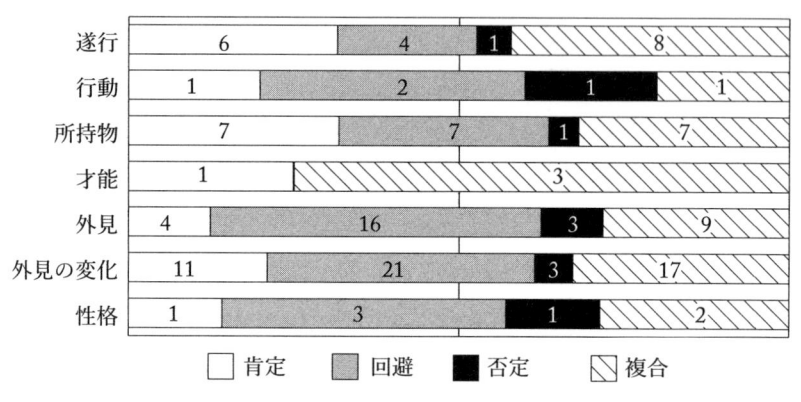

図5-10のデータ:
- 遂行: 肯定6, 回避4, 否定1, 複合8
- 行動: 肯定1, 回避2, 否定1, 複合1
- 所持物: 肯定7, 回避7, 否定1, 複合7
- 才能: 肯定1, 複合3
- 外見: 肯定4, 回避16, 否定3, 複合9
- 外見の変化: 肯定11, 回避21, 否定3, 複合17
- 性格: 肯定1, 回避3, 否定1, 複合2

図 5-10　韓国語女性のほめの対象から見る返答

図 5-10 に示した韓国語女性における結果をまとめると、まず「肯定」は全ほめの対象に渡って現れている。しかし、その頻度と割合には差があって、「遂行」と「所持物」では「肯定」が多く、「否定」は非常に少ない。全体的に「回避」と「複合」が多く用いられているが、この2つの返答は、とりわけ「外見」、「外見の変化」において非常に高い割合を占めている。

5.3.3 ほめの対象ごとに見る返答の日韓対照

まず、図 5-11 と図 5-12 に日本語と韓国語のほめの対象から見る返答の種類と割合を示す。

まず、図 5-11 から分かるように、日本語の「ほめの対象から見る返答」における特徴として、「肯定」がまったく現れていない対象があることが挙げられる。それは、相手の「才能」、「外見」、「外見の変化」などであるが、とりわけ「才能」、「外見」へのほめには、他の対象より「否定」も多い。一

日本語

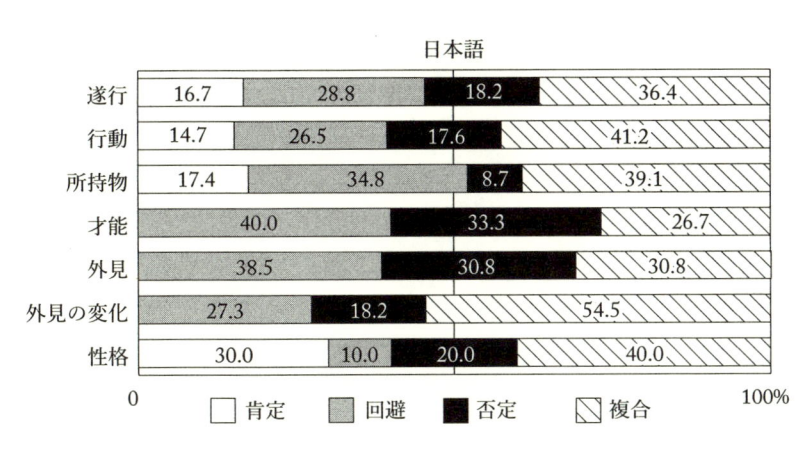

対象	肯定	回避	否定	複合
遂行	16.7	28.8	18.2	36.4
行動	14.7	26.5	17.6	41.2
所持物	17.4	34.8	8.7	39.1
才能		40.0	33.3	26.7
外見		38.5	30.8	30.8
外見の変化		27.3	18.2	54.5
性格	30.0	10.0	20.0	40.0

図 5-11 日本語におけるほめの対象から見る返答

韓国語

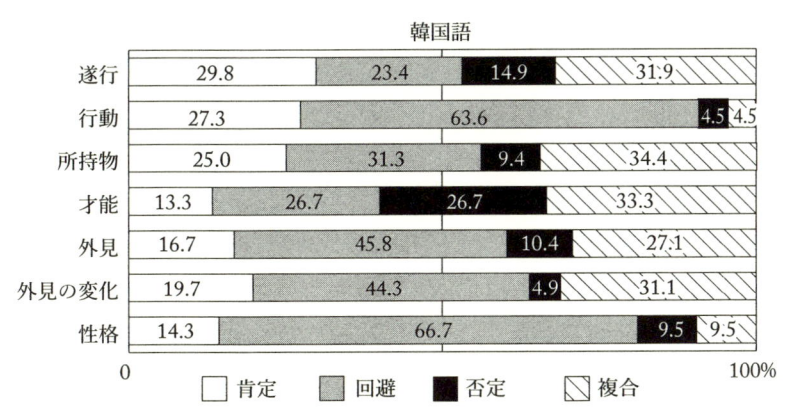

対象	肯定	回避	否定	複合
遂行	29.8	23.4	14.9	31.9
行動	27.3	63.6	4.5	4.5
所持物	25.0	31.3	9.4	34.4
才能	13.3	26.7	26.7	33.3
外見	16.7	45.8	10.4	27.1
外見の変化	19.7	44.3	4.9	31.1
性格	14.3	66.7	9.5	9.5

図 5-12 韓国語におけるほめの対象から見る返答

方、相手が持っていたりつけていたりする「所持物」へのほめに関しては「否定」がもっとも少ない。なお、「性格」へのほめに対して「肯定」が高い割合（30%）を占めているものの、頻度は3回だけであるため、断定できない。

一方、図5-12に示した韓国語では、日本語とは違って、「肯定」はすべての対象にわたって現れている。しかし、韓国語においても「肯定」の出現割合は対象によって異なり、「遂行」、「行動」、「所持物」へのほめには「肯定」が25%以上現れているのに対し、その他の対象では「肯定」が20%未満で少ない。とりわけ、韓国語母語話者がもっとも頻繁にほめていた「外見」や「外見の変化」へのほめに対して「肯定」が若干少ないことも面白い結果である。また、先天的な要素である「才能」や「性格」でも「肯定」は少ない。さらに「才能」へのほめに対する「否定」は、他の対象に比べてもっとも高い割合を示している。

5.4　まとめ

以上の分析結果により、日本語と韓国語のほめに対する返答においては4つの特徴が明らかになった。

1つ目は、日韓ともにほめに対する返答として「回避」や「複合」が多用されている点である。すなわち、表現上、はっきりと肯定か否定かが分からない返答が用いられる、あるいは、最初の返答が変化するなど、より複雑な返答が使用されるのである。しかし、「回避」、「複合」の詳細を見ると、日韓間に相違点が現れている。両言語ともに「肯定的」回避が多いものの、「否定的」回避は日本語により多い。また、韓国語では、最初の返答を繰り返すか強調する「複合」が多い反面、日本語では最初の返答を否定方向へ変化させる「複合」が多用されるのである。

2つ目の特徴は、「回避」と「複合」を除くと、日本語には「否定」がより多く、韓国語に「肯定」がより多い点である。とりわけ、韓国語の「肯定」には「自慢」の返答が多用されているが、日本語では非常に少ない。

そして、3つ目は、日韓それぞれ、ほめの対象によってその返答が異なる

点である。まず、類似点として、「所持物」へのほめには「否定」の割合が非常に低く、「才能」へのほめには「否定」の割合が高いことが挙げられる。一方、相違点としては、「才能」、「外見」、「外見の変化」へのほめに対して、日本語では「肯定」がまったく現れなかったのに対し、韓国語では約13～20%現れている。ただし、韓国語でもほかの対象に比べると若干減少している。また、日本語では「所持物」を除く対象において「否定」が約18～33%占めているのに対し、韓国語では「才能」、「遂行」を除く対象において「否定」は10%以下の割合である。この分析結果によって、ほめに対する返答にはほめの対象が一要因になっていることが明らかになった。

　4つ目は、日本語と韓国語ともに、ほめに対する返答において男女の差が現れている点である。まず、日韓ともに女性が男性より「複合」の返答を多用している。ただし、日本語女性にはまったく現れなかった「肯定→肯定」の返答は、韓国語女性にもっとも多く見られた。また、男女の差が見られたものの、その傾向は日本語と韓国語とで逆の結果になっているものがある。それは、日本語では女性の「肯定」が少ないのに対し、韓国語では女性の「肯定」が多い。また、日本語男性では、最初の返答を否定方向へ変化させる「複合」の使用が韓国語男性に比べ、倍以上多く見られた。

　それではほめに対する返答において、両言語母語話者は、なぜほめられたらほめの対象にかかわらず「回避」と「複合」をよく用いているのか。

　ほめはあからさまに受け入れると自慢に受け取られる恐れがある。一方、ほめという相手の好意を打ち消す返答をすればせっかくほめてくれた相手にとって失礼になる恐れがある。「回避」はこの両方の恐れを考慮した「返答」として機能していると解釈できる。言い換えれば、日本語母語話者と韓国語母語話者はともに、ほめられたら「回避」を用いることで相手との関係をうまく保っていると言える。また、「複合」のように、最初に肯定してから否定したり、あるいは否定してから肯定したりするなど、より複雑な反応を見せることで、相手との対人関係を上手く調整していると思われる。

　しかし、どのような「回避」や「複合」を用いるかにおいては両言語の間に違いも見られた。日本語母語話者は韓国語母語話者より、ほめの話をそら

したり、最初はそのほめを受け入れてもすぐ打ち消すなどの返答をしている。それに対して、韓国語母語話者はほめられると笑いだけで反応することが多く、また最初の返答を裏付けるようなもう1つの情報を付け加える返答を相対的に多く用いており、ポジティブ・ポライトネスを優先すると考えられる。

以上のように、ほめに対して「回避」や「複合」を用いることが日本語と韓国語の共通したポライトネスであることが分かる。しかし、それを表すための具体的なストラテジーには日本語と韓国語とに違いがあると言える。

また、注目したいところは、韓国語における「肯定」、とりわけ「自慢」の返答や「複合」における「肯定→肯定」の返答の多用という点である。日本語のように相手のほめに同意することでほめを受け入れるのでなく、さらに自分を高く評価する、あるいはほめを受け入れる返答をほかの表現でさらに繰り返すのは、ほめてくれた相手のフェイスを侵害する恐れがあると考えられる。にもかかわらず、こういった返答は韓国語の会話に多く見られている。日本語とは違って、韓国語の親しい同性・同学年の友人同士の会話においては、相手からほめられた場合、自慢や肯定を強調するような返答を用いることで、自分のフェイスを守りつつ、相手から導入された話題に対する興味と相手への親しみを表し、さらに会話が弾むようにしていると解釈できる。

最後に、「外見」や「外見の変化」へのほめに対する返答の結果を検討する。「外見」や「外見の変化」は日本語と韓国語の間にその出現頻度の差がもっとも大きかったほめの対象である。日本語では、「外見(の変化)」へのほめが非常に少なく、またほめられた場合も「肯定」がまったく現れなかった。したがって、日本語のデータでは「外見」に関連した話題でほめることもほめられることも、会話者相互にとってフェイス侵害度が高いことが読み取れる。次に、韓国語では、「外見(の変化)」はもっともほめやすい対象である。しかしながら、それがほめられた場合の「肯定」の割合を見ると、日本語よりはかなり高いものの、韓国語の他の対象に比べると若干低く、その代わりに「回避」や「複合」の使用が顕著で、「否定」は非常に少ない。すなわち、外見に関するほめを素直に肯定することは相手へのフェイス侵害度が高くなると見積もられ、他の対象に比べて、はっきりと肯定できず、その

代わりに「回避」や「複合」が多用されているのではないかと考えられる。この結果から、韓国語では、「外見」に関するほめの場合、ほめる側とほめられる側とで相手に与えうるフェイス侵害度の見積もりが異なると言える。

注
1 本書では、ほめに対する返答に現れる笑い、沈黙などを非言語行動として扱う。
2 「けど、でも」などの接続助詞を使ったり、ほめの範囲を制限することばを付加したりする。また、音声的判断に頼ったものとして、「うん」という発話を長く引きながら、反応する場合もここに分類する。
3 複合の返答の中では、「分からない」と答え、自分の意見を保留する返答が現れたが、これも中立的回避に分類する。

第6章　日本語と韓国語の「ほめの談話」

　人々はどのようにほめる対象に関連する話題を導入し、どのようにほめと返答を交わすのか、また返答の後、誰がどのように話題を展開していくのか。さらに、このような「ほめの談話」の流れは使用言語によってどのような特徴が見られるのか。

　第6章では、「ほめの談話」の流れを分析し、日本語と韓国語の類似点と相違点を明らかにする。そのため、「ほめの談話」を「先行連鎖—本連鎖—後続連鎖」に分け、誰が主導するか、どのように行うか、連鎖にはどのようなストラテジーが用いられるか、を中心に分析する。

　また、これまでの多くの談話関連の研究では、談話の構造ややり取り、用いられるストラテジーを細かく丁寧に分析することに重きが置かれており、定量的な手法が用いられる研究は少ない。そこで、本書では「ほめの談話」の流れを定性的に分析するとともに、定量的な手法も用いる。

6.1　「ほめの談話」の展開

　本節では、「ほめの談話」がどのように始まり、どのように展開していくのかを詳しく見ていく。そのために、堀口（1997）の「会話のしくみ」の説明を参考にする。同書では「会話のしくみ」を、「会話の始まり、会話中の話し手と聞き手、会話の終わり」に分け、それぞれの場面における特徴と会話者の役割などについて説明されている。このような説明は、会話におけるやり取りを分析する際、有益な観点を提供してくれると思い、本章での分析の参考にする。すなわち、ほめの始まり、終わり、そして話し手（ほめ手）と聞き手（ほめの受け手）の役割や役割の交替も考慮に入れ、分析する。

例6-1に「ほめの談話」の一例を示す。なお、本章における例の提示に当たって、紙面上、発話文終了のマーカーである「*」を省略してある。

例6-1　ほめの談話の一例

1	I	私ね、その時、歌は歌わないで、指揮振る〈ように…〉{〈}。	
2	D	〈あらー！、す〉{〉}ごい、指揮も出来るなんて。	ほめ
3	I	いや、まだ出来ないんだけど。	返答
4	D	習ってるの？。	
5	I	うーん、今やってる。	
6	D	そうなんだー。	
7	I	そう、私はなんか高校の時とかは合唱やってないのに。	
8	D	うんうん。	
9	I	大学入ってから始めたのに、（んー）もう指揮をやると言われて。	
10	D	ねー！。	
11	I	分からな〈いけど〉{〈}。	
12	D	〈実は〉{〉}見所があるんじゃないの？。	ほめ
13	I	ないよ。	返答
14	I	だって4人しかいなくて誰が何をやる〈かで…〉{〈}。	
15	D	〈1年〉{〉}生4人なの？。	

〈JF12組〉

本書では、ほめの談話の流れを「先行連鎖―本連鎖―後続連鎖」を用いて、分析する。各連鎖の定義は次のように定める。

・先行連鎖：本連鎖の前に、ほめと何らかの関連のある実質的発話から始まるやり取り
・本連鎖：ほめの談話の中に現れた最初の「ほめ―返答」のやり取り
・後続連鎖：本連鎖の後に、実質的発話から始まるやり取り

例6-1を見ると、No.1で指揮を振るという話題が導入され、No.2とNo.3で最初のほめとそれに対する返答が現れる。またNo.4でほめの対象に関するより詳しい質問が行われ、その答えがNo.5である。これらのやり取りを

次のような連鎖にまとめることができる。

```
先行連鎖：No.1 ─→ 本連鎖：No.2─No.3 ─→ 後続連鎖：No.4─No.5 ……
```

本章では、「ほめ—返答」という本連鎖の前後に現れうる先行連鎖と後続連鎖を中心に以下のような分析項目を立てることにする。

まず、先行連鎖では、どのようにほめに関連する話題が導入されるのかを見る。先行連鎖の有無とともに、先行連鎖を主導する話者は誰か、また先行連鎖に用いられるストラテジーにはどのようなものがあるかについて分析する。

そして、本連鎖は会話データに見られた「ほめ—返答」のパターンを詳しく提示する。

さらに、ほめに対する返答の後のやり取りである後続連鎖においては、誰による発話なのか、そして話題がどのように展開していくのかを中心に分析する。

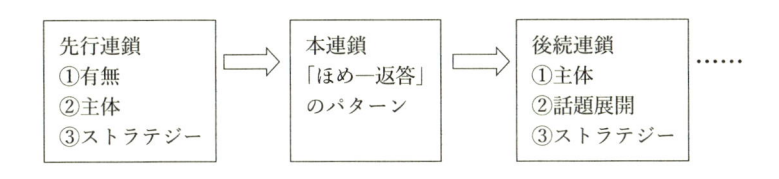

```
先行連鎖         本連鎖          後続連鎖
①有無     ⇒   「ほめ—返答」  ⇒   ①主体      ……
②主体          のパターン        ②話題展開
③ストラテジー                    ③ストラテジー
```

それでは、まず先行連鎖について見る。

6.2　ほめの先行連鎖

会話の中ではどのようにほめに関連する話題が導入されるのか。ここでは、先行連鎖の有無、先行連鎖を主導する話者、さらに、用いられるストラテジーについて見る。

熊取谷（1989）にも言及されているように、ほめの談話を見るとほめの本連鎖の前にほめとなんらかの関連のあるやり取りが現れている場合がある。

そのような先行連鎖がある場合、誰によるものかによって、その機能が異なると考えられる。

次に、先行連鎖を主導する話者がほめ手の場合と受け手の場合の例を挙げ、それぞれの機能を見ていく。例6-2は、ほめ手主導の先行連鎖から始まるほめの談話である。

例6-2　ほめ手が主導する先行連鎖

→1	D	「相手の名前」ちゃん、髪の毛伸びたよね。	
2	I	伸びた。	
3	D	すごいいい感じだよ。	ほめ
4	I	本当？。	返答
5	D	はい。〈2人で笑い〉	
6	I	なんかね、また切ろうかと思って。	

〈JF01組〉

　2人は、髪の長さについて話しており、すごくいい感じだというほめ(No.3)に対して、本当なのかと確認する返答(No.4)の本連鎖が現れている。その本連鎖の前のやり取りNo.1、2を見ると、ほめ手が相手の髪の長さに注目し、髪の毛が伸びたと述べ、確認してから、いい感じだとほめている。
　このようなほめ手による先行連鎖は、例6-2のように相手のことについて注目し、その変化に言及する表現が多く見られている。それは、ほめの対象を2人の話題に導入し、ほめる対象に関心を表し、相手もその話題に注目させる機能を果たしていると考えられる。そのほかに、例えば「そのスカート、はじめて見るけど、買ったの？」、「(試験で)何点取れたの？」など、ほめの対象に関わる質問の形式を取る例も現れている。これらは、後にくる本連鎖をうまく行うための確認であると考えられる。なお、ほめ手による先行連鎖は、次に来る本連鎖を行うために意図的に導入される場合がほとんどである。
　次の例6-3は、ほめの受け手主導の先行連鎖から始まるほめの談話である。

例6-3　受け手が主導する先行連鎖

→1	I	私ね、その時、歌は歌わないで、指揮振る〈ように…〉{《}。	
2	D	〈あらー！、す〉{》}ごい、指揮も出来るなんて。	ほめ
3	I	いや、まだ出来ないんだけど。	返答
4	D	習ってるの？。	
5	I	うーん、今やってる。	
6	D	そうなんだー。	

〈JF12組〉

Iが、学園祭のとき、自分が指揮を振るようになったことをDに言うことで、No.2のほめにつながっているやり取りである。

受け手Iによる先行連鎖は、相手のほめを意図していない話題の提供が結果的に相手のほめを引き起こす場合と、受け手自身が意図的にほめの対象となる話題を出すことによってほめ手がそれを認めることを期待する場合などが見られる。

一方、すべての「ほめの談話」に先行連鎖が現れるわけではない。次の例6-4は、先行連鎖というほめる前の導入部分がなく、直接ほめから始まる談話である。

例6-4　先行連鎖のない例

→1	D	머릿결이 되게 좋아졌어, 윤기가 되게 많이 나. 髪の毛がすごく良くなったね、つやつやだよ。	ほめ
2	I	진짜?. 本当?。	返答
3	D	응, 너 원래 생머리였잖아, 그지?. うん、あなた元々ストレートだったじゃん、ね?。	
4	I	응. うん。	

〈KF03組〉

例6-4では、2人の会話が始まってすぐ、ほめ手Dは相手の髪の毛がよくなったことに注目し、そのツヤ感をほめている。この例のように、ほめ手が相手をほめることから始まる例は、大半が外見の変化や新しい所持物に気

づいたとき行われる。ほめられる側には、ほめ手が自分のことについてちゃんと関心を持ち、注目してくれていることが伝わり、心地よくなることが多い。その一方で、人の性格などをいきなりほめられると、受け手はほめ手の意図を疑う、あるいはその返答に戸惑いを感じることもありうる。

以上のように、ほめが始まる前に、話者の誰かによってほめの対象が話題として導入される先行連鎖は、行われる場合とそうでない場合があることが確認できた。そこで、次に、実際の会話データを用いて、日本語と韓国語における先行連鎖の有無、主導する話者、ストラテジーについてより詳しく見ていく。

6.2.1　先行連鎖の有無

まず、表6-1に、日本語と韓国語の「ほめの談話」において先行連鎖が行われるか否かについての結果を示す。

表6-1　先行連鎖の有無

先行連鎖の有無	日本語 頻度	日本語 %	韓国語 頻度	韓国語 %
有り	62	65.3	60	45.1
無し	33	34.7	73	54.9
計	95	100.0	133	100.0

表6-1に示したように、ほめの先行連鎖は日本語の場合、有り65.3％、無し34.7％であるのに対し、韓国語は有り45.1％、無し54.9％である。表6-1の先行連鎖の有無には、日本語と韓国語において1％水準で有意な差が認められた（$\chi^2 = 0.00408$, $df = 1$）。つまり、日本語はほめる前にそれに関連する話題を導入する場合が多いのに対して、韓国語のほうはいきなりほめることから始まるやり取りが日本語より多いと言える。

次に、日本語と韓国語において先行連鎖が行われる場合は誰によるものが多いのか見ていく。その結果を図6-1に示す。

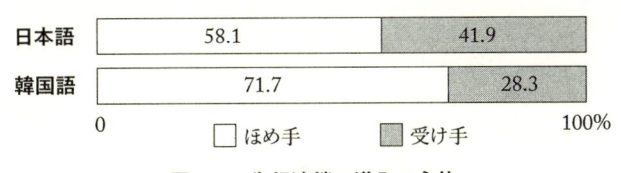

日本語	58.1	41.9
韓国語	71.7	28.3

0　　　　　□ほめ手　■受け手　　　100%

図6-1　先行連鎖の導入の主体

　図6-1を見ると、日本語は先行連鎖計62回のうち、ほめ手58.1%（36回）、受け手41.9%（26回）であり、韓国語は計60回のうち、ほめ手71.7%（43回）、受け手28.3%（17回）である。図6-1は5%水準で有意な差が現れ、先行連鎖の導入の主体には日韓の差が認められた（$\chi^2 = 0.04392$、$df = 1$）。すなわち、韓国語はほめ手によるものが7割以上を占めているのに対し、日本語は受け手による先行連鎖が4割を超えているという違いが見られた。このことから、日本語母語話者は相手から導入された話題を相手へのほめにつなげる傾向が韓国語母語話者より強いことが読み取れる。この結果は、日本語のほめる言語行動における大きな特徴の1つと言える。
　次に、先行連鎖に用いられるストラテジーを見る。

6.2.2　先行連鎖のあるほめの談話

　先行連鎖がある場合、誰によるものかによって、先行連鎖の発話の機能が異なると考えられる。それでは、先行連鎖を主導する会話者がほめ手の場合と受け手の場合の例を挙げ、それぞれの特徴を見る。

6.2.2.1　ほめ手主導の先行連鎖

　図6-1から分かったように、先行連鎖の主体は日韓の割合の差はあるものの、ほめ手がより多い。それでは、ほめ手が話題を導入する先行連鎖に用いられる具体的なストラテジーを見てみよう。
　まず、後でほめの対象になる事柄に関して質問する、あるいは確認する「①質問・確認」がある。その例を見る。

例6-5　ほめ手主導の先行連鎖　①質問・確認

→1	D	언제부터 당구 쳤어?. いつからビリヤードやってたの?。	先行： 質問・確認
2	I	재수하면서 쳤지. 浪人しながらやってた。	
3	D	되게 잘 치더라. すごくうまかったな。	ほめ
4	I	「친구 이름」가 진짜 잘 쳐. 「友達の名前」が本当にうまいよ。	返答

〈KM03 組〉

　例6-5では、相手のビリヤードのうまさをほめる前に、いつからやり始めたかを聞くことで、ビリヤードの上手さというほめの対象を2人の話題として導入している。このような、ほめの対象となる事柄などについて質問や確認を行う先行連鎖は日本語と韓国語に共通して多く見られている。
　次に、ほめの対象と関連した自分の状況や経験、情報などを述べることで、自ら情報を提供するという「②情報提供」も見られた。例を見る。

例6-6　ほめ手主導の先行連鎖　②情報提供

→6-1	D	あの、卒論のことで、(うん)あーちょっと参考意見を聞こうかなーと〟	先行： 情報提供
7	I	うん、はいはいはい、うんうんうん。	
→6-2	D	思って、後で聞いてもいい?。	
8	I	参考にならないよ。	
9	D	え、なるよ。	
10	D	え、だっていつもさ、すごい指摘してくれるんだもん。	ほめ
11	I	えーそんなこと…。	返答
12	I	ただ、面白いから見てる〈だけ〉{〈}。	

〈JF05 組〉

　Dが自分の書いている卒業論文について、いろんなアドバイスをしてくれるIに今日も意見を聞きたいと話を切り出している。その後、Iが自分の意見は参考にならないと言ったことに対して、「すごい指摘してくれる」と

具体的な事実を取り上げ、それが自分に参考になるとほめている。

また、ほめの対象になる物や事柄にはじめて気付く、あるいは何らかの変化が見られることに注目する「③注目」がある。次の例を見る。

例 6-7　ほめ手主導の先行連鎖　③注目

→1	D	시계 좀 줘 봐. 時計ちょっと見せて。	先行： 注目
2	I	아ー,이,이거 두 개나 느니까 이제 여유롭게 들어가더라. あー、こ、これ2つ［時計の穴］緩めたら楽に入ったんだ。	
3	D	이 시계가 어ー 씨,괜찮은 것 같긴 해,진짜. この時計が、おー、いいと思う、本当。	ほめ
4	I	이거 내 동생이 사 온〈거야〉{〈}. これ、弟が買ってきた〈やつ〉{〈}。	返答
5	D	〈줄이〉{〉} 원래 가죽 줄이었지?. 〈バンドが〉{〉} 元々革のバンドだったな。	
6	I	어,가죽 줄이었어. うん、革のバンドだった。	

〈KM04 組〉

DがIの時計をほめる場面であるが、ほめる前にその時計に注目し、それを見せてほしいと言うことで、話題をIの時計にしている。このように、はじめて見るものや、変化したことなどに注目し言及するのは、とりわけ、アクセサリーなどの所持物をはじめて見たとき、あるいは髪型などの外見が変わったことに気付いた時によく用いられる。

次に、ほめる対象に関して自分がどう思っているのかなどを感情で表すことでほめの対象を話題に導入していく「④感情の表現」を挙げる。

例 6-8　ほめ手主導の先行連鎖　④感情の表現

→1	D	なんかさ、たまにうらやましいと思うけど、俺は。	先行： 感情表現
2	I	(小声で)何で?。	
3	D	うん、や、いいと思うとこあるぜ、人付き合いがうまいじゃん。	ほめ

4	I	いや、だめよ、これ。	返答
5	D	なんで、誰とでもなんか仲良くできるやつか。	ほめ
6	I	恋というのがね、だめって、最近「彼女の名前」がよく怒ってる、なんか。	返答

〈JM03 組〉

　ほめ手のDは、Iの人付き合いのうまさをほめる前に、まず「うらやましいと思う」と、自分の感情を言ってから、その具体的なほめの内容を述べている。受け手のIは、いきなり相手にうらやましいと言われても何についてのことなのか判断できず、この時点ではまだほめは成立せず、ほめの先行連鎖の始まりとみなすことができる。

　また、ほめの対象を第三者や一般の人と比べることで話題を導入する「⑤比較」がある。

例 6-9　ほめ手主導の先行連鎖　⑤比較

→1	D	「상대방 별명」아, 나 어제 어떤 사람 코를 봤는데, 코가, 옆모습이 너무 예쁜데, (응) 어떻게 사람 코가 저렇게 예쁘게 섰을까 하고 앞을 딱 봤는데, 코가 이렇게 삐뚤어져 있더라. 「相手のあだ名」、私、昨日ある人の鼻を見たんだけど、鼻が、横顔がすごくかわいくて、(うん) どうして人の鼻があんなに整っているのかなって正面を見たら、鼻がこんなに曲がっていたの。	先行：比較
2	I	진짜?. 本当?。	
3	D	끔찍했어, 그래서 그러니까 세웠는데 삐뚤어진 거야. ひどかった、それで、だから整形したけど、曲がったのよ。	
4	I	어엉. うーん。	
5	D	너 코 세운 거 아니지?. あなたは整形してないでしょう?。	
6	I	〈웃으면서〉 으응. 〈笑いながら〉うん。	
7	D	안 세운 콘데 자연스럽게,「상대방 별명」는 코가 제일 이쁜 거 같애. 整形してないのに自然に、「相手のあだ名」は鼻が一番かわいいと思う。	ほめ

8	I	진짜?. 本当?。	返答 (D： 挿入)
9	D	응. うん。	
10	I	우리 집에선 코 낮다고 얼마나 구박하는데. うちでは私の鼻が低いっていじめられてるけど。	
11	D	니 코가 낮다고?. あなたの鼻が低いって？。	

〈KF06組〉

ほめ手のDは、Iの外見（鼻）をほめる前に、実際自分が見たある人の鼻が期待とは違って曲がっていたという話をしている。ある特定のほめの対象、ここでは「鼻」であるが、第三者の鼻に関する話を持ち込み、またその形が曲がっていたと言うことは、相手Iの鼻と比べることになり、7Dのほめにつながっている。

次に、日韓のほめ手主導の先行連鎖に用いられるストラテジーの頻度と割合を表6-2に示す。

表6-2　日韓のほめ手主導の先行連鎖に用いられるストラテジー

ほめ手の ストラテジー	日本語		韓国語	
	頻度	%	頻度	%
①質問・確認	24	66.7	25	58.1
②情報提供	7	19.4	7	16.3
③注目	2	5.6	6	14.0
④感情の表現	3	8.3	2	4.6
⑤比較	0	0.0	3	7.0
計	36	100.0	43	100.0

表6-2から分かるように、日韓ともにほめ手主導の先行連鎖には「質問・確認」がもっとも多く用いられている。それに続いて、「情報提供」、「注目」、「感情の表現」の順である。また、「比較」は韓国語にのみ現れた。したがって、日韓両母語話者は、ほめる前にほめの対象に関する質問や確認をするこ

とで、相手をほめの対象に注目させ、2人の話題としてほめの対象を導入する傾向が強いと言える。

以上のように、ほめ手主導の先行連鎖は、次に来るほめをうまく行うために意図的に導入される場合がほとんどであることが分かる。また、ほめ手主導の先行連鎖の機能は、ほめの対象を2人の話題として導入し、ほめる対象に関心を表し、相手もその話題に注目させることであることが明らかになった。

次に、ほめの受け手が主導する先行連鎖について述べる。

6.2.2.2　受け手主導の先行連鎖

図6-1に示したように、ほめの受け手が主導する先行連鎖は、日本語41.9%で、韓国語28.3%という結果で現れた。それでは、具体的にどのようなストラテジーが用いられているのか見てみよう。

まず、後にほめられる対象となる事柄や物などを話題として挙げる「①情報提供」が挙げられる。その例を見る。

例6-10　受け手主導の先行連鎖　①情報提供

→1	I	私ね、その時、歌は歌わないで、指揮振る〈ように…〉｛〈〉｝。	先行：情報提供
2	D	〈あらー！、す〉｛〉｝ごい、指揮も出来るなんて。	ほめ
3	I	いや、まだ出来ないんだけど。	返答
4	D	習ってるの？。	
5	I	うーん、今やってる。	

〈JF12組〉

No.1で、学園祭のとき、自分が指揮を振るようになったと言ったことが、No.2の「指揮ができる」というほめにつながっているやり取りである。このような 受け手による話題導入 → ほめ手によるほめ の流れは日本語の会話に多く見られ、日本語では、相手から出された話題を相手へのほめにつなげる傾向が強いことが分かる。

次に、ほめの受け手が、ほめの対象と関連して相手に何らかの情報を求める「②情報要求」がある。

例 6-11　受け手主導の先行連鎖　②情報要求

→1	I	Bクラス、どう？、仲よくなった？。	先行：情報要求
2	D	Bクラスね…。	
3	I	A、やばいんだけど、結構。	
4	D	あー集団、なんか変な、変ていうか、なんか取っ付きがたい集団？？。	
5	D	俺らはね、取っ付きがたく見えて結構ね、やわらかいっていうか、結構敷居の低い人たちが多いから。	
6-1	D	話したら、「相手の名前」だってあれじゃん、あの、話しかけたら結構敷居低いっていうか、取っ付きやすい｡｡	ほめ (I: 挿入)
7	I	はいはいはー、そういう意味か。	
6-2	D	うん、しゃべったらしゃべりかけて反応とか鈍かったら、(あー)抵抗あるけど、抵抗が(あー)なんとなくしゃべって普通に返ってきたらほっとするじゃん。	
8	I	おおおおー。	
9	D	うん、だからしゃべるしね。	
10	I	おおー、なるほどね。	返答
11	I	俺なんか大体今日、結構大体男は全員ほぼ全員話したけど。	
12	I	なんか、俺は中立的な立場にいるんだよ。	

〈JM14組〉

　DとIは同じ専攻語の同期であるが、IはAクラス、DはBクラスに分かれている。そのため、IがDに新学期のクラスの雰囲気について聞くことから話が始まっている。Dは、自分のクラスについて、取っ付きがたく見えるが、敷居低い人が多いと答えてから、相手のIをそのような「敷居低い、取っ付きやすい」人に例えることでほめている。このような、受け手による「情報要求」は、ほめられたいと意図して行うというより、情報を要求されたほめ手が答える過程で受け手をほめることになる場合が多い。

　次に、後にほめられる会話者が、自分の意志や決心を述べることで相手のほめを引き起こしている「③決心」の例を見る。

例6-12　受け手主導の先行連鎖　③決心

→1	I	담배 끊어야지. 煙草止めるぜ。	先行： 決心
2	D	대단한데!. すごいな!。	ほめ
3	I	키스할 때 냄새난대, 「여자친구 이름」이가 싫어해. 〈둘이서 웃음〉 キスするとき臭いって、「彼女の名前」がいやがってる。 〈2人で笑い〉	返答
4	I	왜, 부럽냐?. 何、うらやましいの?。	
5	D	부럽지. うらやましいよ。	

〈KM09組〉

　Iはタバコを止めると自分の決心を言い、Dの「대단한데!(すごいな!)」というほめを引き起こしている。Dは禁煙の難しさを知っているだけにそのように決心したIを評価していると考えられる。

　ところで、日本語では、次のような例が見られた。それは、自分に関する不利な情報を述べる「④自己卑下」の発話をすることによって、相手のほめを引き起こしているのである。

例6-13　受け手主導の先行連鎖　④自己卑下

→1	I	この髪、お母さんから"変なモンキー"ってさー。	先行： 自己卑下
2	D	えー本当?、かわいいよ。	ほめ
3	I	あ、そう?	返答
4	I	よかった。	
5	D	まあね、ストパ、いつもかけている##よりストパじゃないと思ってたけど、ストレートパーマだよね。	

〈JF08組〉

　Iが新しくストレートパーマをかけて家に帰ったときの母の反応を話すことから始まる会話である。Iが新しい髪型を母に「変なモンキー」と言われたことを話したら、母の反応とは違って友人のDから「かわいい」とほめ

られた。それに対してIは「あ、そう？よかった」と言うことで、気になっていた髪型を相手にほめられて少し安心したような気持ちを伝えている。このような、自分に不利な情報を出す「自己卑下」には2つの解釈が考えられる。まず非意図的に自分に不利な情報を言ったことが結果的に相手のほめを引き起こす場合や、自分で良いとは素直に言えないものを相手に言ってもらったり確かめたりするため意図的に不利な情報を言う場合もあり得る。

次は、ほめの対象となる物や事柄などについて自分の感情を表すことでその話題を導入している「⑤感情の表現」の例である。

例6-14　受け手主導の先行連鎖　⑤感情の表現

→1	D	それなんか懐かしいね。	先行：感情表現
2	I	覚えてるの？。	
3	D	うん。	
4	I	うん、そう。	
5	D	〈笑いながら〉なに、その言い方。	
6	I	〈笑いながら〉よく覚えてるね。	ほめ
7	D	なんでー。	返答
8	I	よく覚えてるねー、懐かしいとか。	ほめ
9-1	D	うん、（うん）ていうか覚えてないけど ,,//	返答
9-2	D	ただ懐かしい感じがする。〈2人で笑い〉	
10	I	ていうか、あんまり着てないから、これ。	

〈JF10組〉

Dは、相手の服について「懐かしい」と自分の感じた感情を言うことによって、その服を話題に導入している。それに対して、Iは自分の服をDが覚えていることを確認して、「よく覚えてるね」とほめている。この会話では、DがIの服を話題に導入しているが、ほめはIから行われている。Dは事前に相手のことに関して自然な流れでほめてくれるよう指示を受けた側で、おそらく先行連鎖後、相手へのほめを行うつもりであったかもしれないが、その意図は成功せず、むしろ相手からのほめが現れている。

さらに、相手のために何かを約束することによってほめを引き起こす「⑥

例 6-15　受け手主導の先行連鎖　⑥約束

→1	I	（クラブでの飲み会の話をしながら）ちょっと企画するね。	先行：約束
2	D	うん、お願いする（んー）、わー楽しみ。	
3	D	そうだね、なんか##コンとかやっちゃおうかなー〈2人で笑い〉。	
4	I	いいんじゃないの、本当に。	
5	D	うん、まめで、いろいろやってく〈れて〉{〈}。	ほめ
6	I	〈でも〉{〉}今まで言ってなかったでしょう、これに…。	返答
7	I	行動力が出てきて、（うーん）結構やっちゃうことはやっちゃうからね〈笑い〉。	
8	D	昨日、眼鏡見てだんだけどさ。	

〈JM07組〉

　2人は、クラブで飲み会をしようという話をしており、I自らそれを企画すると約束する。それについて、ほめ手のDは、相手について「まめで、いろいろやってくれて」とほめている。相手のために、あるいは2人のために何かを約束してくれるのは、それを受ける側としてはありがたい気持ちになるはずで、それを相手についてのほめで返していると考えられる。
　一方、韓国語では相手に何かを提案することによってほめを誘発する「⑦提案」の例が見られた。

例 6-16　受け手主導の先行連鎖　⑦提案

→1	I	오늘 신나게 놀아 보자． 今日は思いっきり遊んでみよう。	先行：提案
2	D	그래서 예쁘게 하고 나왔지？． だからかわいくしてきたでしょう？。	ほめ
3	I	〈웃으면서〉「상대방 이름」을 본다고，딱…． 〈笑いながら〉「相手の名前」に会うから、と…。	返答
4	I	내가 좀 늦었잖아，립스틱을 고르느라고． 私がちょっと遅れたじゃん、口紅を選んでて。	
5	D	화장한다고？． お化粧するため？。	

| 6 | I | 응 〈둘이서 웃음〉.
うん〈2人で笑い〉。 | |

〈KF12 組〉

　冬休み中、久しぶりに会った2人であるが、Iは「오늘 신나게 놀아 보자（今日は思いっきり遊んでみよう）」と相手に提案し、久しぶりに会った喜びを表している。その提案を受けたDは、だからIがかわいくしてきたのだとその外見をほめて答えている。
　さらに、韓国語の先行連鎖の中では、自分の成功した出来事や結果を述べることでほめを引き起こしている「⑧自慢」が見られた。

例6-17　受け手主導の先行連鎖　⑧自慢

→1	I	나 성적 성공했다, 3.5 나왔다. 俺、成績、成功したんだ、3.5だぜ。	先行： 自慢
2	D	와, 그래도 성공했네. あー、それでも成功したな。	ほめ
3	I	「과목명」 씨뿔(C＋)만 아니었어두, 어유, 좋았을텐데. 「科目名」C＋さえなかったら、あー、良かったのに。	返答

〈KM10 組〉

　Iは自ら成績が良いことを言い出すことで、相手のほめを引き起こしている。また、ほめられてからも、ある科目の成績さえ良かったなら、もっとよい成績をおさめることができたと悔しがっている。このような「自慢」は、ほめられる側が自ら評価され得る話題を出すことで相手にほめてもらいたいという意図がうかがえる。
　それでは、日韓の受け手主導の先行連鎖に用いられるストラテジーの頻度と割合を表6-3に示す。

表6-3　日韓の受け手主導の先行連鎖に用いられるストラテジー

受け手の ストラテジー	日本語 頻度	日本語 %	韓国語 頻度	韓国語 %
①情報提供	16	61.5	7	41.2
②情報要求	2	7.7	3	17.6
③決心	1	3.8	1	5.9
④自己卑下	4	15.4	0	0.0
⑤感情の表現	2	7.7	0	0.0
⑥約束	1	3.8	0	0.0
⑦提案	0	0.0	3	17.6
⑧自慢	0	0.0	3	17.6
計	26	100.0	17	100.0

　表6-3に示したように、日韓ともに受け手による先行連鎖では「情報提供」がもっとも多く用いられることが分かる。それに続いて、日韓ともに現れているのは「情報要求」、「決心」である。一方、日本語では「自己卑下」、「感情の表現」、「約束」が、また韓国語では「提案」、「自慢」の使用がほめを引き起こしている、といった違いも見られた。

　したがって、受け手主導の先行連鎖は、後にほめの対象となる事柄を2人の会話の話題として導入し、相手のほめを引き起こす機能を担っていると言える。また、「自慢」、「自己卑下」などのように、受け手の意図性・非意図性が伺えるストラテジーもあった。しかし、今回はデータの数が十分でないことや会話協力者に意図性の有無について直接確認できなかったため、ほめの受け手による先行連鎖における意図性・非意図性の分析は今後の課題としたい。

　以上のように、ほめ手主導の先行連鎖は、ほめの対象を2人の話題に導入し、ほめる対象に関心を表し、相手もその話題に注目させる機能を果たしている。それに対して、受け手主導の場合は、ほめの話題を導入することによって、意図的、あるいは非意図的に相手のほめを引き起こす機能を持っているとまとめることができる。

　次に、ほめと返答のやり取りである本連鎖について見てみよう。

6.3 ほめの本連鎖

　実際の会話に見られる本連鎖は、いくつかのパターンによって分類することができる。会話に見られるやり取りは、より複雑に行われている。例えば、より複雑な意味を持つ複合の返答を用いたり、ほめの後に挿入発話があって、それによって自然に返答が消えたり、あるいはほめに対する返答が新たなほめを生み出したりするのである。本節では、このようなほめの本連鎖を考察する。

6.3.1 「ほめ—返答」のパターン

　これまで1つのほめに対する返答を「肯定・回避・否定・複合」の4つに分け、分析してきた。ここでは、それぞれの談話の例を示し、各々の特徴をまとめる。

　まずは、「ほめと肯定の返答」の例である。

例6-18　ほめ—肯定の返答

1	D	俺はね、「相手の名前」がね、いいやつだと思うよ、本当に。	ほめ
2	I	そうですよね。〈2人で笑い〉	返答
3	D	いいやつだと思うよ。	ほめ
4	I	まじで?。	返答

〈JM15組〉

　DはIについていいやつだとほめ(No.1)、それに対してIは「そうですよね」と素直にそのほめを受け入れている(No.2)。B＆L(1987)のポライトネス理論の観点から考えると、ほめる行動は相手との距離を縮めようとするポジティブ・ポライトネスの典型的なストラテジーであり、欧米の研究では、そのほめを素直に受け入れることが大半であると報告されている(Holmes 1988、Herbert 1989)。しかし、本書での結果で明らかになったように、日本語での「肯定」はもっとも現れにくい返答である。また、韓国語では自慢する肯定の返答が多く見られるのが浮き彫りになった。しかし、韓

国語においても「肯定」がほめられたときの典型的な返答ではないことが明確になった。

次は、「ほめと回避の返答」の例である。

例6-19 ほめ―回避の返答

1	D	「相手の名前」、そのちっちゃいピン可愛いね、これ。	ほめ
2	I	これは「店の名前」で買った。	返答
3	D	「店の名前」?、行〈こうよ、行こうよ〉{〈}。	
4	I	〈行こうよ、行こうよ〉{}}。	

〈JF03 組〉

Dが相手の付けているピンをかわいいとほめたのに対し(No.1)、Iはほめを直接受け入れたり打ち消したりするといった自分の主観的な考えで答える代わりに、そのピンを買った店の名前といった客観的な情報だけを言っている(No.2)。これに関連して、Pomerantz(1978)は、ほめに対する返答には「相手の意見に同意、あるいはほめを受け入れる」や「自分に対するほめを避ける」という2つの制約が作用すると説明している。これらの制約への対処法として「回避」を多く用いているのではないかと考えられる。日本語と韓国語の話者は、このような「回避」、とりわけ、当該のほめに対する自身の意見は言わないものの、そのほめの話題に積極的に参加し、また、解釈によってはほめを受け入れているようにも受け止められうる「肯定的回避」を好み、ほめてくれた相手との関係をうまく保っていると考えられる。

次は、「ほめと否定の返答」の例である。

例6-20 ほめ―否定の返答

1	D	なんかさ、たまにうらやましいと思うけど、俺は。	
2	I	[小声で]何で?。	
3	D	うん、や、いいと思うとこあるぜ、人付き合いがうまいじゃん。	ほめ
4	I	いや、だめよ、これ。	返答

〈JM03 組〉

まず、「人付き合いがうまい」というほめに対して(No.3)、「いや、だめよ」とはっきりほめを打ち消している(No.4)。ほめという好意に対して否定することについては2つの解釈ができる。まず、そのほめに受け手自身が納得できない場合と、もう1つはほめを受け入れることで相手に自慢に受け取られることを避けるため用いる、いわゆる謙遜の現れだと考えられる。対人関係の観点からは、後者の場合が多いのではないかと思う。津田(1994)も日本の社会ではほめられる側は相手のほめことばを打ち消し、謙遜を伴うことが形式化されていると述べている。

　次は、1つのほめに対して「肯定・回避・否定」が2つ以上現れる「複合」の返答の例を見る。

例6-21　ほめ―複合の返答

3	D	なんだかんだ言ってさ、ほら、多少は遊びに行ったりはするけどさ、(んー)女にやさしい子だよな。	ほめ		
4	I	まあーとりあえずそうしてる。	返答	複合	肯定
5	I	っていうか、なんかあったら俺が謝っちゃうしなー。			否定
6	D	おー！〈笑い〉。			
7	I	それはいけないんだけ〈ど…〉{〈}。			

〈JM11組〉

　No.3のほめに対して、返答がNo.4、5にまたがっている例である。女にやさしい子だとほめられたことを控えめに受け入れてから(No.4)、すぐ、何かあったら自分のほうが謝ってしまうといった(No.5)、彼自身にとっては決して望ましく思われない情報を付け加えている。さらに、No.7にて、自らそれはいけないことだと言っている。すなわち、返答を「肯定：控えめな同意」→「否定：自分に不利な情報を述べる」にすることで、より巧みに反応していることが分かる。このような、より複雑な反応をすることによって、せっかくほめてくれた相手の好意を損なうことなく、また、当該のほめに対して自分がどう思っているかをはっきりさせないことができると言える。

6.3.2　ほめの後に挿入発話のあるパターン

　実際の会話の中で現れる本連鎖には、ほめの後に挿入発話があるためにほめに対する返答がほめと離れたり、あるいは、挿入される発話によっては返答がなかったりする場合がある。その例を見てみよう。

例 6-22　ほめの後に挿入発話のある例（関連する返答あり）

5	D	その革パン、いいなー。	ほめ
6	D	あの時買ったやつやなー？。	
7	I	うん、あの時。	
8	I	なんかもう、これしか穿いてねえ、俺〈笑い〉。	返答
9	I	〈笑いながら〉あの、なんか、親とかはやっぱ（うん）"やめなさい"って〈笑い〉。	
10	D	まじで？〈笑い〉。	
11	I	"何だ、このビラビラしてんのは"、じいちゃんにも言われたからね。	

〈JM11組〉

　DはIの穿いている革パンツをいいとほめてから（No.1）、「あの時、買ったやつやなー？」（No.2）と革パンツに関する質問をし、詳しい情報を求めている。そのため、Iは質問に対して答えた後（No.3）、最初のほめに対する返答を付け加えている（No.4）。

　しかし、例 6-22 と同様に挿入発話のある、次の例 6-23 は、挿入発話に対する反応はあるものの、ほめに関連する返答と思われる発話は見当たらないやり取りである。

　例 6-23 は、Iがほめ手で、Dが受け手になっている例である。IはDのことについて顔が格好いいとほめて（No.5）、その返答を聞く前に、ほめ手自身の更なる発話の「（身長が低くて）もったいないよな」と残念な気持ちを伝えている（No.6）。そのため、Dはほめには直接言及せず、「もったいない」という発話にだけ「ねー！」と賛同のあいづちを打っている（No.7）。ほめには触れず自分にとって残念なことに同意することで、ほめの返答の代わりにしている。このように、ほめ手自身がほめを行ってからその反応を待たずにさらなる発話をすることによってほめに対する返答が自然に消えてしまう場合も現れることが分かった。

例6-23 ほめの後に挿入発話のある例（関連する返答なし）

1	I	（身長の話をしながら）俺も177とかあったらなー。	
2	D	77ぐらいあったら俺もちょっとね、変わってただろうね。	
3	I	お前絶対人生変わってたよ、俺も変わってたと思う。	
4	D	いきいきな人生になって…。	
5	I	**ううん、しかもお前、顔格好いいしなー。**	ほめ
6	I	**もったいないよなー。**	
7	D	**ねー！。**	返答
8	I	「学園祭の名称」祭でもなんか格好いいとか言われてたじゃん。	ほめ
9	D	え、でもあのなんか格好いいとか言った人ってさ、普通に他大学の学生だと思ったら、うちの学生だったの。	返答
10	I	あれ、うちの学生なの？、何年生？。	

〈JM09組〉

6.3.3 「ほめ―返答（ほめ返し）＝新たなほめ―返答」のパターン

最初のほめに対する返答が相手へのほめになり、新たなほめを引き起こすパターンである。

例6-24 「ほめ―返答＝ほめ返し―返答」の例

1	D	お前、なかなか知名度高いんだね。	①ほめ
2	D	急に呼ばれたしなー。	
3	I	お前も知名度高かったよ。	①返答（ほめ返し）＝②新たなほめ
4	D	うそ！。	②返答
5	I	昨日ね、「授業名」のときに（んー）あの、京都の人に（うん）なんかボート大会の話とかしたの。	

〈JM13組〉

No.1でクラスメートに急に呼ばれるなど、知名度高いとほめられたⅠが、ほめてくれた相手も知名度高いとほめ返している（No.3）やり取りである。ほめに対する返答がほめ返しの場合、ほめ手と受け手の役割が変わり、新たなほめが発生することになる。

明らかに裏のあるようなお世辞でない限り、ほめられることは嬉しいことで

あるが、会話者2人の関係がほめる側とほめられる側、言い換えれば、評価する者と評価される者という不均衡な関係になってしまう恐れがある。さらに、ほめられた人は、ある意味、相手からことばのプレゼントをもらったので、そのお返しをしなければならなくなる。その一時的に生じた不均衡な関係を元に戻すために、相手へのほめ返しを行っているのではないかと解釈する。

以上のように、ほめと返答というやり取りである本連鎖はいくつかの談話構造に分類することができることが分った。とりわけ、「ほめ―返答」という典型的と言われてきたやり取りのほかに挿入発話や新たなほめの発生など、ほめ手と受け手との相互作用の結果、よりダイナミックなほめの本連鎖が行われていることが明らかになった。

次に、ほめと返答の後にくる後続連鎖における特徴を見る。

6.4　ほめの後続連鎖

ほめに対する返答の後のやり取りである後続連鎖における特徴は、誰による発話なのか、そして話題がどのように展開していくのかを中心に分析する。

後続連鎖は、最初のほめに対して返答が発せられた後に、実質的発話から始まるやり取りを指す。したがって、笑いやあいづち的発話は後続連鎖の始まりとみなさないことにする。また、ほめの受け手による後続連鎖の場合、直前の返答のあとに、間や笑いなどが起こり、直前のほめと返答のやり取りが完結されたと判断される発話を対象とする。

6.4.1　後続連鎖の主体

後続連鎖は、誰による発話なのか、そしてほめの話題が維持、あるいは転換されるかによって、その表現や機能が異なると考えられる。この観点から、ほめ手主導の後続連鎖と受け手主導の後続連鎖の特徴を見ていく。

まず、日本語と韓国語におけるほめの後続連鎖は誰によって行われるか、その結果を表6-4に示す。

表 6-4　後続連鎖の主体

後続連鎖の主体	日本語 頻度	%	韓国語 頻度	%
ほめ手	73	76.8	113	85.0
受け手	22	23.2	20	15.0
計	95	100.0	133	100.0

　表 6-4 に示したように、日本語と韓国語では、ほめ手主導の後続連鎖が 7～8 割以上で、受け手主導は 2～3 割以下である。すなわち、日本語も韓国語も多くの場合、ほめ手が返答の後のターンを取ることが分かる。ターンの交代から考えても、ほめ手（ほめ）→受け手（返答）→ほめ手（後続発話）といった順番が考えられる。したがって、ほめ手が後続連鎖を主導する場合が多いということが読み取れる。しかし、データの中では 2、3 割以下の割合であるものの、ほめられた人がほめに対する返答を行ってから、さらに次のターンも取る場合があることが明らかになった。とりわけ、日本語のほうにより多い。この注目すべき結果の詳細は「受け手主導の後続連鎖」で述べる。

　以下、ほめ手と受け手、それぞれが行う後続連鎖を、話題展開の観点からより詳しく見ていく。

6.4.1.1　ほめ手主導の後続連鎖

　ほめ手主導の後続連鎖において、ほめ手自身がほめた事柄という話題を維持しているのか、それとも自ら話題を変えているのか。その話題の展開についての結果を図 6-2 に示す。

日本語　90.8　9.2
韓国語　92.9　7.1
　　　 0　□話題維持　■話題転換　100%

図 6-2　日韓のほめ手主導の後続連鎖

図6-2から分かるように、日韓ともにほめ手主導の後続連鎖は話題維持が9割以上(日本語68回、韓国語105回)で、話題転換は1割未満(日本語5回、韓国語8回)である。つまり、ほめ手は自分で出したほめに関連する話題を維持していることが分かる。

　それでは、ほめ手はいかなるストラテジーを用いて話題を維持しているのか。以下、データから現れたストラテジーを、例とともに提示し、それぞれの特徴をまとめる。

　まず、ほめ手による後続連鎖にもっとも多く見られた「①再ほめ」を見る。すなわち、最初にほめた対象を再度ほめたり、最初のほめを繰り返したりする発話である。

例6-25　ほめ手主導の後続連鎖　①再ほめ

1	D	운전 면허 학원은 어떻게 끊냐?. 教習所は、どうやって申し込むの？。	
2	I	빨리 따야지, 너의 멋있는 〈웃으면서〉 베스트 드라이버의 모습을 보고 싶은데. 早く取らないと、お前の格好いい〈笑いながら〉ベストドライバーの姿を見たいよ。	
3	D	곧 따야지. もうすぐ取るぞ。	
4	D	내 따서 아무리 멋있게 몬다고 해두 너만 하겠냐?. 俺、免許取ってどんなに格好よく運転するとしてもお前よりはできないんだな。	ほめ
5	I	아냐, 내가 뭘 몰겠냐?. いや、俺なんかできないよ。	返答
→6	D	**운전 경력만 무사고 운전 1년이 넘는 〈데〉{〈〉}.** **運転経歴だけで無事故運転1年以上〈だから〉{〈〉}。**	後続：再ほめ
7	I	〈어〉{} 제 사고날 뻔 했어.〈둘이서 웃음〉 〈き〉{} のう事故起こすところだったよ。〈2人で笑い〉	返答

〈KM08 組〉

　2人は車運転免許について話している。すでに車の免許を取って運転もしているIについて、DはIの車を運転する姿を「내 따서 아무리 멋있게 몬다고 해두 너만 하겠냐?(俺、免許取ってどんなに格好よく運転するとしても

お前よりはできないんだな)」とほめている(No.4)。それに対して、Ⅰはほめを否定する(No.5)。それを聞いたDは、Ⅰが1年間も無事故運転である事実を挙げ、再度ほめている(No.6)。

この例のように、ほめ手による後続連鎖は、ほめの話題を維持しながら最初のほめを強めたり、具体的な事実に言及したりするなど、再度ほめる例が多数見られている。「再ほめ」は、最初のほめが本当のことであると相手に確実に伝えることで、ほめ手自身のほめを成功させるために行われるものであると解釈できる。また、第3章では、日本語も韓国語も1つの「ほめの談話」において約2回のほめが現れることを明らかになっている。つまり、最初のほめとその後よく見られる再ほめのパターンが多いため、そのような結果になっていることが分かる。

また、話題が維持される後続連鎖の中には、「再ほめ」の他に、ほめの対象に関する、より詳しい情報を求める、あるいは確認する「②情報要求・確認」も見られる。

例6-26　ほめ手主導の後続連鎖　②情報要求・確認

10	D	色がかわいいね、なんてゆうか、珍しいよね、緑が。	ほめ
11	Ⅰ	あーそうだね、なんか、濃いーっていうか。	返答
→12	D	んー〈笑いながら〉緑好きなの？。	後続：情報要求・確認
13	Ⅰ	そういうわけじゃないんだけど、これを買った時は、(んー)なんか緑ーが〈いいなーと思って〉{〈}。	
14	D	〈いいなーと思って〉{〉}。	
15	Ⅰ	この色がいいなーと思って。	
16	D	うん、秋っぽいよね、いいね。	再ほめ
17	Ⅰ	うん、次、何の授業？。	返答

〈JF07組〉

ほめ手のDがⅠの着ているセーターを「色がかわいい…珍しい」とほめて(No.10)、Ⅰもそのほめを受け入れている(No.11)。その後、Dは相手に緑色が好きかと聞くことによって、より詳しい情報を求めている(No.12)。また、相手が、緑がいいと思っていたことを確認してから(No.13～15)、さら

に「秋らしく、いい」と再度ほめている(No.16)。

「情報要求・確認」は、例6-26にも現れているように、その後に「再ほめ」が現れることが多い。すなわち、最初のほめ→返答→情報要求・確認…再ほめのような談話の流れが多く見られるのである。このことから「情報要求・確認」は、「再ほめ」のためのワンクッションとして機能していると言える。

次に、相手により詳しい情報を求める「情報要求・確認」とは違って、ほめの対象に関連して自ら新たな情報を相手に伝える「③情報提供」の例も現れている。「情報提供」には、ほめの対象に関するほめ手自身の情報を述べる場合と、第三者や一般的な情報を言う場合とがある。

例6-27　ほめ手主導の後続連鎖　③情報提供

1	D	お前、うまそうじゃん、人前で話すのがうまそうだね。	ほめ
2	I	人前で話すのは全然平気でも…。	返答
→3	D	**俺はさ、緊張してだめなんだよ。**	後続：情報提供
4	I	うん。	
5	D	多分言うことは、普通だとこういう友達の会話だったら言えると思うんだよ。	
6	D	うん、人前での演説、めっちゃくっちゃ緊張したでしょう。	

〈JM09組〉

例6-27で、DはIの人前で話すことがうまいことをほめてから(No.1)、自分は緊張してだめだという新たな情報を相手に伝えることで話を進めている(No.3)。このように、ほめ手自身の情報を新たに伝える場合は、ほめられる相手に比べて自分はできないことを言ったり、あるいはほめの対象に関わる自分の経験を述べたりすることで、ほめの話題が維持されている。なお、本書で用いたデータにおいて、日本語では、ほめ手による情報提供の場合、すべてほめ手自身の不利な情報が述べられている。一方、韓国語では、第三者や一般的な情報を述べる例(57%)がほめ手自身の不利な情報を述べる例(43%)よりやや多く見られた。

ほめ手が返答の後の発話を行う場合、直前の返答についての反応として自分の意見を述べる「④返答への意見」もある。その際、ほめ手自身の意見とは、相手の返答に対する同意や反論がある。

次の例は、直前の返答についての反論ではじまる後続連鎖である。

例 6-28　ほめ手主導の後続連鎖　④返答への意見

1	D	試験とかってさ、(うん)ずっと昔からやり始めた人だった？、それとも2、3日前からやり始めた人だった？。	
2	I	2、3日前だよ。	
3	D	じゃ、論文でもさ、今からさ、よく書けるね。	ほめ
4	I	うん。	返答
5-1	I	だからそれはさ、そうそうそうそう„	(D：挿入)
6	D	なん〈かさ…〉{<}【。	
5-2	I	】】〈危機〉{ }〉感があるから、うん。	
→7	D	えーでも、危機感はないんだけどまだ〈まだじゃん〉{<}。	後続：返答への意見
8	I	〈あーそうそう〉{ }〉そう。	

〈JM01組〉

2人は卒業論文について話していて、Iは提出期限までかなりの時間があるにもかかわらず、すでに書き進めている。それを聞いたDは、Iに対して今からも論文をよく書けるとほめ、それに対してIはその事実には同意したが、すぐ、自分は危機感があるため早めに論文を進めなければならないと付け加えている。それに対してDは「でも、危機感はないんだけどまだまだじゃん」と、相手の意見とは違う自分の意見を出している。直前の返答でほめられた人が自分に不利な情報を言ったり、相手のほめを打ち消すような反応を示された場合の後続連鎖は、例 6-28 のように反論する例が現れている。反論のほかに、返答への同意を示すことで話題を展開していく例もある。

ほめ手による後続連鎖のうち、韓国語にのみ用いられたストラテジーがある。それは、自分でほめたことに対して相手に何らかの補償や対価を求める、「⑤対価要求」という例である。

例 6-29　ほめ手主導の後続連鎖　⑤対価要求

1	D	등록금 전액 면제야?. 授業料全額免除なの?。	先行
2	I	응. うん。	
3	D	대단한데. すごいね。	ほめ
4	I	좀 부럽지 않니?〈웃음〉. ちょっとうらやましく思わない?〈笑い〉。	返答
→5	D	**가만히 있지는 않겠지?.** **黙ってるんじゃないでしょう?。**	後続： 対価要求

〈KF03組〉

　成績が優秀であるため、学費が全額免除されることになったIに対するほめが現れる例である。ほめ手のDは、Iの学費免除を確認し、「대단한데（すごいね）」とほめ、それに対してIは「좀 부럽지 않니？（ちょっとうらやましく思わない？）」と笑いながら自慢げに反応している。それに対してDは「가만히 있지는 않겠지？（黙ってるんじゃないでしょう？）」と言い、相手に学費免除を祝って何かおごってもらいたい気持ちを伝えている[1]。

　以上は、ほめ手が主導する、話題維持の後続連鎖であったが、次はほめ手によってほめの話題が変わる、「⑥話題転換」の例である。

　例6-30は、クラブでの飲み会の話をしながらIがそれを企画すると言うと、Dは相手をまめでいろいろやってくれる人だとほめている(No.5)。それに対して、Iは最初に、今まで言ってなかったことを述べて、ほめを否定してから(No.6)、（自分は）行動力が出てきて、やることはやるとプラス的な情報を付け加えることで、当該のほめを受け入れながら笑っている(No.7)。笑いのため、少し時間が経ち、ほめ手は、1つのほめと返答のやり取りが終わったと判断したのか、「昨日、眼鏡見てたんだ」と話題を変えている(No.8)。この例のように、ほめと返答のやり取りが1回のみで話題が変わるパターンは、返答と深く関連があると考えられる。最初のほめに対する返答が否定や否定的な回避の場合、ほめ手は話題を変えず、相手が自分のほめを受け入れるよう、繰り返しほめるやり取りが多々ある。しかし、例

例 6-30　ほめ手主導の後続連鎖　⑥話題転換

1	I	(クラブでの飲み会の話をしながら)ちょっと企画するね。	
2	D	うん、お願いする（んー）、わー楽しみ。	
3	D	そうだね、なんか##コンとかやっちゃおうかなー。〈2人で笑い〉	
4	I	いいんじゃないの、本当に。	
5	D	うん、まめで、いろいろやってく〈れて〉{〈}。	ほめ
6	I	〈でも〉{〉}今まで言ってなかったでしょう、これに…。	返答
7	I	行動力が出てきて、(うーん)結構やっちゃうことはやっちゃうからね。〈笑い〉	
→8	D	昨日、眼鏡見てたんだけどさ。	後続：話題転換

〈JM07組〉

6-30のように、ほめを多少ながら受け入れるような返答が見られると、ほめ手は自分のほめが成功したと思うためなのか、次の話題に移る場合が多く見られる。

以上、ほめ手主導の後続連鎖の詳細を検討してきたが、その具体的なストラテジーは再ほめ、情報要求・確認、情報提供、返答への意見、対価要求、話題転換の6つにまとめられる。

それでは、表6-5に日韓のほめ手による後続連鎖に用いられるストラテジーの頻度と割合を示し、比較する。なお、ストラテジー①～⑤は話題が維持されるもので、⑥は話題が変わるものである。

表6-5　日韓のほめ手主導の後続連鎖に用いられるストラテジー

ほめ手の ストラテジー	日本語 頻度	日本語 %	韓国語 頻度	韓国語 %
①再ほめ	34	46.6	56	49.5
②情報要求・確認	17	23.3	29	25.7
③情報提供	13	17.8	14	12.4
④返答への意見	4	5.5	4	3.5
⑤対価要求	0	0.0	2	1.8
⑥話題転換	5	6.8	8	7.1
計	73	100.0	113	100.0

表6-5から分かるように、ほめ手主導の後続連鎖に用いられるストラテジーの種類や割合は、日本語と韓国語に大きな差はなく、似た傾向を見せている。まず、日本語と韓国語ともに、ほめ手の後続連鎖に用いられるストラテジーは「再ほめ」が約5割を占めている。そのことから、日韓ともにほめ手は最初にほめた事柄について再度ほめるやり取りを好んでいることが分かる。それに続いて、相手への「情報要求・確認」と、新たな「情報提供」、そして「返答への意見」が使用された。また、自分でほめたことに対して相手に何らかの補償や対価を求める「対価要求」が、頻度は少ないものの韓国語にのみ現れた。なお、ほめの対象を会話の話題として導入したほめ手自身による話題転換は両言語ともに1割未満である。

次は、ほめの受け手が主導する後続連鎖についての結果である。

6.4.1.2　受け手主導の後続連鎖

ほめと返答の本連鎖の後にくる後続連鎖をほめられた人が発する場合はどのような特徴があるのか。ここでは受け手主導の後続連鎖にについて見る。

表6-4で明らかになったように、日本語では2割以上、韓国語では1割以上はほめられた人がほめに対する返答を行った後、後続連鎖も自ら主導している。そこで、ほめられた人が主導する後続連鎖における特徴を、話題展開の観点から分析していく。次の図6-3は、日本語と韓国語のほめの受け手主導の後続連鎖の結果である。

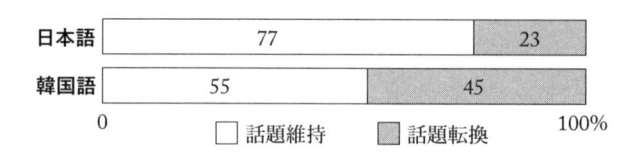

	話題維持	話題転換
日本語	77	23
韓国語	55	45

図6-3　日韓の受け手主導の後続連鎖

図6-3から分かるように、受け手主導の後続連鎖は、ほめ手主導の場合に比べ、「話題転換」が増えている。詳しく見ると、日本語の場合、「話題維

持」が77%（17回）、「話題転換」は23%（5回）で、韓国語は「話題維持」が55%（11回）、「話題転換」が45%（9回）である。とりわけ、韓国語ではほめられた人によって話題が変わる傾向が日本語より強い。

次に、ほめられた受け手が主導する後続連鎖に用いられるストラテジーを見る。

まず、ほめの受け手が、ほめられた対象に関する新たな情報を提供する、「①情報提供」がもっとも多く見られた。

例6-31　受け手主導の後続連鎖　①情報提供

6	I	去年買ったんだよ。	
7	D	あ、本当？。	
8	D	初めて見た、ちょーかわいい。	ほめ
9	I	あれ？、去年着てなかっ〈たっけ〉{〈}。	返答
10	D	〈そうよ、〉{}}着てなかったわー。	
→11	I	そうだ、これなんかね、中に着ちゃうともこもこしすぎちゃって、着れなくて。	後続：情報提供
12	D	あーそうー。	

〈JF08組〉

自分の着ているセーターをかわいいとほめられると（No.8）、Iはそのセーターがもこもこするため着なかったと新たな情報を相手に伝えることでほめの話題を維持している（No.11）。このような受け手主導の「情報提供」は、自分の不利な情報、あるいは相手に役立つ情報を言ったり、またほめの対象と関連した自分の経験、出来事などを言うことによって相手から導入されたほめの対象に関する話題を維持している。このような「情報提供」は、受け手主導の後続連鎖の大半を占めている。

次の例は、ほめられた人によって更なるほめが誘発される、「②ほめ誘発」の例である。

例6-32　受け手主導の後続連鎖　②ほめ誘発

1	D	そのスカート珍しいじゃん。	ほめ
2	I	このスカートは新調したの。	返答
3	D	あー、本当に？。	
→4	I	**かわいくない？。**	後続：ほめ誘発
5	D	うん、かわいいよ。	再ほめ
6	I	うん。〈2人で笑い〉	返答
7	I	これを、違う、この間さ、池袋に用事があると言ったじゃん。	

〈JF10組〉

　Iは新調したスカートを珍しいとほめられると（No.1）、自ら「かわいくない？」と相手に聞くことによって（No.4）、更なるほめを誘発している（No.5）。友人同士であるため、新しく買った自分のスカートを相手にかわいいと認めてもらいたく、素直にほめを誘っていると考えられる。

　「ほめ誘発」は、ほめられた受け手が更なるほめを誘っているのに対し、次の例6-33は、ほめてくれた相手にほめ返す、「③ほめ返し」の例である。

例6-33　受け手主導の後続連鎖　③ほめ返し

1	I	なんか、単語とかそういうもの覚えなくちゃいけないんでしょう。	
2	D	うーん、いけないの、あんまり覚えなかったから。〈2人で笑い〉	
3	I	でもドイツ語も覚えるのよくあるから大変だよね。	
4	D	そうなんだよ。	
5	D	私ね、「相手の名前」ちゃんいつもまじめに覚えてきてえらいなーと思うんだよ。	ほめ
6	I	えーそんなことないよ。〈2人で笑い〉	返答
→7	I	**「相手の名前」ちゃんこそ授業ずっと続けていてすごいよ。**	後続：ほめ返し
8	D	えーでもね、私、ほんと、なんか単語テストとかね、いつもろくに勉強してきてないからあんまり良くないんだよ。	

〈JF12組〉

　Dが、Iについて、専攻のドイツ語の単語をいつも覚えて授業に出ることをえらいとほめると（No.5）、Iはそんなことないと否定してから、2人で笑っ

ている(No.6)。ここで、1回のほめと返答のやり取りが終わったとみなす。その後、ほめられたIはDについて授業をずっと続けているとほめ返し(No.7)、ほめられる対象を自分から相手のほうに変えている。No.5のほめをもらったので、Iも相手に何らかの形で返さなければならなく、そこで同じくほめを返すことで、2人の関係を貸し借りのない関係に戻していると解釈できる。

次に、韓国語では、ほめられた対象に関連し、相手に役立つ意見を述べる「④アドバイス」と、ほめてくれた相手に何かを提供する「⑤提供」というストラテジーが現れている。それぞれの例を挙げる。

例6-34　受け手主導の後続連鎖　④アドバイス

1	D	넌 여행도 많이 하구, 나보다 훨씬 경험같은 게 많잖아. お前は旅行もたくさんしてて、俺よりずっと経験みたいなのが多いじゃん。	ほめ
2	I	에이, 넌 책 많이 읽잖아, 난 솔직히 책은 거의 안 읽거든. や、お前は本よく読んでるじゃん、俺は正直に言って本はあんまり読んでないんだよ。	返答
3	I	대신에 사람들이랑 지내면서(으응) 배운 게 많아. その代わりに人々との付き合いから(うん)学んだものが多い。	
→4	I	/침묵 2초/ 너두 이젠 외국에두 나가서 우리랑 다른 생각을 갖구 있는 사람들이랑 (어엉) 어울리구 그래 봐. /沈黙2秒/ お前もこれからは外国にも出て、俺らと違う考えを持ってる人々と(うん)触れ合ってみたら。	後続：提案
5	D	으응, 그러구 싶은데…. うん、そうしたいけど…。	
6	D	너 스페인 얘기나 좀 해줘. お前、スペインの話ちょっとやってくれ。	

〈KM13組〉

ほめ手のDがIについて旅行の経験の豊かさをほめると、Iは、自分とは違って本をよく読むDにほめ返しをしてから、旅行の中で人との触れ合いからいろんなことを学ぶと返答している。その後、2秒の沈黙の後に、ほめられたIはDに外国に出て自分たちとは違う考えを持っている人々と触れ合うことを勧めている。このような「アドバイス」は、I自身が旅行から有

益な経験が得られたため相手に言えることで、このアドバイスの発話からIはDからのほめを受け入れていることが読み取れる。

次は「提供」の例である。

例6-35　受け手主導の後続連鎖　⑤提供

4	D	부모님이 그거 들어 주신다는 거…, 우리집은 내가 그런 얘기해도 잘 안 들어 줘. ご両親があれを聞いてくださるということ…、うちは俺がそんな話してもよく聞いてくれないよ。	ほめ
5	D	그니깐 얘길 안 하는 편인데 너희집은 부럽더라구. だから話をあまりしないほうだけど、お前の家は、うらやましいと思うんだ。	
6	D	아 근데 막 너희집 가면 되게 부담되더라. あ、だけどお前の家に行くとすごく負担になるんだよ。	
7	D	내가, 너희 부모님한테 괜히 폐 끼치는 건 아닌가…. 俺が、お前のご両親に何となく迷惑をかけるんじゃないか…。	
8	I	괜찮아, 내 친구들 많이 살어, 우리집에서 많이 자. 〈둘이서 웃음〉 大丈夫だよ、俺の友達が結構うちに泊まったりするんだ、うちでよく寝泊りするのよ。〈2人で笑い〉	返答
→9	I	**내가 한번 라면도 끓여 줘야 할텐데, 내가.** **俺が1度ラーメンも作ってやらないと、俺が。**	後続：提供
10	D	너가?. お前が?。	
11	I	내가 끓여 주는 라면이 젤 맛있대. 俺が作るラーメンが一番うまいって。	
12	D	［놀란듯이］오 - 오 -. ［驚いたように］おーおー。	
13	I	진짜야. 本当だよ。	

〈KM06組〉

　DはIとIの両親の仲が良いことをほめてから、返答を待たず、自分がIの家に遊びに行くことが迷惑になるのではないかと心配している。それに対して、Iは自分の家には友達がよく遊びに来ると答えることで、Dの心配を打ち消している。その後、2人が笑ったあと、Iがターンを取り、自分がラーメンを作ってやると言い出し、これからもDが自分の家に遊びに来ること

を望んでいることを間接的に伝えている。

このように、ほめてくれた人に対して何かを提供する、あるいはほめられた物を貸すと反応することは、韓国語における返答や受け手による後続連鎖に見られる特徴の1つである。また、ほめ手もそれを期待するような後続連鎖（対価要求、例6-29）も現れている。したがって、韓国語では、ことばのプレゼントをしてくれた相手に対し、お礼として、何かおいしいものをご馳走する、あるいは何かを提供すると提案することで、ほめ手と受け手が相互作用していると言える。

上記の5つのストラテジーはほめの対象が話題として維持されるものであるが、次に、ほめの受け手が後続連鎖において話題を変える「⑥話題転換」の例を見る。

例6-36　受け手主導の後続連鎖　⑥話題転換

1	D	넌 목소리가 예쁘니까 (응), 뭐 잘 될 거라 봐. あなたは声がきれいだから（うん）、なんか、うまくいくと思う。	ほめ
2	I	당근이지². 当たり前じゃん。	返答 (D：挿入)
3	D	어허. あら。	
4	I	당근이지〈웃음〉. 当たり前じゃん〈笑い〉。	
→5	I	야,「대학교 이름」이번에 미달이었대더라. ね、「大学名」今回定員に達しなかったって。	後続： 話題転換

〈KF11組〉

DはIに対して、きれいな声を持っているからうまくいくだろうと期待を込めてその声をほめている。それに対して、Iは当たり前だと答え、Dのほめを全面的に受け入れたため、ほめ手のDはそこまで言わなくてもいいのにと言わんばかりに「어허（あら）」と反応する。その反応にすぐ、Iは当たり前だという返答を繰り返し、念を押してから笑ってしまう。その後、自らターンを取り、ある大学の入学定員が達しなかったという話題を出すことで、話題を変えている。このような、ほめの受け手による後続連鎖における話題転

換の傾向は韓国語のほうにより強いことも明らかになった(図6-3参照)。
　次に、日韓の受け手主導の後続連鎖に用いられるストラテジーの頻度と割合を表6-6に示す。なお、ストラテジー①〜⑤は話題が維持されるもので、⑥は話題が変わるものである。

表6-6　日韓の受け手主導の後続連鎖に用いられるストラテジー

受け手の ストラテジー	日本語 頻度	日本語 %	韓国語 頻度	韓国語 %
①情報提供	15	68.2	6	30.0
②ほめ返し	1	4.5	2	10.0
③ほめ誘発	1	4.5	0	0.0
④アドバイス	0	0.0	2	10.0
⑤提供	0	0.0	1	5.0
⑥話題転換	5	22.7	9	45.0
計	22	100.0	20	100.0

　表6-6に示したように、受け手が主導する後続連鎖では日本語と韓国語との間に差が見られた。日本語では、話題が維持される「情報提供」が68.2％で圧倒的に多く、その次に「話題転換」が22.7％現れている。それに対して、韓国語では「話題転換」が45.0％でもっとも多く、続いて「情報提供」30.0％の順になっている。したがって、ほめられた人が後続連鎖を発する際、日本語では話題に関連する話が続くのに対し、韓国語では相手から導入された話題を受け手自ら変えようとする傾向がより強いと言える。そのほかには、話題が維持される「ほめ返し」、「ほめ誘発」、「アドバイス」、「提供」が数は少ないものの、現れている。
　以上のように、ほめの後続連鎖を、①誰によるものか(ほめ手主導、受け手主導)、そして②話題維持・転換という観点から分類し、その具体的な会話のやり取りの例を検討し、そこに現れる日本語と韓国語の異同を明らかにすることができた。

6.5 まとめ

　本章では、最初のほめの前後を中心に、先行連鎖→本連鎖→後続連鎖といった談話の流れに基づき、各連鎖を分析してきた。その結果、次のような流れにまとめることができた。

1. 先行連鎖　①あり：ほめの対象を話題として導入
　　　　　　主体 ┌ほめ手：質問・確認、情報提供、注目、感情の表
　　　　　　　　 │　　　　現、比較
　　　　　　　　 └受け手：情報提供、情報要求、決心、自己卑下、
　　　　　　　　　　　　　感情の表現、約束、提案、自慢
　　　　　　②なし：直接本連鎖の始まり

2. 本連鎖　パターン：①ほめ―返答 ┌単独：肯定、回避、否定
　　　　　　　　　　　　　　　　 └複合
　　　　　　　　　　②ほめ―挿入発話のやり取り―返答 ┌あり
　　　　　　　　　　　　　　　　　　　　　　　　　　└なし
　　　　　　　　　　③ほめ―返答（ほめ返し）＝新たなほめ―返答

3. 後続連鎖　①あり：ほめ話題の維持・転換
　　　　　　主体 ┌ほめ手：再ほめ、情報要求・確認、情報提供、返
　　　　　　　　 │　　　　答への意見、対価要求、話題転換
　　　　　　　　 └受け手：情報提供、ほめ返し、ほめ誘発、アドバ
　　　　　　　　　　　　　イス、提供、話題転換
　　　　　　②なし：直前の返答で話題転換

　次に、日本語と韓国語の「ほめの談話」の各連鎖における特徴をまとめる。まず、各連鎖における特徴を見ると、先行連鎖は、日本語のほうが韓国語

より多く見られ、日本語母語話者はほめる前に、それに関連する話題を導入してからほめを行うことが分かった。それに対して、韓国語では会話がほめることから始まるなど、先行連鎖なしでほめが行われる傾向が日本語より強い。また、日本語では、後にほめられる人、つまり受け手による話題の導入が多く、ほめ手が相手から導入された話題を相手へのほめにつなげる傾向が多く見られる。一方、韓国語ではほめ手が意図を持って、自ら話題を導入する傾向がより強い。この結果から、ほめを行うまでのプロセスに日韓の違いが浮き彫りになったと言える。日本語では、ほめ手が相手へのほめを行う前に、その話題を導入してほめるか、あるいは相手から出された話題を相手へのほめにつなげていることで、話の自然な流れの中でほめが行われるようにし、ほめ手と受け手相互のフェイスへの負担の度合いを軽減していることが考えられる。一方、韓国語では直接ほめから始まる談話がより多く、またほめる意図を持っているほめ手による話題導入がより多いことから、日本語に比べてほめが持つ相手への負担の度合いが低いことが読み取れる。

　また、先行連鎖に用いられるストラテジーにおいて、ほめる意図を持っているはずのほめ手は、ほめる前にそれに関連する質問や確認を行うのが日韓ともにもっとも多かった。その他に、情報提供、注目、感情の表現、比較なども用いられた。一方、ほめの受け手による先行連鎖には、自ら導入した話題が結果的に自分へのほめにつながる「情報提供」がもっとも多く見られた。その他に、情報要求、決心、感情の表現、約束、提案なども現れた。なお、日本語では「自己卑下」、韓国語では「自慢」の発話が相手のほめを引き起こしている、といった興味深い違いも見られた。

　次に、本連鎖では、日本語と韓国語における「ほめ―返答」のパターンを実際の例とともに提示し、もっとも典型的なのは、1つのほめに対して、「肯定・回避・否定」の返答のうち1つが現れるやり取りであることが分かった。しかし、データからは、「肯定・回避・否定」が2つ以上現れる返答も多く、両母語話者ともより複雑な返答をしていることが分かる。とりわけ、日本語により多く現れたパターンである。また、会話の中では、ほめ手が相手をほめてその反応を待たずに更なる発話をする場合もあるが、そのとき、

受け手は直前のほめに対する返答を行わず、ほめ後の発話にのみ反応することで、うまく対処していることも見られた。また、ほめに対する返答としてほめ返しが用いられ、新たなほめが発生する場合も見られた。ほめられて素直に嬉しい気持ち、あるいはことばのプレゼントをもらったのでそれを返さなければならないという気持ちから用いられた返答であると解釈できる。

後続連鎖では、日本語と韓国語ともにほめ手が話題を維持しながら主導することが明らかになった。しかし、ほめの受け手が直前のほめに対する返答を行ってから、さらにターンを取り後続連鎖を行う場合も現れた。とりわけ、日本語の受け手は後続連鎖を行うにしても相手から導入された話題を維持する傾向が強いのに対し、韓国語の受け手が後続連鎖を行う場合は自ら話題を変える傾向が非常に強い。つまり、韓国語の受け手はほめられてどのように対処すればよいか戸惑いを感じるとき、相手から導入されたほめの場面であっても自らその場を変えようとするのである。

ほめ手主導の後続連鎖における、具体的なストラテジーとしては「再ほめ」が5割以上現れたことから、両母語話者は相手を1度ほめると、再度ほめる傾向が強いと言える。そのほかに、情報要求・確認、情報提供、返答への意見、対価要求、話題転換なども見られた。また、ほめの受け手が後続連鎖を主導する場合、日本語ではほめに関連する話題を維持するやり取りが多いが、韓国語では受け手が自ら話題を変えていくやり取りが日本語より多く見られ、日韓間の違いが現れた。一方で、韓国語ではほめた人が相手に対価・補償を求めたり、逆にほめられた人がほめてくれた相手に対価・補償を提供するなどのストラテジーが見られ、日本語とは異なる一面が明らかになった。

以上のような「ほめの談話」における結果と、第3章で示した基礎データとを関連付け、言及すべき点がある。基礎データで示したように、1つの「ほめの談話」における発話文数を見ると、日本語のほうが韓国語より長いことが明らかになっている。なぜそのような違いが見られるのかについての答えがここにあるのである。つまり、ほめの談話において明らかになった日韓の違いである「先行連鎖の有無、ほめに対する返答の長さ、後続連鎖における

話題展開の仕方の違い」によって、1つのほめ場面が始まると日本語のほうが韓国語より長いやり取りが行われるのである。また、基礎データでは、1つの「ほめの談話」には平均2回のほめが行われるという結果になっているが、その詳細は、後続連鎖の分析結果に現れている。つまり、「最初のほめ―返答―（質問・確認―受け答え）―再ほめ―返答」の流れが多く見られるのである。

注

1 韓国の大学における奨学金制度には、経済的な事情によるもののほかに、成績優秀者に与えられるものが多数設けられている。それを受けるようになる学生は、周りの人に何らかの形で感謝の気持ちを伝えたりする。
2 「당근이지（タングンイヂ）」の中の「당근（タングン）」は、「当たり前、当然」と言う意味の俗語であるが、本来の意味は「人参」である。「当たり前、当然」の意味の「당연（タンヨン）」と発音が類似しているためか、日常会話において頻繁に用いられる俗語である。

第7章 まとめ

7.1 結論

　本書は、日本語と韓国語の言語行動における共通点と相違点を明らかにするため、ほめ場面に注目し、談話レベルで分析を行ったものである。日本語と韓国語は、言語形式の面で類似していると言われているが、実際の言語使用の場面では様々な誤解や摩擦が起こっているようである。このような日本語と韓国語のコミュニケーションに対する理解に役立てるために行った実証的研究である。会話におけるほめは、相手に関わる事柄に関して良いと認め、相手を心地よくさせることを前提に肯定的な評価を伝える言語行動である。このようなほめをどのように行い、またそれに対してどのように反応し、さらに会話をどのように進めていくのかについては、言語文化社会によって様々な異同が報告されてきている。しかし、日本語と韓国語を対象にほめの様々な側面を談話レベルで総合的に分析したものはなく、本書がほめに関する日韓対照研究を行った所以である。

　データは、会話者の条件や会話者間の関係、会話の場所などを研究者が統制し、会話者2人に会話をしてもらったものを録音し、文字化したものを用いた。会話録音に協力してくれた人数は、日本語母語話者60名（30組）と韓国語母語話者60名（30組）の計120名（60組）である。

　本書では、研究の枠組みである対照研究、談話研究、ポライトネス理論に関する先行研究を概観し、またほめに関する先行研究の概観を行った。そして、先行研究での成果と課題を踏まえた上で、本書の研究課題を定めた（2.7参照）。以下、研究課題に沿って、分析結果をまとめることにする。

①日本語と韓国語における「ほめ・返答」、「ほめの談話」の発生頻度には差が現れるのか。
また、直接協力者とその会話相手との間にはいかなる特徴があるのか。

　本書のデータにおける「ほめ・返答」の数は、日本語172回であるのに対し、韓国語251回で、韓国語のほうが日本語より多い。また、「ほめの談話」は日本語が95場面現れたのに対し、韓国語は133場面現れた。さらに、会話者1組の平均を見ると、日本語では、「ほめの談話」が3.2場面、ほめは5.7回である。それに対して、韓国語では、「ほめの談話」が4.4場面、ほめは8.4回である。したがって、本書に協力した会話者においては、韓国語母語話者のほうが日本語母語話者より相手のことをより多くほめることが明らかになった。

　また、1つの「ほめの談話」を成す発話文数において、日本語では、約13文であるのに対し、韓国語では9文で、ほめる場面が始まると、日本語のほうが韓国語より長いやり取りを交わすことが分かった。

　次に、直接協力者と会話相手における特徴を本書での会話収集における設定と結び付け、検討する。会話録音では直接協力者に事前に相手のことに関してほめてくれるよう指示を与えていた。ほめが行われたのは、直接協力者からの場合が圧倒的に多いが、これはデータ収集での設定が影響していると考えられる。なお、日韓ともに、指示を受けていない会話相手からのほめは約14～16％現れている。

②ほめの表現において、日本語と韓国語ではいかなる表現でほめているのか。

　まず、日本語と韓国語では、共通して多くの場合「肯定的評価語」を用いることでほめを行っていることが明らかになった。しかし、日本語のほうが韓国語に比べて「肯定的評価語」の使用率が高く、韓国語は、使用率は日本語より低いものの、「肯定的評価語」の種類がより豊富に見られた。

　「肯定的評価語」として、「いい(좋다)」、「すごい(대단하다)」、「格好いい

(멋있다)」が共通して多く使用されており、これらは両母語話者が共通して多用する評価語といえよう。また、「かわいい」と「예쁘다(きれいだ)」は、日韓それぞれ、女性の外見に関する評価語としてもっとも頻繁に用いられていた。

次に、「肯定的評価語のみ使用」が多い日本語に比べ、韓国語は「肯定的評価語＋他の情報」や「肯定的評価語の不使用」の使用率が高い。つまり、「肯定的評価語」の使用に、様々な情報を付け加えたり、あるいは評価語は使わず、自分の意見や根拠などを説明することでほめるのは韓国語に多いことが明らかになった。

このことから、日本語では相手のことに関してほめる際は直接的で評価的な表現を用いる傾向がより強いと言える。それに対して、韓国語では、評価語だけで表現するより、ほめる事柄に関連する具体的で説明的な表現が多い。つまり、日本語では、ほめる際その発話がほめであることをはっきり示す「肯定的評価語」を用いる傾向が韓国語より強い反面、なぜほめるのか、あるいはほめる具体的な根拠などへの言及や説明はあまりしないと言える。それに対して、韓国語では、なぜ自分がほめるのか、どういうことに評価を与えるのかなど、自分の意見や感想を詳しく説明し相手に伝えようとする傾向が強い。

③ほめの対象において、日本語と韓国語では何をよくほめ、何をほめないのか。また、ほめの対象ごとに見られる表現にはいかなる特徴があるのか。

まず、もっとも高い頻度で現れるほめの対象が、日本語と韓国語とで異なっていることが明らかになった。日本語では「遂行」、「行動」がもっとも高い頻度で現れているのに対して、韓国語では「外見の変化」、「外見」、「遂行」の順で出現頻度が高い。一方、類似点としては、「所持物」をほめる割合が日韓ともに1割前後現れた点と、また、両言語ともに「才能」や「性格」をほめるのは少ない点が挙げられる。この結果から、韓国の大学生社会では「外見(の変化)」や「遂行」に肯定的な価値を置いているのに対して、日本

の大学生社会では「遂行」や「行動」に肯定的な価値を置いていると考えられる。

　ほめの対象と表現との関連を見ると、「遂行」、「所持物」、「才能」、「外見の変化」に関するほめに用いられる表現は日本語と韓国語で類似した結果になっている。「遂行」では日韓ともに「評価語のみ使用」6割、「評価語＋他の情報」2割、「評価語の不使用」2割の割合である。また、「所持物」と「才能」をほめる際は、日韓ともに評価語を9割以上用いており、「外見の変化」では7割以上評価語を使用している。一方、「外見」、「行動」、「性格」をほめる表現には日韓の違いがはっきりと現れた。「外見」を見ると、日本語ではすべてが「評価語のみ使用」であるのに対し、韓国語では「評価語のみ使用」は約3割に過ぎず、「評価語の不使用」が4割を超えている。また、「行動」をほめる場合、日本語では評価語を多用するのに対し、韓国語では評価語を使用しない場合が4割以上である。「性格」でも、日本語は「評価語のみ使用」が多く、韓国語では「評価語＋他の情報」がより多く用いられている。したがって、これらの対象をほめる際の表現には、日本語と韓国語とに相違があると言える。

④ほめに対する返答において、日本語と韓国語ではいかなる返答が多用され、いかなる返答が用いられないのか。
また、ほめの対象ごとに見られる返答にはいかなる特徴があるのか。

　まず、日本語も韓国語もほめに対する返答として、「回避」や、「複合」が多用されていることが明らかになった。すなわち、表現上、はっきりと肯定か否定かが分からない返答が用いられる、あるいは、2つ以上の肯定・回避・否定を用いるなど、より複雑な返答が使用されるのである。しかし、「回避」、「複合」の詳細を見ると、日韓間に相違点が現れている。両言語ともに「肯定的回避」が多いものの、「否定的回避」は日本語により多い。また、「複合」の返答において、韓国語では、最初の返答を繰り返すか強調する返答が多いのに対し、日本語では最初の返答を否定方向へ変化させる返答が多用さ

れている。

　次に、日本語には「否定」がより多く、韓国語に「肯定」がより多い。とりわけ、韓国語の「肯定」には「自慢」の返答が多用されているが、日本語では非常に少ない。

　そして、日韓それぞれ、ほめの対象によってその返答が異なっている。まず、類似点として、「所持物」をほめられた場合は「否定」の割合が非常に低く、「才能」に関しては「否定」の割合が高いことが挙げられる。一方、相違点としては、「才能」、「外見」、「外見の変化」に関するほめに対して、日本語では「肯定」がまったく現れなかったのに対し、韓国語では1〜2割現れている。ただし、韓国語でもほかの対象に比べると若干減少している。また、日本語では「所持物」を除く対象において「否定」が2〜3割占めているのに対し、韓国語では「才能」、「遂行」を除く対象において「否定」は1割以下で非常に少ない。

⑤「ほめの談話」において、日本語と韓国語ではいかなる点が類似しており、いかなる点が相違しているのか。

　本書では、「ほめの談話」の流れを「先行連鎖―本連鎖―後続連鎖」に分け、それぞれの特徴を分析した。まず、「ほめの談話」がいかに始まるかを見るため、最初のほめと何らかの関連のある実質的発話から始まるやり取りを「先行連鎖」とした。それを分析した結果、先行連鎖は韓国語より日本語のほうに多く見られ、日本語ではほめる前に、それに関連する話題を導入してからほめることが分かった。それに対して、韓国語では「ほめの談話」がほめることから始まるなど、先行連鎖なしでほめが行われる傾向が日本語より強い。また、日本語では、ほめ手が自ら話題を導入するより、相手から導入された話題を相手へのほめにつなげる傾向が多く見られた。一方、韓国語ではほめ手が意図を持って、自ら話題を導入する傾向がより強い。ここで、ほめを行うまでのプロセスに日韓の違いがはっきり現れた。

　また、先行連鎖に用いられるストラテジーとしては、ほめ手による「質問

や確認」や、ほめの受け手による「情報提供」が多く見られた。その他に、日本語では「自己卑下」、韓国語では「自慢」の発話が相手のほめを引き起こしている、といった興味深い違いも見られた。

　次に、本連鎖では、日本語と韓国語における「ほめ―返答」のパターンを実際の例とともに提示し、もっとも典型的なのは、1つのほめに対して、「肯定・回避・否定」の返答のうち1つが現れるやり取りであることが分かった。しかし、データからは、「肯定・回避・否定」が2つ以上現れる返答も多く、両母語話者ともより複雑な返答をしていることが分かった。また、会話の中では、ほめ手が相手をほめたものの、その反応を待たずに更なる発話をする場合や、ほめに対する返答として「ほめ返し」が用いられ、新たなほめが発生する場合など、ダイナミックな「ほめと返答」のやり取りも見ることができた。

　返答の後に、実質的発話から始まるやり取りである後続連鎖では、日本語と韓国語ともにほめ手が話題を維持しながら主導することが明らかになった。具体的なストラテジーとしては「再ほめ」がもっとも多く、両母語話者は相手を1度ほめると、再度ほめる傾向が強いと言える。また、受け手が直前のほめに対する返答を行ってから、さらにターンを取り後続連鎖を行う場合も現れた。その場合、日本語ではほめに関連する話題を維持する発話が多いが、韓国語では受け手が自ら話題を変えていく発話が日本語より多く見られ、日韓の違いが現れた。加えて、韓国語ではほめた人が相手をほめてあげたことに対して対価・補償などを求めたり、逆にほめられた人がほめてくれた相手に対価・補償を提供するなどのストラテジーが見られ、日本語とは異なる一面が見られた。

　以上のような「ほめの談話」における結果と本研究の基礎データとを関連付け、言及すべき点がある。基礎データで示したように、1つの「ほめの談話」における発話文数を見ると、日本語のほうが韓国語より長いことが明らかになっている。なぜそのような違いが見られるのかについての答えがここにあるのである。つまり、「ほめの談話」において明らかになった日韓の違いである「先行連鎖の有無、ほめに対する返答の長さ、後続連鎖における話

題展開の仕方の違い」によって、1つのほめ場面が始まると日本語のほうが韓国語より長いやり取りが行われるのである。また、基礎データでは、1つの「ほめの談話」には平均2回のほめが行われるという結果になっているが、その詳細は、後続連鎖の分析結果に現れている。つまり、「最初のほめ―返答―(質問・確認―受け答え)―再ほめ―返答」の流れが多く見られるのである。

⑥日本語と韓国語のほめは男女によっていかなる点が類似しており、いかなる点が相違しているのか。

　まず、日韓ともに「ほめの談話、発話文、ほめ・返答」の数は、すべて女性が男性より多いことが明らかになった。この結果は、英語圏での先行研究の結果とも類似している。より詳しく見ると、韓国語女性がもっとも多く、その次は韓国語男性、日本語女性の順で、日本語男性はもっとも少ない。
　ほめの表現においては、日本語の場合、女性は男性より「肯定的評価語」のみを使用する傾向がより強いのに対し、男性は「肯定的評価語」の使用に他の情報も付け加える表現を女性より多用している。また、男女ともに「肯定的評価語」を用いないほめはあまり行わない結果になっている。一方、韓国語では、「肯定的評価語」のみを使用するのに男女の差はなく、また、他の情報を加える表現は女性のほうにわずかながら多く見られている。「肯定的評価語」を用いない表現は、男性が女性より若干多い結果になっている。
　次に、ほめの対象における男女差を見ると、日韓共通して、女性のほうが「外見」、「外見の変化」、「所持物」を、男性のほうは「行動」、「性格」をより多くほめることも明らかになった。また、日本語男性・女性、韓国語男性は「遂行」をもっとも多くほめているのに対し、韓国語女性だけは「外見(の変化)」を頻繁にほめている。
　ほめに対する返答では、まず、日韓ともに女性が男性より「複合」の返答を多用している。ただし、日本語女性にはまったく現れなかった「肯定→肯定」の返答は、韓国語女性にもっとも多く見られた。また、男女の違いが見

られたものの、その傾向は日本語と韓国語とで逆の結果になっているのがある。それは、日本語では女性に「肯定」が少ないのに対し、韓国語では女性に「肯定」が多い。また、日本語男性では、最初の返答を否定方向へ変化させる「複合」の使用が、韓国語男性に比べ倍以上多く見られている。

次に、研究課題⑦は、「**上記①～⑥で明らかになった日韓のほめにおける類似点と相違点をポライトネス理論から考察する。**」ことである。これについては、7.2で詳しく述べることにする。

7.2　ポライトネス理論からの考察

相手とのやり取りの中で、好ましい対人関係を築くためには、相手への配慮がもっとも大切であることは、いかなる言語文化社会においても通じる普遍的な原則である。しかし、その配慮の示し方は各々の言語文化社会によって異なるようで、それは言語使用に反映されていると考えられる。ポライトネス理論は、そのような、相互作用のコミュニケーションを問題にしている重要な言語理論の1つである。本節では、その観点から本研究の結果を考察することを試みる。

考察に当たっては、B＆Lのポライトネス理論の重要な概念であるフェイス、フェイス侵害度、ポライトネス・ストラテジーの3つを用いる。

7.2.1　優先されるフェイス

まず、ポライトネス理論では、人間の対人関係の構築・維持の背後にあるメカニズムとしてポライトネスを捉え、人間は誰もがポジティブ・フェイスとネガティブ・フェイスとを持っていると説明されている。

以下、日本語母語話者と韓国語母語話者は、相手のことについてほめる際、どのフェイスを優先、配慮しているのかについて、本書の分析結果に基づき、考察する。

相手をほめるということは、互いの関係をよりよくし、より親密な関係にするために有効な言語行動であり、典型的なポジティブ・ポライトネスの1

つである。それを表すために用いる表現を見ると、日本語では肯定的な評価語のみの使用が目立つ。それに対して、韓国語では評価語と一緒に具体的な情報を加えるか、評価語なしの説明だけでほめる傾向が強く、さらに肯定的な評価語の種類も日本語より豊富である。すなわち、日本語では、ほめる際その発話がほめであることをはっきり示す「肯定的評価語」を用いる傾向が韓国語より強い反面、なぜほめるのか、あるいはほめる具体的な根拠などについてはあまり説明しないことが明らかになっている。それは、言い換えれば、ほめ手が相手との良い関係を維持、向上するためにほめを行うとしても、それが評価者としての行動になり、同等の立場の均衡が破られる恐れがあるため、踏み込んだ内容で相手をほめることを避けるためではないかと考えられる。ほめをうまく行うことも大事だが、それによって相手のフェイスを脅かすようなことは避けたい、つまり、ほめ手本人のフェイスと相手のフェイスを一緒に守ろうとするほめ手の意図の現れだと解釈できる。

　一方、韓国語では、なぜ自分がほめるのか、どういうことに評価を与えるのかなど、詳しい自分の意見や感想を述べ相手に伝えようとする傾向が強い。評価する側、評価される側という立場を配慮するより、具体的にほめの根拠を述べることで、相手への関心と、自分のほめを誠意あるものとして伝えようとする気持ちの現れではないかと考えられる。つまり、ほめをうまく行いたいといった、ほめ手自身のフェイスが優先された現れだと思われる。

　このように、相手のことに関して肯定的な評価を伝える行動であっても、ほめ手と受け手のどちらのフェイスを優先、配慮するかにおいては、日本語と韓国語の間に違いがあることが明らかになった。

　次に、ほめに対する返答の結果から日韓のフェイス保持について考える。日韓ともにほめられたら、「回避」や「複合」を多用していることが本書の分析によって明らかになった。ほめをあからさまに受け入れると自慢に受け取られる恐れがあり、一方、ほめという相手の好意を打ち消す返答をすればせっかくほめてくれた相手にとって失礼になる恐れがある。「回避」はこの両方の恐れを考慮した「返答」として機能していると解釈できる。言い換えれば、日本語母語話者も韓国語母語話者も、ほめられたら「回避」を用いる

ことで相手との関係をうまく保っていると言える。また、「複合」のように、最初に肯定してから否定したり、あるいは否定してから肯定したりするなど、より複雑な反応を見せることで、相手との対人関係をうまく調節していると思われる。しかし、「回避」や「複合」の詳細においては両言語の間に違いも見られた。日本語母語話者は韓国語母語話者より、「否定的回避」、「肯定→否定」を多用することから、よりネガティブ・フェイスを重視するストラテジーを用いていると言える。それに対して、韓国語母語話者は、「肯定的回避」、「肯定→肯定」を相対的に多く用いることで、ポジティブ・フェイスを優先すると考えられる。

また、注目したいところは、韓国語における「肯定」、とりわけ「自慢」の返答や「複合」における「肯定→肯定」の返答の多用という点である。日本語のように相手のほめに同意することでほめを受け入れるのでなく、さらに自分を高く評価する、あるいは肯定の返答をほかの表現で繰り返すのは、ほめ手である相手のフェイスを侵害する恐れがあると考えられる。にもかかわらず、こういった返答は韓国語の親しい友人同士の会話に多く見られている。したがって、韓国語では、会話者の関係が同等である場合、相手のフェイスを優先する謙遜の返答を用いるより、相手から認められた自分のことを自ら評価するといった、自分のフェイスを優先する返答が多用されているといえよう。

7.2.2　日韓のほめのフェイス侵害度

ポライトネス理論では、ある言語行動がどれくらい相手のフェイスを脅かすかはP・D・RというFTAの基本となる変数の和で決定されるとしている。

$$Wx = D(S, H) + P(H, S) + Rx$$

Wx：「ある行為(x)のフェイス侵害度」
D：　話し手(Speaker)と聞き手(Hearer)の「社会的距離(Social Distance)」
P：　聞き手(hearer)の話し手(Speaker)に対する「力(Power)」

Rx：特定の文化におけるある行為(x)の「負荷度」の絶対的順位に基づく重み（Absolute Ranking of Impositions）」

ここで、本研究での会話者同士の関係を再度確認したい。

会話者２人の関係は、親しい同性・同学年の友人同士の大学生である。すなわち、話し手と聞き手との力関係（P）と社会的距離（D）は、おおむね一定に保たれているとみなすことができる。そうすると、フェイス侵害度は、ある行動、ここではほめる行動が日韓において持つ負担の絶対的な重み（R）によって算定される。その侵害度によって行動を行うか行うまいか、また、行うとしたらどのようなストラテジーを用いるかなどが決まってくる。したがって、ほめがより多く見られた韓国語のほうが日本語より、ほめる行動の持つ相手へのフェイス侵害度は低いと言える。

この解釈を裏付けるものとして、「ほめの談話」における先行連鎖の結果が挙げられる。日本語では、ほめ手が相手へのほめを行う前に、その話題を導入してほめる、あるいは相手から出された話題を相手へのほめにつなげているのである。それによって、話の自然な流れの中でほめが行われ、ほめ手と受け手相互のフェイスへの負担の度合いを軽減していると解釈できる。一方、韓国語では直接ほめることから始まる談話がより多く、またほめる意図を持っているほめ手による話題導入がより多いことから、日本語に比べてほめの持つ相手への負担の度合いが相対的に低いことが再度確認できる。

次に、日韓の差が非常に大きかった「外見」関連のほめを見ると、日本語において「外見（の変化）」へのほめの出現頻度が低いのは、そもそも「外見（の変化）」が会話の話題として取り上げられる頻度が韓国語に比べて少ないことが考えられる。すなわち、日本語では、他の対象に比べ「外見（の変化）」を話題にしてほめることは、相手に与える負担が大きいのである。言い換えれば、相手へのフェイス侵害度が高いと見積もられ、できるだけ触れないように配慮するのが日本語母語話者にとっての一種のネガティブ・ポライトネス・ストラテジーになっている。これに対して、韓国語の場合、「外見（の変化）」に関心を表す話題が多く、またそれを積極的にほめるポジティブ・ポ

ライトネス・ストラテジーを優先している。したがって、韓国語では外見に関連する話題でほめることは相手へのフェイス侵害度がそれほど高くないことが読み取れる。

さらに、両言語とも「才能」や「性格」をほめるより、「行動」や「遂行」を多くほめている。「才能・性格」とは、人柄・素質のように、その人の属性である。一方、「遂行・行動」はその人の本質的な特徴ではないだけにフェイス侵害度が低く、したがって「才能・性格」のような本質的な特徴よりはほめの対象になりやすいのである。

次に、「外見」関連のほめに対する返答の結果を見る。

日本語では、「外見(の変化)」をほめる場合が非常に少なく、またほめられたときも「肯定」がまったく現れなかった。したがって、日本語のデータでは「外見」に関連した話題でほめることも、ほめられることも、会話者相互にとってフェイス侵害度が高いことが読み取れる。

一方、韓国語では、「外見(の変化)」はもっともほめやすい対象である。しかしながら、それがほめられた場合の「肯定」の割合を見ると、日本語よりはかなり高いものの、韓国語の他の対象に比べると若干低く、その代わりに「回避」や「複合」の使用が顕著で、「否定」は非常に少ない。すなわち、外見に関するほめを素直に受け入れることは相手へのフェイス侵害度が高くなると見積もられ、他の対象に比べて、はっきりと肯定できず、その代わりに「回避」や「複合」が多用されているのではないかと考えられる。この結果から、韓国語では、「外見」に関してほめる場合、ほめる側とほめられる側とで相手に与えるフェイス侵害度の見積もりが異なると言える。

7.2.3 日韓のほめ場面におけるポライトネス・ストラテジー

ポライトネス理論によれば、言語行動は多かれ少なかれ相手のフェイスを脅かす恐れがあるため、話し手は相手のフェイスを侵害しないようにさまざまな言語的ストラテジーを取っている。そこで、本書によって明らかになった日韓のほめ場面におけるポライトネス・ストラテジーをまとめる。

まず、いかにほめを相手に伝えるかという表現上のポライトネス・ストラ

テジーとして、日韓共通して「肯定的評価語」の使用が挙げられる。とりわけ、「いい(좋다)」、「すごい(대단하다)」、「格好いい(멋있다)」の使用が多い。また、「かわいい」と「예쁘다(きれいだ)」は女性に多く見られた肯定的評価語である。すなわち、幅広い場面に、一般的によく用いられることばが多く、専門的で大げさな意味のことばはほとんどない。ほめの表現におけるもう1つのポライトネス・ストラテジーとしては、強意表現と緩和表現が挙げられる。「肯定的評価語」の前後にその度合いを強める強意表現を用いることで、そのほめの誠実性を伝えており、ほめる表現におけるポジティブ・ポライトネス・ストラテジーと考えられる。それとは対照的に、ほめの発話の文末には緩和表現を伴うことで、自分のほめが相手に押し付けがましくならないようにしており、これはネガティブ・ポライトネス・ストラテジーと言えよう。一方、日韓の違いとして次のストラテジーが挙げられる。日本語では肯定的な評価語のみ使用し、簡潔に評価することが好まれるのに対し、韓国語では、評価語だけでなく、様々な情報を付け加えたり、自分の意見や根拠などを説明するといったストラテジーが好まれる。

　ほめの対象におけるポライトネス・ストラテジーとしては、日本語では「遂行」、「行動」を、韓国語では「外見(の変化)」、「遂行」をほめることである。また、「所持物」は無難なほめの対象であり、両言語ともに「才能」や「性格」についてはあまりほめない。

　ほめに対する返答におけるポライトネス・ストラテジーとして、日韓共通して、「肯定」や「否定」より、「回避」や「複合」の返答が用いられることが挙げられる。「回避」の中でも「情報・説明、ほめ返し、ほめ内容の確認、笑い」などの具体的な返答は、ほめてくれた相手とほめられた本人相互のフェイスを配慮した返答と言える。一方、日本語では、「否定的回避」や「否定」がより多く、最初の返答を否定方向へ変化させる傾向が強いことからネガティブ・ポライトネス・ストラテジーが相対的に多用されていると言える。それに対して、韓国語では、日本語に比べて、「肯定的回避」、「肯定」が多く、最初の肯定を繰り返す返答が多く、ポジティブ・ポライトネス・ストラテジーが好まれる。

次に、「ほめの談話」において、ほめる前の導入段階である先行連鎖は日本語に多く見られ、会話者2人がほめの対象に関する話題に自然に入るようなストラテジーが用いられている。とりわけ、ほめ手自ら話題を導入するより、相手から出された話題を相手へのほめにつなげるストラテジーが使用されている。一方、韓国語では、先行連鎖を行わず、ほめると同時に話題を導入する場合がより多く見られた。また、先行連鎖を行う際は、ほめ手自ら話題を導入する傾向が非常に強い。返答の後の後続連鎖を見ると、日韓ともに、多くの場合、ほめの対象に関する話題を維持している。ほめ手主導の後続連鎖の場合、1度ほめた相手の事柄に対して再度ほめるストラテジーがもっとも多い。一方、受け手主導の場合に、日本語では話題が維持されるストラテジーが多いのに対し、韓国語では受け手自ら話題を転換するといったストラテジーが多用されている。

以上のような、先行連鎖、後続連鎖における日韓の違いを堀口(1997)の「会話のしくみ」の観点から考える。会話は話し手と聞き手との間でことばのやり取りが行われるものである。話し手と聞き手はそれぞれの役割があり、それはお互いに自由に入れ替わりながら、会話が進むのである。この観点から「ほめの談話」を見ると、日本語では、ほめる側の話し手は、ほめられる側の聞き手がほめの場面に自然に入れるように先行連鎖という場作りをしてからほめを行ったり、あるいは聞き手から出された話題を聞き手へのほめにつなげたりしていることが分かる。また、ほめられた側が話し手になって、返答の後の発話を行う場合、聞き手(ほめ手)から出された話題を維持するストラテジーを多用しているのである。それに対して、韓国語における話し手は、意図したほめの話題を自ら導入し、聞き手をほめるか、あるいは先行連鎖という場作りをせずに聞き手をほめることから始めるやり取りを多用している。また、ほめられた人が返答の後の後続連鎖を行う際、聞き手(ほめ手)から出されたほめの話題を話し手本人が変えようとする傾向が非常に強いのである。

以上の結果から、日本語では、話し手がほめ手であれ受け手であれ、相互に、相手(聞き手)のフェイスを優先するストラテジーが多用される。それに

対し、韓国語ではほめ手と受け手いずれも自分(話し手)のフェイスを優先するストラテジーが多く使われることが分かる。以上の結果から、聞き手優先の日本語と話し手優先の韓国語の会話の特徴が垣間見えたといえよう。

また、宇佐美(2001、2003b)のディスコース・ポライトネス理論から見ると、本書の結果は日本語と韓国語のほめ場面における「基本状態」であると言える。宇佐美によれば、それぞれの言語文化社会には、ある言語行動に関する基本状態があるはずで、それはその言語文化社会における規範でもあり、もっとも自然な言語(談話)行動でもある。ほめ場面における日韓の基本状態が分かると、互いの言語文化社会においてもっとも自然で、かつ円滑なほめ言語行動、談話行動への理解にもつながると考えられる。

7.3　4つの示唆

本書の示唆および応用の可能性の主なものを4つ挙げると以下のようになる。

（1）　日本語と韓国語のコミュニケーション理解への示唆
（2）　日韓異文化間コミュニケーションの相互理解への一助
（3）　日本語と韓国語の第2言語教育への応用
（4）　他の言語行動の分析への応用

以下、4つの示唆および応用の可能性について詳しく述べる。

7.3.1　日本語と韓国語のコミュニケーション理解への示唆

本書で用いた比較文化的なデータによる分析結果や考察は、日本語と韓国語それぞれのコミュニケーションを理解するための示唆を与えてくれると考える。

我々が日本語のコミュニケーションについて理解しようとしても、日本語だけを見ていると、その現象は見えても、特徴はなかなか浮き出てこない。

例えば、日本語で「ほめる」時にどのように相手のことをほめるのが自然で、また何についての評価が求められ、好まれるのか。そしてあまり触れてはいけないものは何か。また、ほめる対象によっては表現にも違いがあり、どのようにほめれば喜ばれるのか。また、ほめという相手の好意にどのように反応しているのか。さらにほめることはどのような場面で現れるのか。その話題は誰がどのように切り出し、またほめた後のやり取りはどのように展開していくのか。このような疑問を投げかけられても、日本語母語話者が即座に回答することは容易ではない。

そこで、同じ「ほめる」という言語行動について、異なる言語である韓国語ではどのように行われるかということを取り上げることも有意義であろう。韓国語の特徴を日本語に照射していくと、日本語では当たり前だと思っていたことが、韓国語では当たり前ではない、ということがあることに気付く。そこで、初めて、日本語の特徴が浮き彫りになってくる。韓国語の特徴も日本語との比較によって明確になるであろう。

日本語と韓国語のほめにおける類似点と相違点が明らかになったことによって、それぞれの言語の特徴を明示的に捉えることができるようになり、そのことが日本語と韓国語それぞれのコミュニケーションを理解するための示唆を与えてくれると考える。

7.3.2　日韓異文化間コミュニケーションの相互理解への一助

本書の結果は、日韓異文化間コミュニケーションの場面を理解するのに1つの示唆ができると考える。

まず、本書で明らかになったほめにおける日本語と韓国語の類似点は、両言語母語話者が用いる自然で、かつ心地よいと思う言語行動の現れである。

すなわち、両言語ともにほめは相手に関わる何かについて肯定的な評価を与えることで、相手を心地よくさせることを意図している。また、何に注目し評価するかを見ると、日韓ともに何かを成し遂げるための努力や過程、その結果へのほめが多い。ほめる表現としては、肯定的な意味を持つ評価語を多用し、ほめられたときははっきりとそのほめを受け入れたり打ち消したり

せず回避することで、相手との関係をうまく調節している。また、1度ほめたら、再度ほめることで、自分のほめたいという意図を遂行し、また自分の行ったほめが誠実性のある行動であることを伝えようとするのである。

　しかし、異文化を背景とする日本語母語話者と韓国語母語話者の接触場面では、たとえことばは通じていても、その言語使用の違いや話者の意図のずれなどによって相手の誤解や不快を招きかねない。

　例えば、韓国語母語話者が日本語母語話者に対して、親しみを表し、また話のきっかけを作るため、相手の顔やヘアスタイルに言及し、ほめるという場面を考えてみよう。

　韓国語母語話者は相手の目が他の人に比べて大きいことに触れ、またヘアスタイルが最近の流行のもので、相手によく似合っているとほめる。ほめるものについて詳しく説明することが、相手への関心を表し、自分の誠意が伝わると思うのであろう。しかし、日本語母語話者は、どんなに良い評価であっても、いきなり自分の外見について細かく言われることに不快感を抱くかもしれない。また、幾度もほめてくる韓国語母語話者に対して、本当に自分を評価しているのかと、相手の意図を疑うこともありうる。これは、韓国語においてほめが評価機能のほかに挨拶機能としても多用されるのに対し、日本語では評価機能のほうが強いため起こりうる誤解の一例であろう。

　また、日本語母語話者はほめられてもあからさまにほめを認めたりはせず、相手にどう思われるかを考慮するような返答を多用するであろう。つまり、ほめられたことに対して素直に受け入れるより回避する。あるいは一旦ほめを受け入れたときは、すぐもう1つの返答を加えることで、自分の反応が自慢にならないよう心がけていることが予想される。それに対して、韓国語母語話者は、せっかくほめてあげたのに、それほど喜んでくれない相手によそよそしさを感じたり、また自分の持ち込んだ話題に相手が積極的にのってくれないことに不満を抱くこともあり得よう。

　そのほかに、日本語母語話者は、相手が急にほめることから話を始め、また話題を幾度も変えていくことに苛立ちを感じる恐れもある。それに対して、韓国語母語話者は、相手が1つの話題を取り上げるためにいちいち導入

の段階を踏み、また話題も積極的に持って来ず、相手に委ねるようなやり取りにじれったさを覚えるかもしれない。

　このようなミス・コミュニケーションは、各々の社会文化の価値や、相手への配慮の仕方の相違が反映され、起こりうると考えられる。相互が心地よく感じながらより円滑なコミュニケーションを行うためには、実際の言語使用とともに、そこに反映されている社会文化の価値や、相手への配慮の仕方を理解しなければならない。それゆえ、本書は、日本語母語話者と韓国語母語話者の異文化間コミュニケーションの相互理解の一助になると考えられる。

7.3.3　日本語と韓国語の第2言語教育への応用

　本書での結果は日本語と韓国語の第2言語教育に応用できると考える。すなわち、学習者がそれぞれ学習目標とする言語である日本語や韓国語においてより自然で、適切なほめ場面を理解するための題材になり、またほめの表現を学習することもできるであろう。重光（2005: 236）も指摘しているように、文化・社会が異なれば、会話のスタイルが異なることが当然であることを学習者が認識することは重要である。

　さらに、学習者は自分の母語からの語用論的転移が起こりうることにも気付きやすくなると考えられる。

　また、言語そのものだけではなく、言語行動に反映されている社会文化的な価値観、さらに、優先されるフェイス、ポライトネス・ストラテジーにおける類似点と相違点を理解するにも役立つものと思われる。

　さらに、「ほめること」は、各々の言語社会における学校教育や年少者の第2言語教育において学習者の動機付けにもなる有効な教育手段でもある。林（2002: 378）に言及されている「ほめる・ほめられる」教育効果を参考に考えると、学習者はほめられて気分をよくし、生き生きとなり、また自分の存在に意味があると思う。また、知的能力を発揮し、人間的に成長することもできるなどの効果が期待できる。学習者をどのようにほめて育てるか、ほめてのばすかに関する1つの示唆ができると考える。

7.3.4 他の言語行動の分析への応用

　本書は日本語と韓国語のほめ場面を分析したものであるが、得られた結果と考察は、他の言語行動の分析にも応用できると思う。

　例えば、依頼をするとき何が頼みやすいか、頼みづらいか、また、依頼する際の表現にはどのような違いが見られるか、依頼をどのように受け入れ、あるいは断るかなどを分析する際の手がかりになると考える。また、どのように依頼の話題を切り出し、どのように締めくくるかに関する示唆も得られるであろう。さらに、分析によって明らかになる結果は、日本語と韓国語の依頼場面における相手への配慮が反映された言語行動であり、談話行動であると言える。その他にも、謝る、叱る、勧誘するなどの言語行動にも応用できる。そのような個々の言語行動に関する地道な研究の積み重ねによって、より包括的な観点から日韓の言語行動、談話行動が理解できるようになると強く信ずる。

7.4　今後の課題

　まず、本書では日常生活の中で起きるほめを分析するため、日韓の比較が同じ条件の下でできるように会話者の条件を親しい同性の友人同士の大学生に統制したデータを用いた。統一された条件のデータを用いることによって、言語行動に影響を及ぼす要因を探ることができ、また日韓の比較も可能であったと考える。ただし、本書は日本語と韓国語を母語とするすべての話者を対象とした研究ではない。話者の社会的属性、話者間の関係、様々な文脈によって、異なるほめの特徴が現れることも予想される。したがって、今後は、話者の言語、社会的地位、地域、階級、性、年齢(世代)などの社会的属性を考慮した分析、また話者間の上下、親疎、利害関係による分析、さらに発話の状況や場面などによる、ほめの分析が必要であろう。さらに、日本語母語話者と韓国語母語話者との接触場面におけるほめを取り上げ、実際の異文化間コミュニケーションを分析することも課題としたい。

　本書は、会話の中でのほめに注目し、分析を行ったが、会話におけるやり

取りへの分析をより地道に行う必要がある。例えば、基礎データで明らかになったように、日本語では、ほめ手と受け手の発話がおおむね交互に交わされているのに対し、韓国語では片方の発話文数が多くなる場合が目立っていた。また、ほめられた人が用いる、「ほんとう？」「そう？」などほめ内容を確認する返答が日韓ともに見られたが、このような返答は、発話自体は確かに相手のほめ内容を確認しているようであるが、会話管理の面から見ると、当該のほめに対する自分の意見を表すことを保留するため、あるいは自分の意見を言うためのターンの維持のために用いていることも考えられるのである。今後は、会話管理の面から、日本語と韓国語の話し手と聞き手がいかにターンを取得、維持、譲渡するかなどの分析も行うことを課題とする。

また、会話協力者のほめや返答における意図性の有無については直接確認していないが、今後は、話し手と聞き手の意図が確認できるように工夫することも課題にしたい。

将来的には、今回分析したほめをはじめとする、様々な言語行動を談話の中で分析し、ダイナミックに行われる日本語と韓国語の言語行動、コミュニケーションのあり様を明らかにすることを目指したい。

あとがき

　本書は、2007年に桜美林大学より学位を授与された博士論文を加筆修正したものである。
　日本語と韓国語における「ほめ」の様々な側面を談話レベルで総合的に分析したもので、60組の会話データの質的・量的分析を行った。具体的には、ほめる表現、ほめられる具体的な対象、ほめられた時の反応、さらにやり取りの流れを分析し、その結果をポライトネス理論に結び付け考察し、言語表現のみならず、そこに反映されている各々の社会文化における肯定的価値観や相手への配慮の仕方をも考察している。
　日本語と韓国語は、言語形式の面で類似していると言われているが、実際の言語使用の場面では様々な誤解や摩擦が起こっているように思われる。似ているからこそ、違いが大きく感じられる両言語のコミュニケーションに対する理解に役立てるために行った実証的研究である。
　筆者は、本研究を基盤資料として活用し、現在は日本、韓国、中国、蒙古の4言語における「ほめ」と「けなし」の共同研究を進めている。対人評価行動と言える「ほめ」と「けなし」を同軸に置き、そこに見られる言語使用上の類似点と相違点を比較検討し、対人関係調整の観点から4言語が共通して有している部分と、個別に持っているルール・決まりとを分析している。その成果を近いうちにご報告できるように頑張りたいと思う。

　本書の執筆にあたっては、多くの方々のご協力とご指導をいただいた。
　まず、会話録音に協力してくださった延べ120名の日韓の協力者の方々

に深く感謝申し上げたい。いきなり声かけられ、会話を録音させてほしいと頼まれても、皆さん快く協力してくださった。この場を借りて、感謝の気持ちをお伝えしたい。

そして、指導教授である堀口純子先生に心から感謝申し上げたい。深い信頼や温かい愛情で、途方にくれた私に新しい道を開いてくださり、またその道を一緒に歩んでくださった。研究に関するご指導の際は、常に私の考えや悩みを尊重しつつ、的確なご指摘やご意見を多数頂戴した。私のことを「研究者の仲間として、友人として、娘として」とおっしゃってくださったときの感動は一生忘れられない。

次に、桜美林大学の先生方に多くのご指導を賜った。

森住衛先生から、研究の姿勢や心構えを学ばせていただき、的確なご指摘とアドバイスを多数頂戴した。佐々木倫子先生には、日本語教育や対照研究をはじめ、ポライトネス理論、談話研究まで、有益なご指導を賜った。また、偏りがちな私の考えに的確なご指摘とアドバイスをくださるとともに、温かい激励もいただいた。青山文啓先生からは言語学に関する幅広い知識と有益なアドバイスを多数頂戴し、1つの用語を選ぶ際の慎重さや、対照研究の流れをまとめる際の観点、そして談話データの整備に関しての深い関心とご指導をいただいた。

また、韓国中央大学の任栄哲先生に感謝申し上げたい。博士論文の副査まで快く引き受けてくださり、社会言語学や日韓対照研究の観点から的確なご指摘とご指導を頂戴した。

次に、東京外国語大学でご指導賜った先生方に感謝申し上げる。

まず、宇佐美まゆみ先生には、博士前期・後期課程の5年間、研究の姿勢や心構えをはじめとし、研究の楽しさと厳しさなど、研究の礎となる数多くのことを教えていただいた。野間秀樹先生(現:国際教養大学)には、韓国語(朝鮮語)の研究に対する姿勢や心構えを教えていただいた。また、語用論の楽しさを教えていただき、良き相談役まで快く引き受けてくださった野村恵造先生、教育者としての姿勢を自らの実践で教えてくださった鮎澤孝子先生(現:国際教養大学)に感謝申し上げたい。また、社会言語学の意義と研究の

面白さを熱く語り、教えてくださった井上史雄先生(現：明海大学)、心理学の観点から言語教育の意義を教えていただいた田島信元先生(現：白百合女子大学)にも心より感謝申し上げたい。

東洋大学の三宅和子先生には、長年にわたり私の研究に関心を寄せていただき、貴重なコメントや意見を賜った。また、現在進めている共同研究について貴重な御教示いただいている。また、東京大学の生越直樹先生、日本大学の荻野綱男先生、信州大学の沖裕子先生からは研究についての鋭いご指摘とご指導を賜った。筑波大学の井出里咲子先生、韓国カトリック大学の姜錫祐先生からも多くの励ましとアドバイスをいただいた。この場を借りて感謝申し上げたい。

また、無条件の信頼と励まし、愛情でずっと応援し、見守ってくれている韓国の両親と妹たちに感謝したい。

最後に、本書の出版に際してはひつじ書房の松本功社長と同社編集部の海老澤絵莉様に大変お世話になった。原稿全体にわたって数多くの貴重な御助言をいただいたことに心からお礼申し上げたい。

なお、本書は平成23年度科学研究費補助金「研究成果公開促進費」(課題番号235072)を受けて出版するものである。

2012年1月　金庚芬

参考文献

〈日本語〉

秋月高太郎(2002)「女性対象メディアにおける『ほめことば』」『社会言語科学会第10回研究大会予稿集』社会言語科学会

安平鎬(アンピョンホ)(2005)「文法・表現(2)―韓国語の視点から―『シテイル』と『hako iss-nun-ta』『hay iss-nun-ta』をめぐって」『日本語学』24(7)明治書院

李翊燮(イイクソプ)・李相億(イサンオク)・蔡琬(チェワン)(2004)『韓国語概説』梅田博之監修 前田真彦訳 大修館書店

李殷娥(イウナ)(1995)「透明な言語・不透明な言語―韓日の婉曲表現と挨拶表現をめぐって」『朝鮮学報』157 朝鮮学会

李吉鎔(イギルヨン)(2001)「日・韓両言語における反対意見表明行動の対照研究―談話構造とスキーマを中心として」『阪大日本語研究』13 大阪大学大学院文学研究科

石綿敏雄(1996)「日本語学と対照言語学―対照研究の意義」『日本語学』15(8)明治書院

石綿敏雄・高田誠(1990)『対照言語学』桜楓社

李善雅(イソンナ)(2001)「議論の場におけるあいづち―日本語母語話者と韓国人学習者の相違」『日本語教育論集 世界の日本語教育』11 国際交流基金日本語国際センター

李漢燮(イハンソプ)(2005)「最近の韓国における漢字事情」『日本語学』24(7)明治書院

任炫樹(イムヒョンス)(2004a)「日韓断り談話におけるポジティブ・ポライトネス・ストラテジー」『社会言語科学』6(2) 社会言語科学会

任炫樹(2004b)「日韓断り談話に見られる理由表現マーカー―ウチ・ソト・ヨソという観点から」『日本語科学』15 国立国語研究所

任栄哲(イムヨンチョル)(1991)「在日韓国人の名前の使い分け」『朝鮮学報』141 朝鮮学会

任栄哲(1993)『在日・在米韓国人および韓国人の言語生活の実態』くろしお出版

任栄哲(2005)「言語行動」『日本語学』24(7)明治書院

元智恩(ウォンジウン)(2005)「断りとして用いられた日韓両言語の『中途終了文』―ポライトネスの観点から」『日本語科学』18 国立国語研究所

宇佐美まゆみ(1999)「談話の定量的分析―言語社会心理学的アプローチ」『日本語学』18(10)明治書院

宇佐美まゆみ(2001)「談話のポライトネス―ポライトネスの談話理論構想」『第7回国立国語研究所国際シンポジウム報告書―談話のポライトネス』国立国語研究所編 凡人社

宇佐美まゆみ(2003a)「改訂版：基本的な文字化の原則(Basic Transcription System for Japanese: BTSJ)」『多文化共生社会における異文化コミュニケーション教育のため

の基礎的研究』(研究代表者：宇佐美まゆみ)平成13-14年度 科学研究費補助金 基盤研究C(2)研究成果報告書

宇佐美まゆみ(2003b)「異文化接触とポライトネス―ディスコース・ポライトネス理論の観点から」『国語学』54(3)国語学会

宇佐美まゆみ監修(2005)「BTSによる多言語話し言葉コーパス日本語会話」『21世紀COEプログラム言語運用を基盤とする言語情報学拠点』東京外国語大学

太田亨(2002)「対照研究と日本語教育のより良い関係を目指して―日本語・ポルトガル語」『対照研究と日本語教育』国立国語研究所

大滝敏夫(1996)「ほめことばの日独比較」『日本語学』15(4)明治書院

大野敬代(2001)「人間関係からみた「ほめ方」とその工夫について」『2001年度日本語教育学会秋季大会予稿集』日本語教育学会

大野敬代(2002)「politenessストラテジーとしてのほめとその後続要素について」『早稲田大学大学院教育学研究科紀要別冊』9(2)早稲田大学大学院教育学研究科

大野敬代(2005)「ほめの意図と目上への応答について―シナリオ談話における待遇コミュニケーションとしての調査から」『社会言語科学』7(2)社会言語科学会

奥津敬一郎(1990)「日本語教育のための対照研究」『日本語教育』72 日本語教育学会

奥山洋子(2004)『こんなに違う！韓国人と日本人の初対面の会話(이렇게 다르다! 한국인과 일본인의 첫만남의 대화)』서울：보고사

生越直樹(1996)「朝鮮語との対照」『日本語学』15(7)明治書院

生越直樹(1997)「朝鮮語と日本語の過去形の使い方―結果状態形との関連を中心にして」『日本語と韓国語(下)』くろしお出版

生越直樹編(2002)『対照言語学』東京大学出版会

生越直樹(2005a)「文法・表現(1)―日本語の視点から」『日本語学』24(7)明治書院

生越直樹(2005b)「対照研究と日本語教育」『新版日本語教育事典』大修館書店

尾崎喜光(2005a)『日韓新時代における若者の国際コミュニケーションのあり方と意識に関する研究』(第1部：論文編、第2部：資料編)科学研究費補助金研究基盤研究(B)(2)研究成果報告書

尾崎喜光(2005b)「依頼行動と感謝行動から見た日韓の異同」『日本語学』24(7)明治書院

尾崎喜光編(2008)『対人行動の日韓対照研究―言語行動の基底にあるもの』ひつじ書房

厳廷美(オムジョンミ)(1997)「日本と韓国の大学生の場面でのHedge表現使用における男女差の比較―主に丁寧さ(politeness)の観点から」『ことば』18 現代日本語研究会

柏木明子(1999)「日本語話者のほめに対する返答の研究―10代後半から20代前半の女性を被験者として」東京外国語大学日本課程卒業論文

川口義一・蒲谷宏・坂本恵(1996)「待遇表現としてのほめ」『日本語学』15(4)明治書院

姜錫祐(1995)「日韓における軍隊敬語の実態」『待兼山論』29 大阪大学文学部
姜錫祐(1998)「待遇行動としての韓国語における人称表現」『日本語学』8(17)明治書院
ガンパーズ，ジョン　井上逸兵・出原健一・花崎美紀・荒木瑞夫・多々良直弘訳(2004)『認知と相互行為の社会言語学—ディスコース・ストラテジー』松柏社 (Gumperz, J. (1982) *Discourse Strategies* Cambridge University Press.)
菅野裕臣(1990)「朝鮮語と日本語」『講座日本語と日本語教育 12　言語学要説(下)』明治書院
木内明美(2001)『ほめに対する反応の韓日対照考察』韓国啓明大学校大学院修士学位論文
金庚芬(2001)『ほめに対する返答の日本語と韓国語の対照研究』東京外国語大学大学院修士学位論文
金庚芬(2002)「『ほめに対する返答』の日韓対照研究」『大学院博士後期課程論叢：言語・地域文化研究』8 東京外国語大学大学院
金庚芬(2003)「韓国語版(Basic Transcription System for Korean: BTSK)の「試作版」作成への協力作業過程と、そこで考えたこと」『多文化共生社会における異文化コミュニケーション教育のための基礎的研究』(研究代表者：宇佐美まゆみ)平成13–14年度科学研究費補助金 基盤研究C(2)研究成果報告書
金庚芬(2004a)「日・韓大学生の会話に見られるほめの表現」『日語日文学研究』51 韓国日語日文学会
金庚芬(2004b)「日本語の『ほめの談話』に関する一考察」『桜美林国際学論集 Magis』9 桜美林大学大学院
金庚芬(2005)「会話に見られるほめの対象に関する日韓対照研究」『日本語教育』124 日本語教育学会
金庚芬(2007)「日本語と韓国語の『ほめの談話』」『社会言語科学』10(1)社会言語科学会
金志宣(2000)「turn 及び turn—taking のカテゴリー化の試み—韓・日対照会話分析」『日本語教育』105 日本語教育学会
金珍娥(2002)「日本語と韓国語における談話ストラテジーとしてのスピーチレベルシフト」『朝鮮学報』183 朝鮮学会
金珍娥(2006)『日本語と韓国語の談話における文末の構造』東京外国語大学大学院博士学位論文
金秀芝(1994)「日・韓両言語における『話題の転換 marker』の対照研究—接続表現を中心に」『大阪大学日本学報』13 大阪大学文学部
熊谷智子(2002)「『対照研究』と『言語教育』をつなぐために」『対照研究と日本語教育』国立国語研究所
熊取谷哲夫(1989)「日本語における誉めの表現形式と談話」『言語習得及び異文化適応の理

論的、実践的研究(2)』広島大学教育学部日本語教育学科
クロン，アラン(1996)『入門エスノメソドロジー私たちはみな実践的社会学者である』せりか書房
国立国語研究所(1984)『言語行動における日独比較』三省堂
国立国語研究所(1994、1997、2000)『日本語とスペイン語1、2、3』くろしお出版
国立国語研究所(1996、2000)『日本語とポルトガル語1、2』くろしお出版
国立国語研究所(1997)『日本語と朝鮮語　上、下』くろしお出版
国立国語研究所(2000)『マイペンライータイ人の言語行動を特徴づける言葉とその文化的背景についての考察—その1、その2』くろしお出版
国立国語研究所(2001)『日本語とフランス語—音声と非言語行動』くろしお出版
国立国語研究所(2002)『対照研究と日本語教育』くろしお出版
国立国語研究所(2006)『言語行動における「配慮」の諸相』くろしお出版
小玉安恵(1996)「談話インタビューにおけるほめの機能—会話者の役割とほめの談話における位置という観点から—(1)」『日本語学』15(4)明治書院
ゴッフマン，アーヴィング　佐藤毅・折橋徹彦訳(1985)『出会い—相互行為の社会学』誠信書房(Goffman, E. (1961) *Encounters: Two Studies in the Sociology of Interaction*. The Bobbs-Merrill Company.)
ゴッフマン，アーヴィング　広瀬英彦・安江孝司訳(1986)『儀礼としての相互行為』法政大学出版局(Goffman, E.(1967) *Interaction Ritual Essays in Face-to-face Behavior*. ALDINE Publishing Company.)
斎藤英敏・ベーケン真佐子(2000)「『誉めに対しての返答』再考」『2000年度日本語教育学会春季大会予稿集』日本語教育学会
佐々木倫子(1996)「日米対照：女性の座談—発話文の数量的分析を中心に」『国立国語研究所研究報告集』17 秀英出版
佐々木倫子(1998)「言語の対照研究と日本語教育」『日本語科学』3 国立国語研究所
佐藤滋・堀江薫・中村渉(2004)『対照言語学の新展開』ひつじ書房
重光由加(2005)「何を心地よいと感じるか—会話のスタイルと異文化間コミュニケーション」『講座社会言語科学第1巻　異文化とコミュニケーション』ひつじ書房
島岡丘(1986)「外国語教育のための対照研究」『応用言語学講座2　外国語と日本語』明治書院
杉戸清樹(1992)「言語行動」『社会言語学』おうふう
杉戸清樹(1996)「日本語学と対照言語学—言語行動の対照」『日本語学』15(8)明治書院
スペンサー＝オーティー，ヘレン　浅羽亮一監修　田中典子・津留崎毅・鶴田庸子・熊野真理・福島佐江子訳(2004)『異文化理解の語用論—理論と実践』研究社(Spencer-

Oatey, H. (2000) *Culturally Speaking: Managing Rapport through Talk across Cultures.* The Continuum Publishing Company.)
高田誠(1996)「対照研究の方法」『日本語学』15(8)明治書院
田中寛(2004)『統語構造を中心とした日本語とタイ語の対照研究』ひつじ書房
田辺洋二(1996)「ほめことばの日・英語比較」『日本語学』15(4)明治書院
塚本秀樹(1997)「語彙的な語形成と統語的な語形成―日本語と朝鮮語の対照研究」『日本語と外国語との対照研究Ⅳ 日本語と韓国語(下)』くろしお出版
津田早苗 (1994)『談話分析とコミュニケーション』リーベル出版
寺尾留美(1996)「ほめ言葉への返答スタイル」『日本語学』15(4)明治書院
寺村秀夫(1982)「言語の対照的分析と記述の方法」『講座日本語学10 外国語との対照』明治書院
トマス, ジェニー 浅羽亮一監修 田中典子・津留崎毅・鶴田庸子・成瀬真理訳(1998)『語用論入門―話し手と聞き手の相互交渉が生み出す意味』研究社 (Thomas, J. (1995) *Meaning in Interaction: an Introduction to Pragmatics.* Longman.)
羅聖淑(1992)「韓国と日本の言語行動の違い―既婚女性の呼称を中心に」『日本語学』12(11)明治書院
野間秀樹(2005)「韓国と日本の韓国語研究―現代韓国語の文法研究を中心に」『日本語学』24(7)明治書院
野元菊雄(1996)「ほめるという言語行動」『日本語学』15(4)明治書院
ハイムズ, デル 唐須教光訳(1979)『ことばの民族誌』紀伊國屋書店 (Hymes, D. (1974) *Foundations in Sociolinguistics : An Ethnographic Approach.* University of Pennsylvania Press.)
林伸一(2002)「『ほめる・ほめられる』教育―ほめる対象、方向、範囲、内容、動機、効果などの分類試案」『教育学研究紀要』48(2)中国四国教育学会
林伸一・二宮喜代子(2004)「『ほめる』使用頻度と『ほめられる』好感度―女子学生のアンケート調査に見る心理言語学」『山口国文』27 山口大学人文学部国語国文学会
平田真美(1999)「ほめ言葉への返答」『横浜国立大学留学生センター紀要』横浜国立大学
日向ノエミア(1996)「ほめことばの日伯比較―感謝と誉め言葉」『日本語学』15(4)明治書院
古川由里子(2002)「ほめの種類―受け手に直接関係しないほめを中心に」『日本語・日本文化研究』12 大阪外国語大学日本語学科
古川由里子(2003)「書き言葉データにおける『対者ほめ』の特徴―対人関係から見たほめの分析」『日本語教育』117 日本語教育学会
白同善(1993)「絶対敬語と相対敬語―日韓敬語法の比較」『日本語教育論集 世界の日本語教育』3 国際交流基金日本語教育センター

彭国躍(1989)「『謙遜の原則』の適用に関する比較社会語用論的試み」『待兼山論叢』大阪大学
許明子(ホミョンジャ)(2004)『日本語と韓国語の受身文の対照研究』ひつじ書房
細川英雄(1996)「言語文化の対照」『日本語学』15(8)明治書院
堀素子・津田早苗・大塚容子・村田素美・重光由加・大谷麻美・村田和代(2006)『ポライトネスと英語教育』ひつじ書房
堀江薫(1998)「コミュニケーションにおける言語的・文化的要因―日韓対照言語学の観点から」『日本語学』17(11)明治書院
堀江薫・近藤絵美・姜奉植・守屋哲治(2004)「関西方言の否定形式交替現象に関する認知言語学的研究―韓国語との対照に基づいて」『対照言語学の新展開』ひつじ書房
堀江薫(2005)「欧米における日本語研究・韓国語研究―日韓言語学会(Japanese/Korean Linguistics Conference)を中心に」『日本語学』24(7)明治書院
堀口純子(1997)『日本語教育と会話分析』くろしお出版
洪珉杓(ホンミンピョ)(1992)「日本人と韓国人の丁寧意識の比較」『計量国語学』18(7)計量国語学会
前川喜久雄(1997)「日韓対照音声学管見」『日本語と外国語との対照研究Ⅳ日本語と韓国語(下)』くろしお出版
松木啓子(2003)「3.2 ことばの民族誌」『応用言語学辞典』研究社
丸山明代(1996)「男と女とほめ―大学キャンパスにおけるほめ行動の社会言語学的分析」『日本語学』15(4)明治書院
水谷信子(1996)「日本語学と対照言語学―言語生活の対照」『日本語学』15(8)明治書院
南不二男(1980)『講座言語第3巻　言語と行動』大修館書店
南不二男(1987)「談話行動論」『国立国語研究所報告92 談話行動の諸相―座談資料の分析』三省堂
宮地裕・甲斐暁朗・野村雅昭・荻野鋼男(1997)『ハンドブック論文・レポートの書き方』明治書院
メイナード, K・泉子(1993)『会話分析』くろしお出版
メイナード, K・泉子(1997)『談話分析の可能性』くろしお出版
山路奈保子(2004)「日本語の談話におけるほめの機能」『比較社会文化研究』15 九州大学大学院比較社会文化研究科
山根しのぶ(1999)『雑談におけるほめの分析―ほめを含む談話の構造とほめの機能』名古屋大学大学院修士学位論文
柳慧政(ユヘジョン)(2001)「日本語話者と韓国人日本語学習者の依頼行動の比較研究―ポライトネスストラテジーの観点から」『学芸日本語教育』3 東京学芸大学日本語教育研究会
横田淳子(1985)「ほめられたときの返答における母国語からの社会言語的転移」『日本語教育』58 日本語教育学会

林宇萍・林伸一(2005)「『ほめる』使用頻度と『ほめられる』好感度(Ⅱ)」『山口国文』28 山口大学人文学部国語国文学会

〈韓国語〉

국립국어연구원(1995) "한국 어문 규정집 한글 맞춤법 표준어 규정 외래어 표기법 국어의 로마자 표기법" 서울 : 계문사

국립국어연구원(1999) "표준국어대사전" 서울 : 두산동아

국립국어연구원, 문화관광부 "21 세기 세종계획 국어 특수자료 구축 현대 국어 구어 전사 말뭉치 개발 연구보고서" 1998 년 - 2004 년

김선희・오승신(2002) 「음성 말뭉치의 구축」 『한국어 구어 연구 (1) - 구어 전사 말뭉치와 그 활용』 서울 : 한국문화사

김영주(2002) "일한 양국어의 '칭찬 표현' 에 관한 대조연구 - 기능과 표현형식 중심으로 - " 한국외국어대학교 대학원 석사학위논문

김한주(1997) "중학생 칭찬 행동의 영한 대조 분석" 고려대학교 교육대학원 영어교육전공 석사학위논문

김현정(1996) "영한 화행 대조분석 : 칭찬 및 칭찬 반응을 중심으로" 서울대학교 대학원 석사학위논문

김형민(2003) '한국 대학생의 칭찬 화행 수행 및 응대 상황에 대한 연구' "한국어 의미학" 12 한국어의미학회

김형정(2002) '구어 전사 말뭉치의 표기 방법' "한국어 구어 연구 (1) - 구어 전사 말뭉치와 그 활용" 서울 : 한국문화사

백경숙(1997) '영어와 한국어에서의 칭찬에 대한 응답행위의 교차문화적 연구' "한양여자대학 논문집 인문사회과학" 20, 서울 : 한양여자대학

서상규 구현정 공편(2002) "한국어 구어 연구 (1) - 구어 전사 말뭉치와 그 활용" 연세대학교 언어정보개발연구원 서울 : 한국문화사

서상규 구현정 공편(2005) "한국어 구어 연구 (2) - 대학생 대화 말뭉치를 중심으로" 연세대학교 언어정보개발연구원 서울 : 한국문화사

송영미(2002) "한국어와 일본어의 칭찬 화행 연구" 이화여자대학교 교육대학원 석사학위논문

엄기찬(1994) "영어 원어민과 한국인의 화행의 비교 분석 연구" 한국교원대학교 대학원 영어 교육전공 석사논문

연규동(1998) "[통일 시대] 의 한글 맞춤법" 서울 : 박이정

오일석(1996) "한미 화행 대조 분석 - '칭찬 반응' 을 중심으로 - " 숭실대학교 대학원 영어영문학과 석사논문

이승구・이인제・최용기(2001) 『우리말 우리글 바로쓰기 사전 띄어쓰기 편람』 서울 : 대

한교과서

이원표(2001) "담화분석방법론과 화용 및 사회언어학적 연구의 실례" 서울 : 한국문화사

이효웅 (1998) 'EFL, ESL 한국어 화자와 미국인과의 칭찬에 관한 연구' "어문연구" 한국해양대학교 어학원

전영옥(2002) '구어 원시 말뭉치 구축 방법' "한국어 구어 연구(1) – 구어 전사 말뭉치와 그 활용" 서울 : 한국문화사

〈英語〉

Austin, J. L. (1962) *How to Things with Words.* Oxford University Press.

Barnlund, D.C. and Araki, S. (1985) Intercultural Encounters: the Management of Compliments by Japanese and Americans. *Journal of Cross – Cultural Psychology* 16.

Bakeman, R. and Gottman, J. M. (1986) Assessing Observer Agreement. *Observing Interaction: an Introduction to Sequential Analysis* .Cambridge University Press.

Brown, G. and Yule, G. (1983) *Discourse Analysis.* Cambridge University Press.

Brown, P. and Levinson, S. C. (1987) *Politeness – Some Universals in Language Usage.* Cambridge University Press.

Chen, R. (1993) Responding to Compliments: A Contrastive Study of Politeness Strategies between English and Chinese Speakers. *Journal of Pragmatics* 20(1).

Coulthard, R. M. (1977) *An Introduction to Discourse Analysis.* London: Longman. (吉村昭市・貫井孝典・鎌田修訳(1999)『談話分析を学ぶ人のために』世界思想社)

Edwards, J. A. (1993) Principles and Contrasting Systems of Discourse Transcription. In Edwards and Lampert (eds). *Talking Data.* USA: Lawrence Erlbaum Associates.

Fraser, B. (1990) Perspective on Politeness. *Journal of Pragmatics* 14(2).

Fries, C. (1945) *Teaching and Learning English as a Foreign Language.* MI: The University of Michigan press.

Grice, H. P. (1975) Logic and Conversation. In Peter Cole and J. L. Morgan (eds.), *Speech Acts (Syntax and Semantics Vol.3).* Academic Press.

Gu, Y. (1990) Politeness Phenomena in Modern Chinese. Journal of Pragmatics 14.

Hawkins, J. A. (1986) *A Comparative Typology of English and German.* London: Croom Helm.

Henderson, A. (1996) Compliments, Compliment Responses, and Politeness in an Africa – American Community. *Sociolinguistic Variation.*

Herbert, R. K. (1989) The Ethnography of English Compliments and Compliment Responses: a Contrastive Sketch. In W. Oleksy (ed.). *Contrastive Pragmatics.* Amsterdam: John

Benjamins.

Herbert, R. K. (1990) Sex – Based Differences in Compliment Behavior. *Language in Society* 19.

Herbert, R. K. (1991) The Sociology of Compliment Work: an Ethnocontrastive Study of Polish and English Compliments. *Multilingua* 10(4).

Herbert, R. K. and Straight, H. S. (1989) Compliment – Rejection Versus Compliment – Avoidance: Listener – Based Versus Speaker – Based Pragmatic Strategies. *Language and Communication* 9(1).

Holmes, J. (1986) Compliments and Compliment Responses in New Zealand English. *Anthropological Linguistics* 28(4).

Holmes, J. (1988) Paying Compliments: a Sex – Preferential Politeness Strategy. *Journal of Pragmatics* 12.

Johnson, D. M and Roen, D. H. (1992) Complimenting and Involvement in Peer Reviews: Gender Variation. *Language in Society* 21.

Kasper, G (1990) Linguistic Politeness : current research issues. *Journal of Pragmatics* 14.

Lado, R. (1957) *Linguistics across Cultures.* MI: The University of Michigan press.

Lakoff, R. (1975) *Language and Woman's Place.* New York: Harper and Row.

Leech, G.N. (1983) *Principles of Pragmatics.* London: Longman.(池上嘉彦・河上誓作訳(1987)『語用論』紀伊國屋書店)

Levinson, S. C. (1983) *Pragmatics.* Cambridge University Press. (安井稔・奥田夏子訳 (1990)『英語語用論』研究社)

Lorenzo – Dus, L (2001) Compliment Responses among British and Spanish University Students: a Contrastive Study. *Journal of Pragmatics* 331.

Manes, J. (1983) Complimenst: a Mirror of Cultural Values. In N. wolfson and E. Judd (eds.), *Sociolinguistics and Language Acquisition.* Newbury House.

Manes, J. and Wolfson, N. (1981) The Compliment Formula. *Conversational Routine: Explorations in Standardized Communication Situations and Prepatterned Speech.* In F. Coulmas. (eds.) The Hague. Mouton.

Mizutani, O. and N. Mizutani (1984) Nihongo Notes (6): Situational Japanese 1. *The Japan Times.* Tokyo.

Owen, M. (1990) Language as a Spoken Medium: Conversation and Interaction. In N. E. Collinge (ed.), *An Encyclopaedia of Language.* London: Routledge.

Pomenrantz, A. (1978) Compliment Responses: Notes on the Co – operation of Multiple Constraints. *Studies in the Organization of Conversational Interaction.* New York: Academic Press.

Stubbs, M. (1983) *Discourse Analysis : The Sociolinguistic Analysis of Natural Language,* Oxford : Oxford University. (南出康世・内田聖二訳(1989)『マイケル・スタブズ談話分析』研究社)

Tannen, D. (1993) *Framing in Discourse.* Oxford University Press.

Van Dijk, T. A (1985) Introduction: Discourse Analysis as a New Cross – Discipline. In T. Van Dijk (ed.), *Handbook of Discourse Analysis* Vol.1 New York: Academic Press.

Wolfson, N. (1981a) Compliments in Cross – Cultural Perspective. *TESOL Quarterly* 15(2).

Wolfson, N. (1981b) Invitations, Compliments and the Competence of the Native Speaker. *International Journal of Psycholinguistics* 24.

Wolfson, N. (1983) An Empirically Based Analysis of Complimenting in American English. In N. wolfson and E. Judd (eds.), *Sociolinguistics and Language acquisition.*

Wolfson, N. (1989) *Perspectives: Sociolinguistics and TESOL.* Newbury House.

Wolfson, N. and Manes, J. (1981) The Compliment as a Social Strategy. *Papers in Linguistics* 13.10.

Ylanne – McEwen, V. (1993) Complimenting Behavior: a Cross – Cultural Investigation. *Journal of Multilingual and Multicultural Development* 14.

索引

B

Brown and Levinson　24, 27
BTSJ　61, 62, 64, 74

C

CA: Conversational Analysis　18

D

DA: Discourse Analysis　17

E

Ethnography of Communication　19

I

Interactional Sociolinguistics　20

L

Lakoff　24, 25
Leech　24, 26

S

Spencer-Oatey　32

あ

挨拶機能　257

う

受け手　202, 238, 239
受け手主導　210, 216, 222, 230, 236
宇佐美まゆみ　31

か

回避　156, 173, 178, 184
会話　16
会話協力者　60
会話データ　59
会話のしくみ　199, 254
会話分析(CA: Conversational Analysis)　18
緩和表現　119, 123, 125, 145, 253

き

聞き手優先　255
基礎データ　59, 81
基本状態　32, 255
強意表現　119, 121, 145, 253

け

言語行動　34

こ

後続連鎖　200, 222, 229, 230, 236, 237, 239, 254
肯定　151, 173, 177, 181, 182
肯定的な価値観　146
肯定的評価語　94, 98–100, 103, 104, 144, 242, 253
肯定的評価語の使用＋他の情報　94, 105, 110
肯定的評価語の不使用　94, 111, 112, 118
肯定的評価語のみ使用　94, 97
コーディング　62, 77
コーディングの信頼性　79
ゴッフマン　27
コミュニケーションの民族誌(Ethnography of Communication)　19

さ

再ほめ　224, 225, 230, 239, 246

し

自己卑下　212, 213, 238, 246
自慢　151, 154, 155, 182, 215, 238, 246

せ

先行連鎖　200, 201, 209, 210, 216, 237, 251, 254
先行連鎖の有無　204

そ

相互行為の社会言語学
　（Interactional
　Sociolinguistics）　20
挿入発話　220

た

対照研究　7, 9-11, 45
対照言語学　7, 9
対照分析　7-9
男女の差　44, 48, 131,
　134, 138, 173, 176, 178,
　195, 247
談話　16
談話研究　16
談話レベル　3

ち

直接協力者　60, 61

て

ディスコース分析（DA:
　Discourse Analysis）
　17
ディスコース・ポライトネ
　ス理論　31, 255
データ収集の手順　60

に

日韓対照研究　52
日本語と韓国語の対照研究
　11, 13

ね

ネガティブ・フェイス

27, 145
ネガティブ・ポライトネス
　28, 145

は

配慮　145, 147
配慮の示し方　248
発音現象　68
発生頻度　242
発話文　62, 81
発話文数　242
話し手優先　255
ハングル正書法　67

ひ

否定　163, 174, 179, 185
評価機能　257
表記　64
表記の原則　64, 66
表現形式　46

ふ

フェイス　27, 248, 249
フェイス侵害度　28, 147,
　196, 248, 250, 251
フェイス保持　249
フェイスを脅かす可能
　性のある行為（FTA:
　Face Threatening Acts）
　28
フォローアップ・アンケー
　ト　61, 85
複合　165, 174, 179, 186

ほ

ポジティブ・フェイス
　27

ポジティブ・ポライトネス
　28, 145
ほめ　39, 42, 43, 241, 250
ほめ返し　151, 153, 156,
　158, 221, 222, 232, 236
ほめ手　202, 238
ほめ手主導　205, 209,
　222, 223, 229, 239
ほめに対する返答　45,
　48, 52, 53, 149, 172,
　176, 181, 194, 244
ほめの機能　44, 46, 51
ほめの対象　44, 126, 127,
　130, 132, 133, 135, 146,
　243
ほめの対象から見る返答
　190, 191, 193
ほめの対象と表現との関連
　135, 147, 244
ほめの談話　80, 81, 199,
　237, 245, 246, 251, 254
ほめの談話構造　50
ほめの表現　91, 135, 144,
　242
ほめの表現形式　44
ほめの表現方法　47
ほめ・返答の数　81
ほめる　2, 33, 35-37
ポライトネス　22, 37
ポライトネス・ストラテ
　ジー　145, 147, 248,
　252
ポライトネス理論　22,
　145, 248
本連鎖　200, 217, 237,
　238

み

ミス・コミュニケーション
　258

も

文字化　61, 62
文字化記号　74
文字化の信頼性　76

ら

ラポールマネジメント
　　32

れ

連帯感　145

わ

分かち書き　71
話題維持　224, 230
話題転換　224, 228, 230,
　　235, 236

本書に付属の CD-ROM について

CD-ROM には、本書で分析対象とした日本語・韓国語談話の文字化データが収録されています。
日本語・韓国語の談話それぞれを、Excel および PDF 形式で収録しています。Excel と PDF は、談話内容は同じものです。ハングルの書体は、Batang を使用しています。

本データを引用および使用する場合は、必ず出典元を明記してください。

収録ファイル名
　日本語談話.xls
　日本語談話.pdf
　韓国語談話.xls
　韓国語談話.pdf

【著者紹介】

金 庚芬（きむ きょんぶん）

〈略歴〉韓国出身。東京外国語大学大学院博士前期・後期課程単位取得満期退学。2007 年桜美林大学大学院博士後期課程修了（学術博士）。現在、明星大学人文学部准教授。

〈主要著書・論文〉「会話に見られるほめの対象に関する日韓対照研究」『日本語教育』124（日本語教育学会、2005 年）、「日本語と韓国語の『ほめの談話』」『社会言語科学』10-1（社会言語科学会、2007 年）、「한국어와 일본어의 칭찬에서 보이는 대인관계조정（韓国語と日本語のほめに見られる対人関係調整）」『日本言語文化』16（日本言語文化学会、2010 年）、など。

ひつじ研究叢書〈言語編〉第 99 巻
日本語と韓国語の「ほめ」に関する対照研究

発行	2012 年 2 月 14 日 初版 1 刷
定価	6800 円＋税
著者	Ⓒ 金 庚芬
発行者	松本 功
本文フォーマット	向井裕一（glyph）
組版者	中島悠子（4&4,2）
印刷製本所	株式会社 シナノ
発行所	株式会社 ひつじ書房

〒112-0011 東京都文京区千石 2-1-2 大和ビル 2 階
Tel.03-5319-4916 Fax.03-5319-4917
郵便振替 00120-8-142852
toiawase@hituzi.co.jp　http://www.hituzi.co.jp

ISBN978-4-89476-589-4

造本には充分注意しておりますが、落丁・乱丁などがございましたら、小社かお買上げ書店にておとりかえいたします。ご意見、ご感想など、小社までお寄せ下されば幸いです。

【刊行書籍のご案内】

日本語の対人関係把握と配慮言語行動

三宅和子 著　定価 3,800 円＋税

談話の分析を通して、日本語の対人関係の把握の仕方とその背景にある価値観や世界観との関連を考察する。言語コミュニティーにおける人々の「配慮」のとらえ方は言語表現の現れ方に影響を与える。近年メディアの言語生活への浸透が著しいが、日本語社会の言語行動規範にも変化が現れているだろうか。ポライトネスとも関連づけながら、対面のコミュニケーションとケータイメール・コミュニケーションの研究を通して究明する。

対人行動の日韓対照研究　言語行動の基底にあるもの

尾崎喜光 編　定価 5,000 円＋税

2001 年度から 4 年間、日韓の言語行動やその背景にあると考えられる対人意識の異同に関する国際共同研究を行なった。日本側は東京都・大阪府、韓国側はソウル・プサンに在住する 20 代・40 代・60 代の市民を無作為に抽出し 2175 人から回答を得た。一般市民を対象とした日韓対照研究ではいまだかつてない規模である。本書はその調査報告書である。分析対象としたデータは CD-ROM により添付する。

ひつじ研究叢書（言語編）第 59 巻
韓日新聞社説における「主張のストラテジー」の対照研究

李貞咉 著　定価 7,200 円＋税

本書は、日本語と韓国語における主張のストラテジーの特徴を新聞の社説を資料として分析考察している。統語面では大変類似していると言われる日本語と韓国語だが、言語運用面においては独自の運用の方法があることがわかった。日本の文章構造論の理論を援用し、文章論の立場から日韓対照研究に挑んだ本研究は、マクロとミクロの両構造から、文章論は統語論の単なる延長ではなく、独自の原理が働く独自の領域であることを示唆している。